FRANKFURTER WIRTSCHAFTS-
UND SOZIALWISSENSCHAFTLICHE STUDIEN

Heft 4

Herausgegeben von der
Wirtschafts- und Sozialwissenschaftlichen Fakultät
der Johann Wolfgang Goethe-Universität
Frankfurt am Main

Technischer Fortschritt und Produktivitätssteigerung

Zum Begriff des technischen Fortschritts
in der theoretischen und empirischen Analyse

Von

Dr. Hans Krieghoff

DUNCKER & HUMBLOT / BERLIN

Alle Rechte vorbehalten
© 1958 Duncker & Humblot, Berlin
Gedruckt 1958 bei Berliner Buchdruckerei Union GmbH., Berlin SW 61
Printed in Germany

Vorwort

Das große Interesse, das den Problemen des wirtschaftlichen Wachstums in den letzten Jahren entgegengebracht worden ist, hat auch den technischen Fortschritt zu einem zentralen Gegenstand der wirtschaftstheoretischen Diskussion werden lassen. Dabei hat sich jedoch gezeigt, daß die Unbestimmtheit dieses Begriffes sowie seine vielfältigen und über die Grenzen der ökonomischen Fragestellungen hinausreichenden Aspekte der theoretischen und besonders der statistischen Analyse beträchtliche Schwierigkeiten bereiten. In der hier veröffentlichten Schrift, die der Wirtschafts- und Sozialwissenschaftlichen Fakultät der Johann Wolfgang Goethe-Universität, Frankfurt a. M., im Sommer 1957 als Dissertation vorgelegen hat, ist deshalb versucht worden, durch eine Analyse des Zusammenhangs zwischen dem Anstieg der statistischen Produktivitätsziffern und dem technischen Fortschritt zu einer eindeutigeren Konzeption dieses Begriffes zu gelangen. Inzwischen sind zu den behandelten Fragen weitere Beiträge erschienen, die hier nicht mehr berücksichtigt werden konnten. Besonders sei auf die zusammenfassende Darstellung von A. Ott (Technischer Fortschritt, Handwörterbuch der Sozialwissenschaften, 19. Lieferung, 1958) sowie auf den Beitrag von R. M. Solow (Technical Change and the Aggregate Production Function, The Review of Economics and Statistics, vol. 39, 1957) verwiesen.

Zu der vorliegenden Untersuchung bin ich von Herrn Prof. Dr. Heinz Sauermann angeregt worden, dem ich für vieles zu danken habe. Ebenfalls danke ich Herrn Prof. Dr. Hans Möller für seine kritischen Hinweise und sein Interesse an der Arbeit. Mit Dank sei auch die Förderung erwähnt, die ich von der Stipendienstiftung der hessischen Industrie- und Handelskammern erfahren habe.

Hans Krieghoff

Inhalt

	Seite
Einleitung	9

I. Teil
Der technische Fortschritt als ökonomischer Tatbestand

Erstes Kapitel: **Die Fortschritte des technischen Wissens** 15
   § 1. Die zeitlichen Phasen der technischen Entwicklung 15
   § 2. Die Fortschritte der Grundlagenforschung 17
   § 3. Die Veränderungen der Bedarfsstruktur 18
   § 4. Die Erweiterung des technischen Horizonts der Unternehmungen 20
   § 5. Die Meßbarkeit der Fortschritte des technischen Wissens 23

Zweites Kapitel: **Die Verbesserungen der Produktionstechnik in den Unternehmungen** 27
   § 1. Die Formen der technischen Verbesserungen 27
   § 2. Die Darstellung des technischen Fortschritts in der Marginalanalyse des Unternehmungsgleichgewichts 30
      a) Der Fall einer einperiodigen Produktionsplanung 31
      b) Der Fall einer mehrperiodigen Produktionsplanung 34
      c) Die Begrenztheit der marginalanalytischen Konzeption 36
   § 3. Die Definition des technischen Fortschritts unter den Annahmen der Prozeßanalyse 37
      a) Die Annahmen über die technischen Bedingungen der Produktion 37
      b) Die technische Überlegenheit eines Prozesses 40
      c) Der Unterschied zur marginalanalytischen Darstellung 46
      d) Der Fall einer Prozeßkombination 48
   § 4. Technischer Fortschritt und Kapitalintensität 54

Drittes Kapitel: **Der technische Fortschritt bei gesamtwirtschaftlicher Betrachtung** 58
   § 1. Potentieller und realisierter technischer Fortschritt 58
   § 2. „Innovations" und ihre Verbreitung 63
   § 3. „Autonome" und „induzierte" technische Verbesserungen 66
   § 4. Die Messung des realisierten Fortschritts 71

II. Teil

Technischer Fortschritt und Produktivitätssteigerung

Seite

Viertes Kapitel: Die makroökonomischen Produktivitätsrelationen als Kriterien für den technischen Fortschritt 75

§ 1. Höherer Ertrag bei gegebenem Bestand an Produktionsfaktoren (Totalproduktivität) 75

§ 2. Produktivitätssteigerung ohne zusätzlichen Kapitalaufwand 79

§ 3. Höherer Ertrag bei gegebenem Bestand an Arbeitskräften (Arbeitsproduktivität) 82

§ 4. Höherer Ertrag bei gegebenem Bestand an sachlichen Produktionsmitteln (Sachproduktivität) 87

§ 5. Der Kapitalkoeffizient (Kapitalproduktivität) 89

Fünftes Kapitel: Der Einfluß des technischen Fortschritts auf das Verhältnis von Produktionsertrag und Arbeitsaufwand 95

§ 1. „Arbeitsproduktivität" und „Totalproduktivität" 95

§ 2. Der Einfluß der Kapitalintensität auf die Arbeitsproduktivität ... 102

§ 3. Der Einfluß des technischen Fortschritts auf die Kapitalintensität 106

§ 4. Arbeitsproduktivität und strukturelle Veränderungen 113

Sechstes Kapitel: Statistische Maßzahlen für die Fortschrittsrate der Produktionstechnik 120

§ 1. Indexzahlen des Produktionsergebnisses je Einheit des Arbeitsaufwandes und ihre durchschnittlichen Steigerungskoeffizienten 120

    a) Statistische Erhebungsprobleme 121

    b) Die Elimination des Einflusses der strukturellen Veränderungen 124

    c) Die Steigerungskoeffizienten des Produktionsergebnisses je Einheit des Arbeitsaufwandes 128

§ 2. Zur Produktivitätsentwicklung in der deutschen Industrie 130

§ 3. Der Produktivitätszuwachs und die Produktivitätsquote des Produktionsertrages 135

§ 4. Zur Interpretation der Maßzahlen 139

Literaturverzeichnis 141

Einleitung

Eines der wichtigsten Ergebnisse der neueren wachstumstheoretischen Diskussion ist die Erkenntnis, daß das wirtschaftliche Wachstum aufs engste mit dem technischen Fortschritt verknüpft ist[1]. Zwar ist der Zusammenhang zwischen den Fortschritten der Technik und der wirtschaftlichen Entwicklung auch schon früher beschrieben worden — das klassische Beispiel dafür sind Adam *Smiths* Darlegungen über die Wirkungen der Arbeitsteilung[2] —, aber als bestimmende Größen für den Wachstumsverlauf sind in den älteren Darstellungen immer nur die Bevölkerungsentwicklung und die Höhe der Sparquote berücksichtigt worden; erst in den neueren Untersuchungen wird auch der technische Fortschritt als selbständiger Bestimmungsgrund des wirtschaftlichen Wachstums behandelt und sein Einfluß auf den Verlauf des Wachstumsprozesses analysiert[3]. Der entscheidende Anstoß für die stärkere Beachtung des technischen Fortschritts in der Analyse des ökonomischen Wachstumsprozesses ist offenbar von *Schumpeters* Theorie der wirtschaftlichen Entwicklung ausgegangen, in der Schumpeter erstmals betont hat, daß der Wachstumsprozeß auch bei gegebener Sparquote nicht automatisch abläuft, sondern daß er in den Investitionsausgaben der „Unternehmer" zur „Durchsetzung neuer Kombinationen" seine mit unterschiedlicher Stärke wirkende Antriebskraft hat[4]. Ebenso wie in Schumpeters Theorie nimmt der Zusammenhang zwischen dem technischen Fortschritt und den Investitionsausgaben auch in denjenigen

---

[1] „Was immer für die Vergangenheit wahr sein mag, jetzt sind es die technischen Neuerungen und die Einführung neuer und billigerer Methoden, die den wirtschaftlichen Fortschritt beherrschen." A. K. *Cairncross*, Der Platz des Kapitals im wirtschaftlichen Fortschritt, Zeitschrift f. Nationalökonomie, Bd. 15 (1955), S. 109.

[2] Zur Behandlung des technischen Fortschritts in den Entwicklungstheorien der Klassiker vgl. B. S. *Keirstead*, The Theory of Economic Change, Toronto 1948, S. 68 ff.

[3] Vgl. z. B. C. *Clark*, The Conditions of Economic Progress, 3. Aufl., London 1957; B. S. *Keirstead*, The Theory of Economic Change, a. a. O.; W. W. *Rostow*, The Process of Economic Growth, New York 1952; J. *Fourastié*, Die große Hoffnung des Zwanzigsten Jahrhunderts (Le Grand Espoir du XXe Siècle), übersetzt von B. Lutz, Köln 1954; W. A. *Lewis*, Die Theorie des wirtschaftlichen Wachstums (The Theory of Economic Growth), übersetzt von H. v. Beckerath, Tübingen 1956; J. *Robinson*, The Accumulation of Capital, London 1956; N. *Kaldor*, A Model of Economic Growth, The Economic Journal, vol. 67 (1957).

[4] Vgl. J. *Schumpeter*, Theorie der wirtschaftlichen Entwicklung, 5. Aufl. Berlin 1952; *derselbe*, Business Cycles, A Theoretical, Historical and Statistical Analysis of the Capitalist Process, vol. I, New York 1939.

wachstumstheoretischen Erörterungen eine zentrale Stelle ein, die auf dem Boden der „New Economics" geführt werden; die von R. F. *Harrod* und E. D. *Domar* entwickelten Modelle eines störungsfreien Wachstumsverlaufs bilden hierin zwar eine Ausnahme, aber in der Diskussion um die Weiterentwicklung dieses Ansatzes ist immer wieder betont worden, daß dazu der technische Fortschritt explizit in die Theorie einbezogen werden müsse[5]. Vor allem ist hier jedoch die auf *Hansen* zurückgehende These von der säkularen Stagnation entwickelter Volkswirtschaften zu erwähnen, für die der Einfluß des technischen Fortschritts auf die Investitionsausgaben das letztlich entscheidende Kriterium bildet[6].

Diese Entwicklung der neueren wachstumstheoretischen Diskussion erfordert, daß der technische Fortschritt auch in den empirischen Analysen der Wachstumsvorgänge entsprechend berücksichtigt wird[7]. Damit ergibt sich für die empirische Forschung die Frage, in welcher Weise der technische Fortschritt während einer Periode gemessen und sein Einfluß auf die Wachstumsraten der ökonomischen Größen numerisch bestimmt werden kann, eine Frage, die in empirischen Untersuchungen schon vor Jahren damit beantwortet worden ist, daß die Steigerungsraten der Arbeitsproduktivität, wie sie durch die Indices des Produktionsergebnisses je Einheit des Arbeitsaufwandes gemessen werden, als Maßzahlen für den technischen Fortschritt bezeichnet wurden[8]. Diese Interpretation der Indexzahlen für die Arbeitsproduktivität ist allgemein akzeptiert worden, ohne daß die Übereinstimmung von Maßzahl und zu messendem Tatbestand ernstlich bezweifelt worden wäre; erst in neueren Veröffentlichungen ist dies vereinzelt geschehen und dabei auf die Frage nach der Kongruenz zwischen Tatbestand und Maßzahl eine übereinstimmend negative Antwort gegeben worden. Die kritischen Einwendungen gelten — faßt man sie zusammen — vor allem der Ein-

---

[5] Domar selbst hat diese Forderung an verschiedenen Stellen formuliert, vgl. z. B. E. D. *Domar,* Economic Growth: An Econometric Approach, The American Economic Review, vol. 42 (1952), S. 484. — Die wichtigsten Arbeiten von Harrod und Domar sind im 4. Kap. § 5, Fußnote 33, zitiert.

[6] Vgl. A. H. *Hansen,* Fiscal Policy and Business Cycles, New York 1941, S. 341 ff. — Zusammenfassende Darstellungen der Diskussion bei B. *Higgins,* Concepts and Criteria of Secular Stagnation, in: Income, Employment and Public Policy, Essays in Honor of Alvin H. Hansen, New York 1948, und W. *Joelson,* Die Theorie der säkularen Stagnation, Eine Darstellung und kritische Würdigung, Wien 1952.

[7] "Equally is it clear that economic theory cannot usefully be left at the theoretical stage but requires to be tested and given quantitative expression by being brought into relation with observations." R. *Stone,* The Role of Measurement in Economics, Cambridge 1951, S. 3.

[8] Vgl. z. B. St. *Varga,* Über die Messung der Erfolge des technischen Fortschritts und der Rationalisierung in der Industrie, in: Beiträge zur Konjunkturlehre, Festschrift zum zehnjährigen Bestehen des Instituts für Konjunkturforschung, Hamburg 1936; sowie W. *Bauer,* Technischer Fortschritt und Produktivität, Vierteljahrshefte zur Konjunkturforschung, Teil A, N. F. 11. Jg. (1936/37).

seitigkeit des Verfahrens[9] sowie dem Umstand, daß mit Produktivitätsindices nur Veränderungen im Stand der durchschnittlich angewandten Produktionstechnik, nicht aber die Fortschritte des „technischen Wissens" erfaßt werden können[10]. Ein dritter wesentlicher Einwand resultiert aus der Gegenüberstellung von technischem Fortschritt einerseits und zunehmender Kapitalintensität (im Sinne der Verwendung von mehr Kapital pro Beschäftigten) andererseits, ein Gegensatz, der weniger exakt auch mit der Unterscheidung zwischen „Rationalisierung" und „Mechanisierung" ausgedrückt wird. Da das Produktionsergebnis je Einheit des Arbeitsaufwandes nicht nur infolge von Rationalisierungsmaßnahmen bei gegebener Kapitalintensität sondern auch infolge einer Erhöhung der Kapitalintensität zunimmt, kann — nach dieser Argumentation — die Steigerung der Arbeitsproduktivität keine Maßzahl für den technischen Fortschritt sein[11]. Diese Kritik, die bei allen Unterschieden in den Begründungen auf eine Ablehnung der Indexzahlen der Arbeitsproduktivität als Maßzahlen für den technischen Fortschritt hinausläuft[12], macht es notwendig, den Zusammenhang zwischen technischem Fortschritt und Produktivitätssteigerung zu überprüfen und insbesondere zu untersuchen, inwieweit die Indexzahlen für die Steigerung der Arbeitsproduktivität als Maßzahlen für den technischen Fortschritt interpretiert werden können. In der vorliegenden Arbeit wird deshalb versucht, die aufgeworfenen Fragen durch einen Vergleich der verschiedenen statistischen Produktivitätsrelationen und ihrer jeweiligen Abhängigkeit von dem für das ökonomische Wachstum bedeutsamen Tatbestand der technischen Entwicklung zu beantworten.

Mit dieser Problemstellung ist zugleich die Frage nach der für eine ökonomische Analyse zweckmäßigen Definition des technischen Fortschritts aufgeworfen, denn die Kontroverse um die statistische Messung des technischen Fortschritts ist nur die Folge davon, daß der Tatbestand selbst nicht eindeutig definiert ist. Mit dem Terminus „Technischer Fortschritt", wie er in der wachstumstheoretischen Diskussion gebraucht wird, können vielmehr sehr unterschiedliche Vorgänge gemeint sein, was immer deutlich wird, wenn, wie bei der Frage der statistischen

---

[9] Vgl. z. B. F. *Below*, Zur statistischen Messung des technischen Fortschritts in der industriellen Produktion, Schmollers Jahrbuch, 70. Jg. (1950 I).
[10] Vgl. J. *Niehans*, Das ökonomische Problem des technischen Fortschritts, Schweizerische Zeitschrift für Volkswirtschaft und Statistik, 90. Jg. (1954).
[11] Vgl. bes. V. W. *Ruttan*, Technological Progress in the Meat Packing Industry, 1919—1947, U. S. Department of Agriculture, Marketing Research Report No. 59, Januar 1954.
[12] So schreibt z. B. Ruttan: "It seems rather unlikely that many economists actually view change in labor productivity as an adequate indicator of technological change." V. W. *Ruttan*, The Contribution of Technological Progress to Farm Output: 1950—1975, The Review of Economics and Statistics, vol. 38 (1956), S. 62; vgl. auch J. W. *Kendrick*, Productivity Trends: Capital and Labor, The Review of Economics and Statistics, vol. 38 (1956), S. 248.

Messung, exakte Aussagen notwendig werden. Die hierbei auftretenden Schwierigkeiten erstrecken sich vor allem in zwei Richtungen. Einmal geht es darum, aus der zeitlichen Folge von einzelnen Vorgängen, die zusammen die technische Entwicklung ausmachen, denjenigen Tatbestand oder diejenigen Tatbestände zu bestimmen, die für eine Betrachtung unter den Aspekten der ökonomischen Theorie relevant sind. Dementsprechend wird im ersten Teil der folgenden Untersuchung zunächst die Frage nach dem Tatbestand des technischen Fortschritts und seiner Darstellung in der ökonomischen Analyse erörtert werden. Da die technische Entwicklung in einer Summe einzelwirtschaftlicher Vorgänge besteht, ist dies eine Frage, die vor allem die Theorie der Unternehmung berührt. Die zweite Art von Schwierigkeiten folgt aus dem Umstand, daß bei der Transformation des technischen Fortschritts in das analytische Schema der makroökonomischen Wachstumstheorie nur seine Auswirkungen auf bestimmte ökonomische Größen berücksichtigt werden können, was ebenfalls verschiedene Lösungen zuläßt. Im zweiten Teil der vorliegenden Arbeit werden deshalb die Kriterien behandelt, die für die Ermittlung des technischen Fortschritts bei gesamtwirtschaftlicher Betrachtung verwendet werden können. In diesem Zusammenhang wird vor allem untersucht werden müssen, inwieweit die Zunahme der verschiedenen Arten von Produktivitätsquotienten als Ergebnis des technischen Fortschritts interpretiert werden kann. Dabei wird sich zeigen, daß dem Anstieg der Arbeitsproduktivität bei der statistischen Messung des technischen Fortschritts trotz aller kritischen Einwendungen doch eine besondere Bedeutung zukommt. Dementsprechend werden abschließend Maßzahlen behandelt, die — unter den aus der Darstellung folgenden Einschränkungen — das Ausmaß des technischen Fortschritts und seinen Einfluß auf das Wachstum des Produktionsertrages über die Steigerungen der Arbeitsproduktivität zu bestimmen versuchen.

Die Behandlung der aufgezeigten Probleme erfolgt unter einer grundsätzlichen Einschränkung. Der technische Fortschritt ist nicht nur ein Problem der ökonomischen Theorie, „technical progress is a large subject, involving the whole history of the human race[13]." Diesen weiterreichenden Aspekten des Phänomens soll jedoch nicht nachgegangen werden. Es ist auch nicht beabsichtigt, die strukturellen Wandlungen zu behandeln, die sich infolge des technischen Fortschritts für die Wirtschaft der industrialisierten Länder und ihrer Außenhandelsverflechtungen ergeben[14]. Die Problemstellung der vorliegenden Untersuchung ist vielmehr verhältnismäßig eng begrenzt, hier ist nur nach dem Tat-

---

[13] J. *Robinson*, Notes on the Economics of Technical Progress, in: The Rate of Interest and Other Essays, London 1953, S. 33.
[14] Vgl. hierzu bes. J. *Fourastié*, Die große Hoffnung des Zwanzigsten Jahrhunderts, a. a. O., S. 77 ff.

bestand gefragt, der im Rahmen des vorhandenen analytischen Instrumentariums der ökonomischen Theorie berücksichtigt werden kann. Das bedeutet unter anderem, daß der Begriff „Fortschritt" ausschließlich in einem ökonomischen und quantitativen Sinne interpretiert wird, ferner, daß von Technik nur im Sinne von Produktionstechnik gesprochen wird und daß dementsprechend mit technischem Fortschritt auch nur solche Vorgänge gemeint sind, die in einem unmittelbaren Zusammenhang mit der Produktionstechnik in den Unternehmungen stehen[15].

---

[15] Es werden also auch nicht diejenigen Aspekte des technischen Fortschritts behandelt, die, wie z. B. berufssoziologische oder arbeitspsychologische, zwar in einem weiteren Sinne mit ökonomischen Vorgängen in Verbindung gebracht werden können, aber nicht unmittelbar die Produktionstechnik betreffen.

Erster Teil

Der technische Fortschritt als ökonomischer Tatbestand

Erstes Kapitel

Die Fortschritte des technischen Wissens

§ 1. Die zeitlichen Phasen der technischen Entwicklung

Die Schwierigkeiten für eine exakte Behandlung des technischen Fortschritts in der ökonomischen Analyse folgen aus der zeitlichen Dimension der einzelnen Vorgänge, die den Gesamtprozeß der technischen Entwicklung bilden. Jede „Erfindung" schließt einen zeitlichen Prozeß ein, der sich von den Erkenntnissen der Naturwissenschaften[1] und deren Konkretisierung in neuem technischen Wissen bis zu der Anwendung eines neuen Produktionsverfahrens oder der Herstellung eines neuartigen Gutes erstreckt. Der technische Fortschritt umfaßt folglich zeitliche Zusammenhänge, von denen nicht ohne weiteres gesagt werden kann, wann sie anfangen, ökonomisch relevant zu werden, und ebenso, wann sie aufhören, technischer Fortschritt im ökonomischen Sinne zu sein. Diesem Umstand kann nur in der Weise Rechnung getragen werden, daß versucht wird, den Prozeß der technischen Entwicklung in verschiedene Phasen oder Stufen aufzuspalten und jede Stufe als besonderen Tatbestand zu interpretieren. So unterscheidet z. B. *Maclaurin*[2] die folgenden Phasen des technischen Fortschritts, die er als makroökonomische Verhaltensfunktionen definiert: (a) „the propensity to develop pure science," (b) „the propensity to invent," (c) „the propensity to

---

[1] Von Lewis wird betont, daß die großen Erfindungen des 18. und 19. Jahrhunderts, wie z. B. die Dampfmaschine und der Webstuhl, nicht durch Gelehrte, sondern von Praktikern ohne wissenschaftliche Kenntnisse gemacht worden sind. „Erst im 20. Jahrhundert wurde eine wissenschaftliche Schulung für den künftigen Erfinder wesentlich und wurden die wissenschaftlichen Entdeckungen die hauptsächlichste Quelle weiteren technischen Fortschritts." W. A. *Lewis*, Die Theorie des wirtschaftlichen Wachstums, a. a. O., S. 185. — Vgl. zu dieser Frage auch A. P. *Usher*, The History of Mechanical Inventions, New York 1929.
[2] W. R. *Maclaurin*, The Sequence from Invention to Innovation and its Relation to Economic Growth, The Quarterly Journal of Economics, vol. 67 (1953), S. 98; ähnlich W. W. *Rostow*, The Process of Economic Growth, a. a. O., S. 23.

innovate," (d) „the propensity to finance innovation," (e) „the propensity to accept innovation." Derartige Begriffsbildungen lassen die Vielfalt der Tatbestände deutlich werden, die in der ökonomischen Diskussion unter der allgemeinen Bezeichnung „Technischer Fortschritt" zusammengefaßt werden. Andererseits umfassen auch die einzelnen „propensities" noch sehr komplexe Zusammenhänge, die sich nicht in empirisch-statistischen Analysen berücksichtigen lassen[3]. Wir können deshalb diese oder ähnliche Einteilungen nicht übernehmen, ohne uns um eine nähere Begriffsbestimmung zu bemühen. Dabei muß erstens geklärt werden, welche Tatbestände sich als technischer Fortschritt im ökonomischen Sinne interpretieren lassen, zweitens muß die Frage beantwortet werden, von welchem Tatbestand bei der empirisch-statistischen Analyse des technischen Fortschritts ausgegangen werden soll; mit anderen Worten: es ist letztlich gefragt, welcher Tatbestand gemessen werden soll und welcher Tatbestand gemessen werden kann.

Für die Behandlung dieser Frage im ersten Teil der vorliegenden Untersuchung wird eine grundsätzliche Trennung zwischen den Fortschritten des technischen Wissens einerseits und den konkreten Verbesserungen der Produktionstechnik in den Unternehmungen andererseits vorgenommen. Zwischen diesen beiden Phasen der technischen Entwicklung besteht ein enger Zusammenhang, doch umfassen sie keineswegs identische Vorgänge[4]. In diesem Kapitel soll zunächst auf die Fortschritte des technischen Wissens eingegangen werden, auf den Sachverhalt also, der im analytischen Schema der statischen Theorie nach der Einteilung von Eucken als Veränderung des Datums „Stand des technischen Wissens" interpretiert werden muß. Betrachtet man die entsprechenden empirischen Vorgänge, so sind auch hier noch mehrere Tatbestände zu unterscheiden, wie es in der Übersicht von Maclaurin in der Trennung zwischen (a) „the propensity to develop pure science" und (b) „the propensity to invent" zum Ausdruck kommt. Betrachtet man die genannten Relationen nicht als makroökonomische Verhaltensfunktionen, dann läßt sich (a) als die Fortschritte der Grundlagenforschung und (b) als die Erweiterung der produktionstechnischen Kenntnisse bezeichnen.

---

[3] Maclaurin diskutiert allerdings, in welcher Weise jede der „propensities" numerisch bestimmt werden könnte. Zum Beispiel werden als Indikator für (a) „the major speculative contributions to the advancement of science", für (b) die der Patentanmeldungen oder die Zahl der „applied scientists employed", für (d) die Zahl der neuen Unternehmungen und der Umfang des in ihnen investierten Kapitals genannt. Vgl. W. R. *Maclaurin*, The Sequence from Invention to Innovation, a. a. O., S. 100 ff. Offenbar ist hier aber die Aussagefähigkeit der genannten Angaben überschätzt. Vgl. dazu die Ausführungen in § 4 dieses Kapitels.

[4] "It is important to distinguish between an invention which is a technical or scientific fact, and an innovation which is an economic fact." *Keirstead*, The Theory of Economic Change, a. a. O., S. 133. — Vgl. dazu 3. Kap. § 1.

§ 2. Die Fortschritte der Grundlagenforschung

Zur Beantwortung der Frage, inwieweit die Fortschritte der Grundlagenforschung zum ökonomischen Tatbestand des technischen Fortschritts gerechnet werden müssen, kann auf eine Erörterung der entsprechenden empirischen Vorgänge verzichtet werden, es genügt, auf die einleitend dargestellte Einschränkung des Begriffsinhalts zu verweisen, nach der der ökonomische Tatbestand des technischen Fortschritts grundsätzlich nur in solchen Vorgängen gesehen werden soll, die unmittelbar die technischen Bedingungen der Produktion in den Unternehmungen betreffen. Dementsprechend sind Fortschritte des technischen Wissens im ökonomischen Sinne auch nur solche neuen Kenntnisse, die unmittelbar eine Verbesserung der in den Unternehmungen angewandten Produktionstechnik oder die Produktion eines technologisch neuartigen Gutes herbeiführen können. Daraus folgt, daß die Fortschritte der Grundlagenforschung hier unberücksichtigt bleiben können, obwohl sie in einem weiteren Sinne durchaus zu den bestimmenden Faktoren der wirtschaftlichen Entwicklung gehören[5]. Diese Beschränkung ist unumgänglich, wenn eine eindeutige Begrenzung des für eine ökonomische Analyse relevanten Tatbestandes der technischen Entwicklung erreicht werden soll. Das gleiche gilt für die Verbesserungen des allgemeinen Bildungsstandes der Bevölkerung, die ebenfalls eine wesentliche Voraussetzung für den Prozeß der wirtschaftlichen Entwicklung bilden. So zeigen die in jüngster Zeit verstärkten Bemühungen um die wirtschaftliche Entwicklung der noch rückständigen Volkswirtschaften, daß die Einführung einer neuen Produktionstechnik in vielen Fällen an der mangelnden Vorbildung der Bevölkerung für qualifizierte Arbeiten scheitert[6]. Wenn aber die bessere Ausbildung der Bevölkerung, so gesehen, auch eine Ausweitung der Grenzen bedeutet, die dem technischen Fortschritt in den Unternehmungen gesetzt sind, so ist sie für die Verbesserungen der Produktionstechnik doch nur von mittelbarer Bedeutung. Der eigentliche ökonomische Tatbestand ist erst in den „technischen Verbesserungen" zu sehen, die in den Unternehmungen selbst vorgenommen werden. Deshalb können die Fortschritte im Bildungsstand der Bevölkerung bei der Definition des ökonomischen Tatbestands des technischen Fortschritts ebenfalls unberücksichtigt bleiben.

Aber auch die Vorgänge, die in der Einteilung von *Maclaurin* als „propensity to invent" bezeichnet sind, können nicht ohne weiteres als technischer Fortschritt im ökonomischen Sinne interpretiert werden.

---
[5] Eine eingehende Darstellung des Zusammenhangs gibt W. A. *Lewis*, Die Theorie des wirtschaftlichen Wachstums, a. a. O., S. 179 ff.
[6] Vgl. z. B. C. N. *Vakil* u. P. P. *Brahmanand*, Technische Kenntnis und Managerkapazität als begrenzende Faktoren der industriellen Expansion in unterentwickelten Ländern, Zeitschrift f. Nationalökonomie, Bd. 15 (1955), S. 81.

Denn obwohl die technische und — in einem geringeren Umfang — auch die naturwissenschaftliche Forschung im zunehmenden Maße in den Laboratorien und Versuchswerkstätten der Unternehmungen erfolgt, stellen diese Arbeiten noch nicht den ökonomisch relevanten Tatbestand des technischen Fortschritts dar. Die Forschungs- und Entwicklungsaufwendungen sind zweifellos ein Posten, der in der (internen) Kosten- und Gewinnrechnung der Unternehmungen zunehmend an Bedeutung gewinnt[7], außerdem besteht zwischen den Forschungs- und Entwicklungsarbeiten in einzelnen Unternehmungen und den Verbesserungen der Produktionstechnik in diesen Unternehmungen ein sehr enger Zusammenhang. Bei der Frage nach dem ökonomischen Tatbestand des technischen Fortschritts ist aber erstens zu beachten, daß sich das Ausmaß, in dem die wissenschaftlich-technische Forschung zu ökonomisch verwertbaren Ergebnissen führt, der unternehmerischen Einwirkung entzieht, und daß zweitens auch nicht der Umfang der Forschungstätigkeit der Tatbestand ist, von dem die für den ökonomischen Prozeß entscheidenden Einflüsse der technischen Entwicklung ausgehen. Für das wirtschaftliche Wachstum ist vielmehr erst die Anwendung der neuen technischen Möglichkeiten im Produktionsprozeß die entscheidende Komponente. Das bedeutet, daß die Entwicklung neuer technischer Verfahren erst dann zu einem Fortschritt im ökonomischen Sinne wird, wenn sie soweit abgeschlossen ist, daß die Verfahren als potentiell anwendbar in den Gesichtskreis der Unternehmungen eintreten. Bis dahin muß die technische Forschung als ein im Prinzip außerökonomisches Phänomen angesehen werden, auch wenn sie die unabdingbare Voraussetzung für jede Verbesserung der Produktionstechnik ist und eine eindeutige Abgrenzung nicht immer möglich ist, weil sich beide Vorgänge in vielen Fällen uno actu vollziehen[8].

§ 3. Die Veränderungen der Bedarfsstruktur

Mit der hier entwickelten Konzeption, nach der der ökonomische Tatbestand des technischen Fortschritts grundsätzlich nur in solchen Vorgängen gesehen werden soll, die unmittelbar mit den Verbesserungen der Produktionstechnik in den Unternehmungen zusammenhängen, werden auch die Veränderungen der Bedarfsstruktur, die in dem Ver-

---

[7] Zum Beispiel sind von der Industrie der Vereinigten Staaten von Amerika in den Jahren 1946 bis 1955 für Forschung und Entwicklung die folgenden Beträge aufgebracht worden (in Mill. US-Dollar):

1946	840	1951	1300
1947	1050	1952	1430
1948	1150	1953	1430
1949	990	1954	1600
1950	1180	1955	2600

Vgl. Statistical Abstract of the United States 1956, Tabelle 598, S. 499.

[8] Die gleiche Ansicht wird auch von J. *Robinson* vertreten, vgl. z. B. Notes on Economics of Technical Progress, a. a. O., S. 53 f.

brauch neuartiger Konsumgüter ihren sichtbaren Ausdruck finden, aus der Definition des technischen Fortschritts ausgeschlossen. Das könnte insofern bedenklich erscheinen, als davon eine in neuerer Zeit besonders betonte Komponente der technischen Entwicklung betroffen wird[9], die in einer Definition des technischen Fortschritts aus folgendem Grund berücksichtigt werden müßte. Die Produktion neuartiger Güter ist ökonomisch nur dann sinnvoll, wenn die neuen Güter auch nachgefragt werden, was eine entsprechende Veränderung der Bedarfsstruktur voraussetzt. Dabei ist es unerheblich, ob die Veränderungen der Bedarfsstruktur als ein selbständiger Bestimmungsgrund des wirtschaftlichen Wachstums aufgefaßt werden, oder ob angenommen wird, daß sie erst durch das Angebot der neuartigen Güter bewirkt werden (man neigt heute zu der Ansicht, daß auch hierbei die Vorgänge im Produktionssektor bestimmend sind und daß der entsprechende Bedarf der Haushalte erst von den Unternehmern „provoziert" wird[10], eine Auffassung, für die das starke Anschwellen der Werbebudgets der Unternehmungen in neuerer Zeit spricht). Unabhängig davon, ob die Veränderung der Bedarfsstruktur durch die Unternehmer provoziert wird oder nicht, im Ergebnis wird der Tatbestand des technischen Fortschritts, wenn die Herstellung neuartiger Verbrauchsgüter berücksichtigt wird, mit dem in einer Wirtschaft erreichten Grad der Bedürfnisbefriedigung in Zusammenhang gebracht. Das bedeutet, daß der technische Fortschritt dementsprechend auch in irgendeiner Weise unter Einbeziehung der Nachfragefunktionen definiert werden müßte. Dem steht jedoch entgegen, daß eine derartige Definition für die empirische Ermittlung des technischen Fortschritts wenig zweckmäßig wäre, weil Veränderungen der Nachfragefunktionen nur in Einzelfällen und nicht generell numerisch bestimmt werden können[11]. Es ist deshalb offensichtlich zweckmäßiger, wenn die Definition des technischen Fortschritts so gewählt wird, daß nur die aus der Einführung neuartiger Verbrauchsgüter resultierenden Auswirkungen auf den Produktionssektor selbst berücksichtigt werden, wozu z. B. die Expansion einer Industrie durch die Aufnahme neuartiger Fertigungszweige oder auch nur die Aufrechterhaltung des

---

[9] "If the composition of output could not change, or if new products were not introduced, the desire for additional consumption and income and, therefore, the stimulus to economic activity would be weaker." M. *Abramovitz*, Economics of Growth, in: B. F. Haley (Ed.), A Survey of Contemporary Economics, vol. II., Homewood (Ill.) 1952, S. 145. — Vgl. auch F. *Below*, Zur statistischen Messung des technischen Fortschritts, a. a. O., S. 74; ebenso J. *Niehans*, Das ökonomische Problem des technischen Fortschritts, a. a. O., S. 152 f.

[10] Diese Auffassung ist insbesondere von Schumpeter vertreten worden. "We will, throughout, act on the assumption that consumers' initiative in changing their tastes ... is negligible and that all change in consumers' tastes is incident to, and brought about by, producers' action." J. A. *Schumpeter*, Business Cycles, vol. I, a. a. O., S. 73.

[11] Vgl. dazu auch die Ausführungen im 2. Kap. § 1 und im 4. Kap. § 1.

Marktanteils einer Unternehmung durch die Einführung neuartiger Güter gehören[12]. Diese Vorgänge sind zwar nicht Verbesserungen der Produktionstechnik im eigentlichen Sinne, aber sie haben für die einzelne Unternehmung die gleiche Wirkung wie die Anwendung eines neuen technischen Verfahrens bei der Produktion eines bisher schon bekannten Gutes, sie verbessern wie diese die Ertragslage der Unternehmung und sind deshalb zumindest aus der Sicht der Unternehmung als technischer Fortschritt zu bezeichnen (immer vorausgesetzt, daß die neuen Güter auch entsprechend nachgefragt werden). In dieser Weise ist die Entwicklung und Herstellung neuartiger Güter auch in die hier entwickelte Konzeption des ökonomischen Tatbestands des technischen Fortschritts — die ausschließlich auf die Vorgänge im Produktionssektor abstellt — einbezogen, während die Veränderungen der Bedarfsstruktur demgegenüber als eine der Wirkungen des technischen Fortschritts aufzufassen sind.

§ 4. Die Erweiterung des technischen Horizonts der Unternehmungen

Aus der bisherigen Darstellung folgt, daß der Tatbestand eines neuen technischen Wissens im ökonomischen Sinne als die Kenntnis neuer Produktionsverfahren interpretiert werden muß, wobei unter einem neuen

---

[12] Dieser Aspekt der technischen Entwicklung ist auch vorwiegend gemeint, wenn in der Diskussion des Zusammenhangs zwischen technischem Fortschritt und wirtschaftlichem Wachstum eine stärkere Beachtung der Entwicklung und Verbreitung neuartiger Konsumgüter gefordert wird. In welchem Ausmaß die Produktion neuer Konsumgüter ansteigen kann, zeigen die in der folgenden Übersicht zusammengestellten Zahlen. Während die Produktion der angeführten Güter von 1950 bis 1956 in jedem einzelnen Falle um weitaus mehr als das Doppelte zugenommen hat, ist der Index für die gesamte industrielle Produktion der Bundesrepublik im gleichen Zeitraum „nur" von 100 auf 193 (1950 = 100) gestiegen.

Die Produktion neuartiger Konsumgüter in der Bundesrepublik Deutschland von 1950 bis 1956

Jahr	Elektr. Waschmaschinen	Elektr. Kühlschränke (bis 250 l)	Elektr. Rasierapparate	Fernsehapparate	Mopeds	Motorroller
	Mengen in Tonnen			Mengen in Stück		
1950	.	7 658	.	11	.	9 110
1951	.	14 202	.	170	.	18 729
1952	9 597	19 739	97	3 681	.	35 508
1953	15 001	29 523	221	40 974	144 234	66 254
1954	21 200	43 927	394	128 930	447 948	119 359
1955	31 995	45 354	515	315 890	782 468	144 475
1956	37 533	51 479	791	527 379	618 511	133 907

Quelle: Statistisches Bundesamt, Die Industrie der Bundesrepublik Deutschland, Teil 2: Produktion ausgewählter Erzeugnisse.

Produktionsverfahren sowohl eine verbesserte Technik bei der Herstellung eines bereits bekannten Gutes als auch die Herstellung eines neuartigen bzw. wesentlich verbesserten Gutes zu verstehen sind. Durch die Ausklammerung aller Aspekte der technischen Entwicklung, die nicht unmittelbar die Verbesserungen der Produktionstechnik in den Unternehmungen (einschließlich der Produktion eines neuen Gutes) betreffen, ist es nunmehr möglich, eine präzise Beschreibung des Tatbestandes zu geben, der mit dem Ausdruck „Fortschritte des technischen Wissens" nur sehr ungenau beschrieben ist. Dazu soll für beide Formen eines neuen Produktionsverfahrens der Ausdruck „eine Kombination von Produkt- und Produktionsmittelmengen" oder „ein neuer Prozeß" verwendet werden, wie es in der ökonomischen Theorie zur Bezeichnung eines bestimmten empirischen Produktionsverfahrens üblich ist[13]. *Wird die Gesamtheit aller Prozesse, die den Unternehmungen in einer Wirtschaftseinheit in einem bestimmten Zeitpunkt bekannt sind, als der technische Horizont der Unternehmungen bezeichnet, dann besteht die erste Phase des technischen Fortschritts in der Erweiterung des technischen Horizonts der Unternehmungen durch das Auftreten neuer Prozesse*[14]. Mit dieser Definition sind die Fortschritte des technischen Wissens für die Zwecke der theoretischen Analyse eindeutig beschrieben, für eine empirische Ermittlung des technischen Fortschritts kann sie jedoch noch nicht gebraucht werden, weil der in dieser Weise definierte Tatbestand nicht numerisch bestimmt werden kann. Denn es ist nicht möglich, einen Indikator für die Veränderungen des technischen Horizonts zu defi-

---

[13] Die in der sogenannten Prozeßanalyse mit dem Begriff „Prozeß" verbundenen Annahmen über die technischen Bedingungen der Produktion werden im folgenden Kapitel erläutert; im vorliegenden Zusammenhang wird der Ausdruck ohne die dort dargelegten Beschränkungen gebraucht.

[14] Unter Verwendung mathematischer Symbole läßt sich dieser Tatbestand — in Anlehnung an die Definition des „technical space" von G. *Debreu,* Numerical Representations of Technological Change, Metroeconomica, vol. 6 (1954) — in folgender Weise definieren: Sind in einer Wirtschaftseinheit k Güter bekannt, kann ein beliebiger Prozeß, der durch die technisch bestimmte Zuordnung von n Produkt- und Produktionsmittelmengen definiert ist, als Punkt h im k-dimensionalen Raum mit den Koordinaten $x_1, x_2, ..., x_n$ ($n \leq k$) beschrieben werden. Alle im Zeitpunkt t = 0 bekannten Prozesse h_{j0} (j = 1, ..., s) bilden im k-dimensionalen Raum den Raumabschnitt H_0, der als t e c h n i s c h e r H o r i z o n t der Wirtschaftseinheit bezeichnet wird. Technischer Fortschritt liegt dann vor, wenn infolge einer Zunahme der Zahl der technisch möglichen Prozesse eine Erweiterung des Raumabschnitts H_0 zum Raumabschnitt H_1 erfolgt, wobei, da die bisher bekannte Technik weiterhin angewendet werden kann, $H_1 \supset H_0$ gilt, d. h. der neue Raum den bisherigen einschließt. — Es ist zu beachten, daß der technische Horizont der Unternehmungen allein durch die jeweils bekannten Produktionsverfahren bestimmt ist, während der ö k o n o m i s c h e H o r i z o n t (vgl. 2. Kap. § 2 b), der den Planungszeitraum einer Unternehmung begrenzt, von mehr Faktoren abhängig ist.

nieren, wenn diese Veränderungen nicht unter Bezugnahme auf ein ökonomisches Kriterium bewertet sind[15].

Ökonomische Kriterien für den technischen Fortschritt können in verschiedener Weise gebildet werden. Hieraus resultieren auch die Unterschiede zwischen einer einzelwirtschaftlichen und einer gesamtwirtschaftlichen Betrachtung des technischen Fortschritts, die im dritten Kapitel behandelt werden. Bei einzelwirtschaftlicher Betrachtung werden die technischen Neuerungen jedoch übereinstimmend im Hinblick auf den von der Unternehmung angestrebten Gewinn beurteilt[16]. Damit wird eine bestimmte Annahme über die Verhaltensweise der Unternehmungen unterstellt, die nicht immer zuzutreffen braucht. So kann unter bestimmten Umständen für eine Unternehmung die Einführung einer technischen Neuerung notwendig werden, ohne daß sich eine Erhöhung des Gewinns ergibt[17]. Grundsätzlich kann jedoch unterstellt werden, daß technisch bessere Lösungen einer Produktionsaufgabe für eine Unternehmung nur solche sind, die die Ertragslage der Unternehmung positiv zu beeinflussen tendieren. In Übereinstimmung damit soll die oben abgeleitete Definition in folgender Weise ergänzt werden: *Technischer Fortschritt im ökonomischen Sinne ist die Erweiterung des technischen Horizonts der Unternehmungen durch die Kenntnis von neuen Prozessen, deren Anwendung eine Verbesserung der Ertragslage der Unternehmungen ermöglicht.*

Es ist nunmehr zu untersuchen, ob für den so definierten Tatbestand eine statistische Maßzahl bestimmt werden kann, beziehungsweise — da die vorstehende Definition nur eine exaktere Beschreibung der „Fortschritte des technischen Wissens" darstellt — es ist zu fragen, ob die Entwicklung neuer technischer Kenntnisse mit statistischen Methoden erfaßt werden kann.

---

[15] Das ist auch das Ergebnis der 1951 in Princeton veranstalteten „Conference on Quantitative Description of Technological Change", auf der die Frage nach einem numerischen Indikator für den technischen Fortschritt, der nur von den Veränderungen von H abhängig ist, ausführlich diskutiert wurde. "The discussion can perhaps be summed up by the remark that no representation of this type was suggested; none which would not be entirely artificial occurs to us. The representation of technological change will therefore be defined in connection with other economic characteristics." G. *Debreu*, Numerical Representations of Technological Change, a. a. O., S. 49.

[16] "It is clear that an invention will not become an innovation unless entrepreneurs believe that it will enable them to increase their profits." *Keirstead*, The Theory of Economic Change, a. a. O., S. 133.

[17] Eventually, many businessmen will be compelled to change to the new methods not to increase their profits, but in order to survive. While the initiators of technical improvements may be in an extremely favorable profit position for some period of time, the nature of our economy is such that all successful businessmen must keep abreast of technical advance." W. D. *Evans*, Recent Productivity Trends and Their Implications, Journal of the American Statistical Association, vol. 42 (1947), S. 221.

§ 5. Die Meßbarkeit der Fortschritte des technischen Wissens

Obwohl der technische Fortschritt erst durch die Anwendung der neuen Prozesse in den Unternehmungen zu einer bestimmenden Größe für den ökonomischen Wachstumsprozeß wird, ist doch auch die Frage nach der Meßbarkeit der Fortschritte im Stand des technischen Wissens für die ökonomische Analyse nicht ohne Interesse. Und zwar wäre eine Aussage über die neuen Prozesse, die in einer Periode als potentiell anwendbar bekannt werden, dann bedeutsam, wenn aus dieser Aussage auf das Ausmaß der ökonomischen Wirkungen geschlossen werden könnte, die von der späteren Anwendung der neuen Prozesse in den Unternehmungen ausgehen. Es handelt sich also um die Frage einer Prognose der Veränderungen ökonomischer Größen, die durch den gegenwärtig erkennbaren Fortschritt des technischen Wissens in späteren Perioden möglich bzw. tatsächlich bewirkt werden[18].

Eine solche Prognose wird für einzelne Unternehmungen im Rahmen ihrer ständigen Planungsaufgaben notwendig; sie ist im Einzelfall auch mit genügend hohem Genauigkeitsgrad durchführbar[19]. Anders ist es jedoch, wenn die Auswirkungen des technischen Fortschritts auf die gesamte Volkswirtschaft oder einzelne ihrer Sektoren geschätzt werden sollen. Zwar sind auch hier für kleinere Bereiche und im Hinblick auf eine bestimmte, in ihren Wirkungen hinreichend genau bekannte „Erfindung" Voraussagen möglich — so läßt sich z. B. in einzelnen Fällen der Kapitalbedarf eines Industriezweiges für die Einführung eines neuen Verfahrens schätzen — derartige Prognosen können jedoch nicht für die gemeinsame Wirkung aller Erfindungen einer Periode aufgestellt werden und sie sind vor allem nicht mit Hilfe statistischer Schätzverfahren durchführbar. Denn weder können die „Fortschritte des technischen Wissens" in einer Periode gemessen werden, gleichgültig wie dieser Tatbestand auch im einzelnen definiert wird, noch läßt sich zwischen den Erfindungen und ihren Auswirkungen für einen Indu-

---

[18] Die Möglichkeit einer Prognose könnte auch für die Voraussage der neuen technischen Kenntnisse selbst untersucht werden. Die Frage soll hier jedoch übergangen werden, sie ist offenbar auch von Technikern nicht eindeutig zu beantworten. "The economist who needs to forecast can derive only fleeting satisfaction from the discovery that experts close to the arena of technological change disagree among themselves." I. H. *Siegel*, Technological Change and Long-Run Forecasting, The Journal of Business of the University of Chicago, vol. 26 (1953), S. 150. — Vgl. zu den im folgenden behandelten Fragen auch S. C. *Gilfillan*, The Prediction of Technical Change, The Review of Economics and Statistics, vol. 34 (1952); und W. R. *Maclaurin*, The Process of Technological Innovation: The Launching of a New Scientific Industry, The American Economic Review, vol. 40 (1950), bes. S. 91.

[19] So wird von den Unternehmungen bei der Bemessung der Abschreibungsbeträge auf das Anlagevermögen ebenfalls eine Schätzung des technischen Fortschritts in ihrer Branche verlangt. Im allgemeinen begnügt man sich dabei allerdings mit verhältnismäßig groben Annahmen, für die außerdem auch steuerliche Erwägungen bedeutsam sind.

striezweig oder jede größere Wirtschaftseinheit ein eindeutiger Zusammenhang — im Sinne der Aufstellung entsprechender stochastischer Funktionen — ermitteln. Das soll im folgenden näher begründet werden.

Die Erweiterung des technischen Horizonts der Unternehmungen durch das Auftreten neuer Prozesse ist ein im konkreten Fall sehr unbestimmter Tatbestand, der sich jeder allgemeinen Beobachtung und statistischen Erfassung entzieht. Das gilt für jede Interpretation des technischen Fortschritts im Sinne eines Fortschritts des technischen Wissens und kann hier als allgemein akzeptiert vorausgesetzt werden[20]. Diskutiert werden kann allein die Frage einer mittelbaren Messung dieses Fortschritts durch „entweder eine seiner unmittelbaren Wirkungen oder eine seiner unmittelbaren Ursachen, die sich quantifizieren lassen[21]". In empirischen Untersuchungen ist dazu bisher immer nur von den Wirkungen ausgegangen worden, und zwar sind, wie bereits erwähnt wurde, im allgemeinen Indices der Produktivitätssteigerung verwendet worden, um unter der Annahme, daß sich die aus vergangenen Zeitperioden ermittelten durchschnittlichen Produktivitätskoeffizienten nicht verändern, die zukünftige Produktionsentwicklung vorauszuschätzen[22]. Es muß hier jedoch betont werden, daß mit den Auswirkungen des technischen Fortschritts auf ökonomische Größen nicht die Fortschritte des technischen Wissens gemessen werden, denn die Wirkungen des technischen Fortschritts auf ökonomische Größen, wie z. B. eine Produktivitätssteigerung, folgen nicht aus der bloßen Kenntnis neuer Prozesse, sondern erst aus deren Anwendung. Deshalb wird auf diese Weise auch nicht der Umfang der neuen technischen Kenntnisse einer Periode ermittelt, sondern allenfalls die Fortschritte im Stand der durchschnittlich angewandten Produktionstechnik. Auf der anderen Seite zeigt eine nähere Prüfung, daß eine mittelbare Messung der neuen technischen Kenntnisse auch nicht mit Hilfe solcher quantitativen Größen vorgenommen werden kann, die nach *Niehans* die „unmittelbare Ur-

---

[20] „Quantitativ ist der (technische) Fortschritt nicht unmittelbar, sondern nur an den Auswirkungen zu messen, eine Eigenschaft, die er mit vielen institutionalen Erscheinungen gemeinsam hat." F. *Below*, Zur statistischen Messung des technischen Fortschritts in der industriellen Produktion, a. a. O., S. 75.
[21] J. *Niehans*, Das ökonomische Problem des technischen Fortschritts, a. a. O., S. 151.
[22] Vgl. z. B. J. W. *Kendrick*, National Productivity and Its Long-Term Projection, in: Long-Range Economic Projection, Studies in Income and Wealth, vol. 16, Princeton 1954; E. E. *Hagen* u. N. B. *Kirkpatrick*, The National Output at Full Employment in 1950, The American Economic Review, vol. 34 (1944); G. *Colm*, The American Economy in 1960, Economic Progress in a World of Tension, Planning Pamphlets No. 81, Washington 1952; V. W. *Ruttan*, The Contribution of Technological Progress to Farm Output: 1950—1975, a. a. O.; J. *Schmookler*, The Changing Efficiency of the American Economy, 1869—1938, The Review of Economics and Statistics, vol. 34 (1952).

sache" des technischen Fortschritts bilden, weil sie in einem engen Zusammenhang mit dem Ausmaß der wissenschaftlichen und technischen Forschung stehen. Auch auf diese Weise wird nicht der Tatbestand gemessen, der eigentlich gemessen werden soll. So ist z. B. die Zahl der patentierten Erfindungen, die Maclaurin als Maßzahl für die „propensity to invent" vorgeschlagen hat, erstens nicht repräsentativ für die Gesamtmasse aller technischen Verbesserungen[23], zweitens kann ihre Zahl auch nichts über die Intensität des Fortschritts aussagen, der durch die Anwendung dieser Erfindungen erreicht werden kann. Mit zahlenmäßig wenig Erfindungen kann eine hohe, mit sehr vielen Erfindungen eine nur geringe Fortschrittsrate verbunden sein. Ähnlich verhält es sich mit den Ausgaben für Forschung und Bildung, die ebenfalls als Maßzahl für das Ausmaß des technischen Fortschritts genannt worden sind[24]. Selbst wenn nur die für industrielle Zwecke aufgewandten Forschungsbeträge berücksichtigt werden, wie sie z. B. die amerikanische Statistik ermittelt, so können doch auch hier den gleichen Geldbeträgen sehr unterschiedliche Fortschrittsraten entsprechen.

Dabei soll durchaus nicht verkannt werden, daß erstens die Forschungs- und Entwicklungsausgaben der Industrie im Hinblick auf die ökonomische Auswertung der Ergebnisse getätigt werden — im allgemeinen wird sogar ein ganz bestimmtes Ergebnis erwartet — und daß zweitens die Höhe der Forschungsausgaben einer Industrie von dem Umfang der vorhandenen Mittel und damit von der wirtschaftlichen Entwicklung selbst abhängig ist. Hier besteht eine gegenseitige Abhängigkeit, die aber letztlich unbestimmt ist und vor allem nicht für aggregierte Wirtschaftseinheiten oder die gesamte Volkswirtschaft ermittelt werden kann. Zwar ist zuzugeben, daß langfristig gesehen der technische Fortschritt in den Ländern überwiegen wird, die, wie z. B. die USA, entsprechend hohe Summen für die Forschung und Entwicklung ausgeben, aber es besteht kein Grund zu der Annahme, daß die Höhe der Forschungs- und Entwicklungsausgaben während einer bestimmten Periode in irgendeinem festen Verhältnis zu den Fortschritten des „technischen Wissens" oder sogar dem Umfang der tatsächlichen Anwendung neuer technischer Möglichkeiten in dieser oder einer späteren

---

[23] Nach einer Schätzung von Gilfillan sollen in den USA nur 15—20 % der tatsächlichen „Erfindungen" auch zu Patentanmeldungen führen. Vgl. S. C. *Gilfillan*, The Prediction of Technical Change, a. a. O., S. 377.

[24] So will Niehans einen Index für den technischen Fortschritt mit Hilfe der „Lern- und Fortschrittskosten", von der auf die Schulbildung verwendeten Zeit bis zu den „Laboratoriumskosten" ermitteln. Er fügt allerdings hinzu, daß damit nicht behauptet werde, der technische Fortschritt müsse im gleichen Maße wie der Lernaufwand wachsen. „Behauptet wird nur, daß uns, wenn wir mit den Fortschrittsaufwendungen arbeiten, viele jener Einsichten zufallen werden, die uns sonst die Untersuchung des technischen Fortschritts selbst, wenn er meßbar wäre, versprechen würde." Vgl. J. *Niehans*, Das ökonomische Problem des technischen Fortschritts, a. a. O., S. 154.

Periode stehen müßte. „The social process which produces inventions and the social process which produces innovations do not stand in any invariant relation to each other and such relation as they display is much more complex than appears at first sight[25]." Die Entdeckung neuer technischer Möglichkeiten und ihre Anwendung in den Unternehmungen sind zwei Tatbestände, die nicht zwangsläufig aufeinander folgen. Wie unten ausführlich dargestellt wird, ist die Anwendung des neuen technischen Wissens von einer Vielzahl ökonomischer Größen und keineswegs von dem Ausmaß der neuen Kenntnisse allein abhängig. Auch daraus folgt, daß von der Kenntnis irgendwelcher Ersatzreihen für die Fortschritte des technischen Wissens nicht auf den Einfluß des technischen Fortschritts auf den ökonomischen Prozeß geschlossen werden kann.

Die vorstehenden Überlegungen führen folglich zu dem Ergebnis, daß der technische Fortschritt im Sinne eines Fortschritts des technischen Wissens grundsätzlich nicht meßbar ist[26] und daß eine Prognose des Einflusses, den der technische Fortschritt auf das Wachstum der ökonomischen Variablen hat, nicht auf dem Wege einer statistischen Ermittlung der neuen technischen Kenntnisse möglich ist. Damit ist die Frage nach dem ökonomischen Tatbestand des technischen Fortschritts und nach der statistischen Meßbarkeit dieses Tatbestands beantwortet, soweit es die Stufe der technischen Entwicklung betrifft, die allgemein als Fortschritt des technischen Wissens bezeichnet wird. Wie gezeigt wurde, handelt es sich hierbei um eine dem ökonomischen Prozeß vorgegebene Entwicklung, die zwar ihre Impulse im überwiegenden Ausmaß aus dem Bereich des wirtschaftlichen Geschehens empfängt, letztlich aber doch als ein Datum des ökonomischen Wachstumsprozesses angesehen werden muß.

---

[25] *Schumpeter*, Business Cycles, vol. I, a. a. O., S. 86. Eine abweichende Ansicht wird von Maclaurin vertreten: "We have now reached a stage in many fields where inventions are almost made to order, and where there c a n be a definite correlation between the numbers of applied scientists employed (and the funds of their disposal) and the inventive results." W. R. *Maclaurin*, The Sequence from Invention to Innovation and its Relation to Economic Growth, a. a. O., S. 104 (Sp. i. O.).

[26] Im gleichen Sinne äußert sich auch Kuznets: "The most important productive resource available in modern society is the stock of technological knowledge embodied in tangible records and in the personal skills and habits of the population. One might argue that this is not a separate resource but rather part and parcel of population as a productive resource or of the natural deposits and of accumulated reproducible capital. This does not remove the difficulty that this separate resource or aspect of other resources is not measurable ...". S. *Kuznets*, Measurement of Economic Growth, in: Economic Growth, A Symposium, The Journal of Economic History, suppl. VII, 1947, S 12.

Zweites Kapitel

Die Verbesserungen der Produktionstechnik in den Unternehmungen

§ 1. Die Formen der technischen Verbesserungen

Für den Einfluß des technischen Fortschritts auf den ökonomischen Prozeß ist der bisher behandelte Tatbestand, die Erweiterung des technischen Horizonts der Unternehmungen durch das Auftreten neuer Prozesse, nur von mittelbarer Bedeutung. Entscheidend dafür ist vielmehr der Tatbestand, der in diesem und dem folgenden Kapitel behandelt wird, nämlich die Fortschritte der Produktionstechnik, die mit der Anwendung der neuen Prozesse in den Unternehmungen erzielt werden. Erst durch die Anwendung der neuen technischen Kenntnisse in den Unternehmungen werden diejenigen Veränderungen bewirkt, in denen sich der ökonomische Effekt der technischen Fortentwicklung zeigt. Die Aufgabe der folgenden Darstellung ist es, auch diesen Tatbestand für die Zwecke der ökonomischen Analyse zu präzisieren und zu untersuchen, inwieweit er für eine statistische Ermittlung in Betracht kommt. Zunächst soll jedoch beschrieben werden, welche konkreten Formen die Anwendung eines neuen Prozesses in einer Unternehmung haben kann.

Dabei muß der Umstand vernachlässigt werden, daß die technischen Verbesserungen in den Unternehmungen sowohl ihrer Art nach als auch im Hinblick auf ihre Bedeutung für die einzelne Unternehmung außerordentlich heterogene Vorgänge umfassen. Für die Zwecke der ökonomischen Analyse kann vielmehr davon ausgegangen werden, daß sich alle Fälle von technischen Verbesserungen in eine der drei folgenden Gruppen einordnen lassen: (a) die Anwendung eines für die jeweilige Unternehmung neuartigen Produktionsmittels (andersartige Rohstoffe und Werkzeuge, leistungsfähigere Maschinen und Transportmittel, besser ausgebildete Arbeitskräfte usw.), (b) die Produktion eines für die jeweilige Unternehmung neuartigen Gutes und (c) bestimmte organisatorische Veränderungen, die als eine Neukombination der in der Unternehmung vorhandenen Produktionsmittel zu interpretieren sind.

Die erste Gruppe umfaßt die Verbesserungen der Produktionstechnik im engeren Sinne und braucht nicht näher erläutert zu werden. Es muß jedoch erwähnt werden, daß die hier zusammengefaßten Vorgänge — ebenso wie die der Gruppe b — nach dem Ausmaß der Umstellung unterschieden werden können, die sie für den Ablauf des betrieblichen Geschehens bedeuten. So kann die Anwendung eines neuartigen Produktionsmittels eine vollständige Umstellung des Produktionsprozesses, z. B. von Werkstatt- auf Fließfertigung, verlangen, ebenso wird die Herstellung eines neuartigen Gutes in manchen Fällen eine weitgehende Umgestaltung des gesamten Fertigungsablaufs bedingen. Ist ein neuartiges Fertigungsverfahren eingeführt oder die Produktion eines neuartigen Gutes angelaufen, dann ergeben sich weitere, in ihren Ausmaßen geringfügigere Verbesserungen, mit denen eine im Rahmen des gegebenen Produktionsverfahrens mögliche Senkung der Herstellungskosten erreicht werden soll[1]. Ferner ist der Ausdruck „technische Verbesserungen in den Unternehmungen" so zu interpretieren, daß die Errichtung völlig neuer Betriebe und Betriebsteile durch bestehende oder auch neu gegründete Unternehmungen einbegriffen ist, sofern sich die neuerrichteten Produktionsstätten — was im allgemeinen der Fall sein wird — in ihrer technischen Ausrüstung von den bisher bestehenden Produktionsanlagen der gleichen Unternehmung oder auch ähnlicher Unternehmungen unterscheiden.

Zu den Vorgängen der zweiten Gruppe, der Produktion eines neuartigen Gutes, ist anzumerken, daß sie, wie bereits dargelegt wurde, eine Veränderung der Bedarfsstruktur in der betrachteten Wirtschaft voraussetzen. Der eigentliche Fortschritt ist hier nicht in den Produktionsvorgängen, sondern in der Verbesserung des — in irgendeiner Weise definierten — Versorgungsniveaus der Wirtschaftssubjekte zu sehen. Da nach der im vorangegangenen Kapitel entwickelten Konzeption die technischen Verbesserungen in den Unternehmungen isoliert von den Veränderungen der Nachfrage betrachtet werden, muß vorausgesetzt werden, daß bei der Aufnahme eines neuen Gutes in den Produktionsprozeß eine entsprechende Veränderung der Nachfrage vorliegt, so daß die Herstellung eines neuartigen Gutes ebenso wie die Verwendung eines verbesserten Produktionsmittels zu einer Verbesserung der Ertragslage in den betreffenden Unternehmungen führt. In diesem Sinn liegt auch im Fall der Produktion eines neuartigen Gutes eine Verbesserung im Produktionssektor vor, die durch die technische Entwicklung bedingt ist und deshalb im Ergebnis ebenfalls als eine Verbesserung der Produktionstechnik interpretiert werden kann.

Die organisatorischen Verbesserungen sind nicht im gleichen Sinne technische Verbesserungen wie die unter (a) und (b) genannten Fälle, in denen es sich um die Produktion oder Nutzung anderer Güter in einem

---

[1] Diese beiden Arten von technischen Veränderungen werden von Gutenberg als „mutative (abrupte)" und „stetige" Änderungen der Produktionsbedingungen bezeichnet. Vgl. E. *Gutenberg*, Grundlagen der Betriebswirtschaftslehre, I. Band: Die Produktion, 3. Aufl. Berlin-Göttingen-Heidelberg 1957, S. 191 f.

technologischen Sinn handelt. Die organisatorischen Maßnahmen sind vielmehr auf eine Intensivierung der Leistungsabgabe gegebener Produktionsmittel gerichtet, wie sie z. B. durch eine Senkung der Ausfallquote infolge besserer Schulung der Arbeitskräfte oder durch eine Verkürzung der sogenannten Verlustzeiten erreicht wird. Derartige Maßnahmen unterscheiden sich von den unter (a) und (b) angeführten technischen Verbesserungen vor allem dadurch, daß sie eine obere Wirkungsgrenze haben. Die Ausnutzung gegebener Produktionsmittel läßt sich allenfalls bis auf 100 Prozent, aber nicht darüber hinaus steigern. Außerdem ist die damit bewirkte Leistungssteigerung reversibel, was auf die Fälle zu (a) und (b) ebenfalls nicht zutrifft[2]. Wenn die organisatorischen Verbesserungen jedoch auf ihre ökonomischen Auswirkungen hin betrachtet werden, haben sie die gleichen Merkmale wie die technischen Verbesserungen im engeren Sinne. Das gemeinsame Charakteristikum aller drei Gruppen von Verbesserungen ist die mit ihnen verbundene Veränderung der Input-Output-Koeffizienten, ein Tatbestand, auf den im folgenden noch näher eingegangen wird. Organisatorische Verbesserungen, die diese Auswirkungen haben, sind deshalb den eigentlichen technischen Verbesserungen gleichzustellen. Das bedeutet, daß hinsichtlich der organisatorischen Verbesserungen eine Unterscheidung getroffen werden muß, die faktisch nicht an den organisatorischen Maßnahmen selbst, sondern nur an ihren Auswirkungen auf bestimmte ökonomische Größen orientiert sein kann. Allgemein läßt sich jedoch sagen, daß die organisatorischen Verbesserungen, die nach der vorstehenden Einteilung als technische Verbesserungen aufgefaßt werden, im wesentlichen auf die Organisation des technischen Produktionsablaufs, einschließlich der Transportleistungen, beschränkt sind. Die Maßnahmen hingegen, die Einkauf, Vertrieb und Finanzierung betreffen und die Rentabilität einer Unternehmung durch ihre Wirkung auf die Kapitalumschlagshäufigkeit beeinflussen, während sie die reale Kostenstruktur unverändert lassen, sind nicht eingeschlossen, ebenso die Veränderungen der Marktorganisation oder der Formen der Verflechtung und der überbetrieblichen Zusammenarbeit[3]. Zwar verlangt die Entwicklung neuer Produkte oder die Anwendung neuer technischer Methoden, die die Massenproduktion bisher schon bekannter Produkte ermöglichen, sehr oft auch Verände-

---

[2] Vgl. W. D. *Evans,* Indexes of Labor Productivity as a Partial Measure of Technological Change, in: Input-Output Relations (Proceedings of a Conference on Inter-Industrial Relations Held at Driebergen, Holland), Leiden 1953, S. 38 f.
[3] Eine ähnliche Unterscheidung ist von Krelle getroffen worden, der bei der von ihm definierten allgemeinen Gewinnfunktion der Unternehmung die „technische Kombination" und die „ökonomische Kombination" unterscheidet. Die „ökonomische Kombination (oder Organisation)" ist nach Krelle dadurch gekennzeichnet, daß sie nicht zwangsläufig mit der technischen Organisation verbunden ist. Vgl. W. *Krelle,* Theorie wirtschaftlicher Verhaltensweisen, Meisenheim/Glan 1953, S. 106 ff.

rungen der Vertriebstechnik und ähnliche Maßnahmen, die die Marktorganisation berühren; aber das sind Auswirkungen des technischen Fortschritts, sie gehören nicht zu den Veränderungen der technischen Produktionsbedingungen im engeren Sinne[4].

Welches sind nun die gemeinsamen Merkmale aller hier beschriebenen Vorgänge, die sie zum technischen Fortschritt im ökonomischen Sinn werden lassen? Oben ist in sehr allgemeiner Formulierung davon gesprochen worden, daß sie die Ertragslage der Unternehmungen bei gegebenen ökonomischen Daten positiv beeinflussen. Die Frage soll nunmehr genauer mit Hilfe der Begriffe beantwortet werden, die in der Theorie der Unternehmung verwendet werden. Dazu ist auf zwei Ansätze der Theorie einzugehen, die sich — was für das hier betrachtete Problem von besonderer Bedeutung ist — in ihren Annahmen über die technischen Bedingungen der Produktion wesentlich unterscheiden. Das ist einmal die marginalanalytische Bestimmung des Unternehmungsgleichgewichts und zum anderen die Behandlung des gleichen Problems unter den Annahmen der neuerdings entwickelten Prozeß- oder Aktivitätsanalyse. Im folgenden wird gezeigt, daß die Definitionen des technischen Fortschritts, die sich aus beiden Formulierungen der Produktionstheorie ergeben, im Prinzip gleich sind, daß sie aber wegen der unterschiedlichen Annahmen über die Gestalt der Produktionsfunktionen im zweiten Fall unmittelbar einen Ansatz für die statistische Ermittlung des technischen Fortschritts bieten, im ersten hingegen nicht.

§ 2. Die Darstellung des technischen Fortschritts in der Marginalanalyse des Unternehmungsgleichgewichts

In einer ökonomischen Analyse können alle Arten von technischen Verbesserungen nur als Übergang zu anderen Kombinationen von Produkt- und Produktionsmittelmengen beschrieben werden, die sich quantitativ und qualitativ von den alten Kombinationen unterscheiden[5].

---

[4] Darin liegt auch eine Abweichung von der Schumpeterschen Auffassung und seiner Definition der „neuen Kombinationen" oder „innovations", zu denen nach Schumpeter z. B. auch Unternehmungszusammenschlüsse zur „Schaffung einer Monopolstellung" gehören. Vgl. J. A. *Schumpeter*, Theorie der wirtschaftlichen Entwicklung, a. a. O., S. 101. Schumpeters Definition ist im Hinblick auf die besondere Betonung der Unternehmerfunktion gebildet und schließt deshalb alle Fälle ein, in denen ein statisches Kreislaufsystem „gestört" und verändert wird.

[5] Die Gleichsetzung von unterschiedlichen Kombinationen der Produkt- und Produktionsmittelmengen mit technischen Veränderungen gilt nur unter der Einschränkung, daß eine vollständige Abbildung technischer Zusammenhänge in ökonomischen Modellen nicht möglich ist. Vgl. die folgende Anmerkung Schumpeters zu den Produktionsfunktionen der ökonomischen Theorie: "For the economist a process or method of production is defined by the independent variables in the production function, even though this may amount to throwing together what are very different processes or methods to the engineer:

Unter qualitativen Veränderungen ist dabei zu verstehen, daß an Stelle eines Produktionsmittels a_1 ein anderes Produktionsmittel a_2 benutzt oder an Stelle des Gutes x_1 ein anderes Gut x_2 produziert wird. Die insbesondere für die Zwecke von Indexberechnungen nur schwer zu entscheidende Frage, wann eine Qualitätsveränderung eines sonst gleichbleibenden Gutes und wann ein anderes Gut vorliegt, wird also, wie in theoretischen Betrachtungen üblich, umgangen, indem eine veränderte Qualität eines Gutes (oder Produktionsmittels) grundsätzlich als anderes Gut (Produktionsmittel) aufgefaßt wird. Produktionsmittel oder Produktionsfaktoren sind die Güter (einschließlich Dienstleistungen), die im Produktionsprozeß verbraucht werden, also die in geeigneter Weise definierten und gemessenen Arbeitsleistungen, die Material- und Energiemengen, sowie die Kapitalleistungen im Sinne von Leistungsabgaben der vorhandenen Anlagen und Maschinen. Im Produktionsprozeß werden bestimmte Mengen von Gütern hergestellt und dazu bestimmte Mengen von Produktionsmitteln pro Einheit der hergestellten Güter verbraucht. Ein spezifischer Produktionsprozeß kann deshalb durch die Mengen der hergestellten Gütereinheiten und die dazu verbrauchten Produktionsmittelmengen charakterisiert werden[6].

a) **Der Fall einer einperiodigen Produktionsplanung**

In der herkömmlichen Marginalanalyse des Unternehmungsgleichgewichts werden bei komparativ-statischer Betrachtung zwei Arten von Veränderungen der Mengenkombinationen unterschieden: (a) solche, die eine Folge von Veränderungen im Stand der Produktionstechnik sind, und (b) solche, die infolge einer Veränderung der Preise bei „gegebenem Stand der Technik" eintreten. Unter dem „gegebenen Stand der Technik" wird die Möglichkeit verstanden, eine bestimmte Produktmenge

---

this practice simply means that technological differences per se are without interest for us." J. A. *Schumpeter*, History of Economic Analysis (ed. from manuscript by E. B. Schumpeter), New York 1954, S. 1029.

[6] Eine solche Kombination von Produkt- und Produktionsmittelmengen wird in der Prozeß- oder Aktivitätsanalyse als „Prozeß" bezeichnet. Da jedoch in der Aktivitätsanalyse mit der Definition eines Prozesses die Annahme einer homogen-linearen Produktionsfunktion verbunden ist, wird in der folgenden Darstellung des marginalanalytischen Ansatzes, um Mißverständnisse zu vermeiden, der Terminus „Prozeß" nicht verwendet, sondern stattdessen der Ausdruck „Mengenkombination" gebraucht. Im Prinzip ist mit beiden Ausdrücken das gleiche bezeichnet, nämlich die in einem spezifischen Produktionsverfahren verwirklichte Kombination von Produkt- und Produktionsmittelmengen, die der quantitative Ausdruck für die jeweils angewandte Produktionstechnik ist. Wegen der unterstellten unbegrenzten Substituierbarkeit der Güter und der damit implizierten Annahme infinitesimal kleiner Variationen der Mengenkombinationen ist es allerdings in den marginalanalytischen Darstellungen nicht üblich, bei jeder Variation der Mengenkombination vom Übergang zu einem anderen Produktionsverfahren zu sprechen.

oder eine bestimmte Kombination von Produktmengen mit beliebig vielen Mengenkombinationen bestimmter Produktionsmittel herstellen zu können. Daß eine solche Möglichkeit immer besteht, folgt aus der Annahme, daß die Produktionsmittel in beliebigem Umfang gegeneinander substituierbar sind. Analytisch wird dieser Zusammenhang durch die Annahme einer gegebenen Produktionsfunktion (oder Transformationsfunktion) ausgedrückt. In der allgemeinen Form[7]

$$f(a_1, \ldots, a_m, x_{m+1}, \ldots, x_n) = 0 \qquad (1)$$

beschreibt eine derartige Produktionsfunktion den Zusammenhang von Produktmengenkombinationen ($x_{m+1}, \ldots x_n$) und den zu ihrer Herstellung benötigten Produktionsmittelmengen ($a_1, \ldots, a_m$), wobei angenommen wird, daß die Gleichung (1) überall eindeutig nach jeder Variablen auflösbar ist. Diese Annahme bedeutet, daß, sofern jeweils die Werte von n-1 Variablen gegeben sind, auch der Wert der n-ten Variablen eindeutig bestimmt ist[8]. Es ist üblich, die Produktionsmittelmengen als negative Produktmengen zu definieren, d. h. $x_s = -a_s$ ($s = 1, \ldots, m$) zu setzen, und die Funktion dementsprechend in der Form

$$f(x_1, \ldots, x_n) = 0 \qquad (2)$$

zu schreiben. Davon ausgehend können die Grenzraten der Substitution eines Produktionsmittels durch ein anderes und eines Produkts durch ein anderes, sowie die Grenzrate der Transformation eines Produktionsmittels in ein Produkt gleichermaßen durch

$$R_s^t = -\frac{\delta x_t}{\delta x_s} = \frac{f_s}{f_t} \qquad (t, s = 1, \ldots, n;\ t \neq s) \qquad (3)$$

ausgedrückt werden, wobei x_t bzw. x_s für Produktionsmittel- oder für Produktmengen stehen.

Bei gegebener Produktionsfunktion — die den technischen Horizont der Unternehmung beschreibt — wählt die Unternehmung eine bestimmte Kombination von Produkt- und Produktionsmittelmengen aus. Bezeichnet $x_1, x_2 \ldots, x_r$ die von der Unternehmung gewählte Mengenkombination und werden die für die einzelne Unternehmung gegebenen Preise der Produkte und Produktionsmittel — es gelten die Bedingungen der vollkommenen Konkurrenz — mit $p_1, p_2, \ldots, p_r$ bezeichnet, dann

---

[7] Vgl. die Darstellung von J. L. *Mosak*, General-Equilibrium Theory in International Trade, Bloomington (Ind.) 1944, S. 94—108. — Die Numerierung der in diesem und den folgenden Kapiteln angeführten Definitions- und Bedingungsgleichungen erfolgt, um die Verweisungen im Text zu erleichtern.

[8] Die weiteren formalen Eigenschaften der Funktion sind im Hinblick auf die Anwendung der Marginalanalyse festgelegt. Sie gilt als Funktion, die für den Bereich aller positiven Werte von x und a definiert ist, und es wird angenommen, daß für diesen Bereich die partiellen Ableitungen erster und zweiter Ordnung existieren und stetig sind.

ist der Nettoertrag v einer Unternehmung, definiert als Differenz von Ertrag und Aufwand, gegeben durch

$$v = \sum_{i=1}^{r} p_i x_i \qquad (4)$$

(Produktmengen mit positiven, Produktionsmittelmengen mit negativen Vorzeichen). Unter der üblicherweise gesetzten Annahme, daß es das Ziel der Unternehmung ist, ihren erwarteten Gewinn zu maximieren, wird die Unternehmung Produktionsmittel- und Produktmengen so kombinieren, daß die Bedingung

$$v = \sum_{i=1}^{r} p_i x_i = \max \qquad (5)$$

gilt, in der die Preise p_i gegebenenfalls auch als erwartete Preise aufgefaßt werden können[9]. Diese Bedingung ist dann erfüllt, wenn sich die Grenzraten der Substitution (bzw. Transformation) so verhalten wie die jeweiligen Produkt- und Produktionsmittelpreise, d. h. wenn

$$\frac{f_1}{f_r} = \frac{p_1}{p_r},\ \frac{f_2}{f_r} = \frac{p_2}{p_r},\ \ldots,\ \frac{f_{r-1}}{f_r} = \frac{p_{r-1}}{p_r} \text{ ist.} \qquad (6)$$

Damit diese Bedingung ein stabiles Gleichgewicht beschreibt, muß ferner für alle f_i gelten, daß die Grenzrate der Substitution eines Produktes durch ein anderes zunimmt, die Grenzrate der Substitution eines Produktionsmittels durch ein anderes abnimmt und die Transformation eines Produktionsmittels in ein Produkt mit abnehmenden Grenzerträgen erfolgt.

Das Gleichungssystem (6) liefert das im vorliegenden Zusammenhang interessierende Ergebnis. Es zeigt, daß Veränderungen der von einer Unternehmung angewendeten Gleichgewichtskombination von Produkt- und Produktionsmittelmengen unter den gegebenen Bedingungen in zwei Fällen eintreten:

(a) im Falle einer Veränderung der Preisrelationen und (b) im Falle einer Veränderung der marginalen Substitutions- und Transformationsraten bei gegebenen Preisrelationen, was bedeutet, daß eine Veränderung der Produktionsfunktion eingetreten sein muß, d. h. daß eine bis-

---

[9] In letzter Zeit wird versucht, das Gewinnmaximierungsprinzip, das zur Ableitung der Gleichgewichtswerte der ökonomischen Variablen verwendet wird, durch weniger restriktive Ansätze zu modifizieren. Das geschieht im Hinblick auf monopolistisches und oligopolistisches Verhalten durch die Anwendung des Minimaxkalküls, wie es in der Theorie der Spiele (J. v. *Neumann* und O. *Morgenstern*, Theory of Games and Economic Behavior, 2. Aufl., Princeton 1947) entwickelt worden ist. Ebenso ist versucht worden, die statistische Entscheidungstheorie (A. *Wald*, Statistical Decision Functions, New York und London 1950) zu einem auf bestimmte Unternehmerentscheidungen anwendbaren Instrument zu entwickeln (vgl. bes. R. M. *Thrall*, C. H. *Coombs* und R. J. *Davis* (Ed.), Decision Processes, New York und London 1954).

her nicht zur Wahl stehende Produktionstechnik verwirklicht wurde. Im Falle (a) liegen Veränderungen beim „gegebenen Stand der Technik" vor, im Falle (b) sind die Veränderungen der Produkt- und Faktormengenkombination die Folge der Anpassung an eine Veränderung im „Stand der Technik". Dementsprechend sind die Veränderungen (b) solche, mit denen der technische Fortschritt in der betrachteten Unternehmung realisiert wird. Daraus folgt, daß der einzelwirtschaftliche Tatbestand des technischen Fortschritts nach den Annahmen der Marginalanalyse als *die Anwendung einer neuen Kombination von Produkt- und Produktionsmittelmengen bei gegebenen Preisrelationen infolge einer Veränderung der Produktionsfunktion* definiert ist.

b) Der Fall einer mehrperiodigen Produktionsplanung

Wie von *Hicks*[10] gezeigt worden ist, läßt sich das Ergebnis aus der Betrachtung eines einperiodigen Produktionsplans analog auf den Fall eines Produktionsplanes für mehrere Perioden übertragen. Der Produktionsplan einer Unternehmung für mehrere Perioden wird durch die Angabe der Produkt- und Produktionsmittelmengen charakterisiert, deren Produktion bzw. Verbrauch von der Unternehmung für die einzelnen Perioden, die ihr ökonomischer Horizont einschließt, geplant wird. Im Gegensatz zum technischen Horizont, der der Unternehmung als Datum vorgegeben ist, wird der ökonomische Horizont durch das — vom Unternehmer zu schätzende — Risiko begrenzt, das eine Planung für weiter in der Zukunft liegende Perioden ausschließt. Werden die Perioden mit 1, 2, ..., s, die Produktionsmittelmengen mit $a_1, a_2, ...$ und die Produktmengen mit $x_1, x_2, ...$ bezeichnet, dann läßt sich der Produktionsplan einer Unternehmung nach Hicks folgendermaßen darstellen:

$$\begin{matrix} a_{11} & a_{12} & \ldots & a_{1s} \\ a_{21} & a_{22} & \ldots & a_{2s} \\ \cdot & \cdot & & \cdot \\ \cdot & \cdot & & \cdot \\ \cdot & \cdot & & \cdot \\ x_{11} & x_{12} & \ldots & x_{1s} \\ x_{21} & x_{22} & \ldots & x_{2s} \\ \cdot & \cdot & & \cdot \\ \cdot & \cdot & & \cdot \\ \cdot & \cdot & & \cdot \end{matrix}$$

Ebenso wie in der Darstellung des einperiodigen Produktionsplans beschreiben die Produkt- und Produktionsmittelmengen einer jeden Periode das Produktionsverfahren, dessen Anwendung von der Unternehmung

---

[10] Vgl. J. R *Hicks*, Value and Capital, 2. Aufl. Oxford 1946, S. 189 ff.

für die betreffende Periode geplant wird. Der Produktionsplan gilt ebenfalls bei gegebener Produktionsfunktion, in der die gleichen Güter in den verschiedenen Perioden 1, 2, ..., s als unterschiedliche Variable auftreten (Produktionsmittelmengen als negative Produktmengen definiert)[11]:

$$f(x_{10}, x_{20}, \ldots, x_{n0}; x_{11}, x_{21}, \ldots, x_{n1}; x_{1s}, x_{2s}, \ldots, x_{ns}) = 0 \quad (7)$$

Auch diese Funktion muß den Gleichgewichts- und Stabilitätsbedingungen genügen, die oben für den Fall einer einperiodigen Produktionsplanung dargestellt worden sind[12]. Die Möglichkeit einer Substitution ist jetzt aber nicht nur zwischen den Produkt- und Produktionsmittelmengen einer Periode, sondern auch zwischen den Mengen in verschiedenen Perioden gegeben. Das bedeutet, daß die genannten Bedingungen hier auch für die Substitution bzw. Transformation zwischen den Perioden gelten müssen. Um einen numerischen Ausdruck für den Gewinn aus dem Produktionsplan zu finden, müssen die Gütermengen wieder mit ihren erwarteten Preisen bewertet werden, die aber in diesem Falle auf den Planungszeitpunkt zu diskontieren sind. Dementsprechend tritt an die Stelle des Periodengewinns v in Gleichung (5) im Falle einer Produktionsplanung über mehrere Perioden die auf den Planungszeitpunkt t = o diskontierte Summe der Periodengewinne

$$C = v_0 + \beta v_1 + \beta^2 v_2 + \ldots + \beta^s v_s \quad (8)$$

($\beta = \dfrac{1}{1+i}$, i = Zinssatz), die — unter den gleichen Annahmen über ihre Zielsetzung — von der Unternehmung zu maximieren gesucht wird, d. h. im Gleichgewicht gilt

$$C = \max. \quad (9)$$

Angenommen, der Produktionsplan einer Unternehmung sei so aufgestellt, daß bei gegebenen Preisen bzw. Preiserwartungen und bei gegebenem Zinssatz die Bedingung (9) erfüllt ist, dann kann eine Veränderung des Produktionsplanes in folgenden Fällen eintreten: (a) im Falle einer Veränderung der erwarteten Preisrelationen, (b) im Falle einer Veränderung des Zinssatzes, und (c) im Falle einer Veränderung der Produktionsfunktion, die bewirkt, daß durch die Anwendung anderer Mengenkombinationen in den einzelnen Perioden bei gegebenen Preisen und gegebenem Zinssatz ein höherer Wert für C erreicht werden kann. Wie schon im Fall eines einperiodigen Produktionsplanes ergibt sich auch hier, daß der technische Fortschritt — Fall (c) — als eine *Veränderung der Produktionsfunktion* definiert ist, die bei gegebenen ökonomischen Daten (Preisen und Zinssatz) den erwarteten Gewinn der Unternehmung erhöht. Im Unterschied zur einperiodigen Produktions-

---

[11] Vgl. *Hicks*, Value and Capital, a. a. O., S. 326.
[12] Vgl. die Gleichungen (3), (5) und (6) sowie die im Anschluß an (6) genannten Bedingungen.

planung tritt jetzt aber der Fall (b) auf; damit ergibt sich ein zusätzliches Problem, das für die hier behandelten Fragen von besonderem Interesse ist, nämlich der Zusammenhang zwischen Kapital, Zins und technischem Fortschritt. Auf diesen Zusammenhang soll aber erst eingegangen werden[13], wenn die Definition des technischen Fortschritts mit den Begriffen der Prozeßanalyse ebenfalls dargestellt worden ist.

c) Die Begrenztheit der marginalanalytischen Konzeption

Die Definition des technischen Fortschritts, die sich aus der marginalanalytischen Darstellung des Unternehmungsgleichgewichts ergibt, hat den Nachteil, daß sie nur unter sehr einschränkenden Bedingungen für eine statistische Analyse verwendet werden kann. Denn um den in dieser Weise definierten technischen Fortschritt zu messen, ist es notwendig, die Veränderungen der — im allgemeinen nicht bekannten — Produktionsfunktionen zu ermitteln. Wegen der fehlenden Informationen über den Verlauf der Produktionsfunktionen ist die ökonomische Analyse deshalb schon immer auf die Betrachtung von Produktionskoeffizienten — bzw. deren reziproke Werte, die statistischen Produktivitätsquotienten — beschränkt geblieben[14]. Solange nun angenommen wird, daß die zugrundeliegende (unbekannte) Produktionsfunktion im Bereich der tatsächlichen Ausbringungsmengen die Eigenschaften hat, die in der Marginalanalyse vorausgesetzt werden (zunehmende Grenzraten der Substitution, Transformation bei abnehmenden Grenzerträgen), kann aus einer im Zeitverlauf beobachteten Abnahme der Produktionskoeffizienten nicht ohne weiteres auf Veränderungen der Produktionsfunktionen und damit auf das Ausmaß des so definierten technischen Fortschritts geschlossen werden[15]. Ein solcher Schluß wäre nur möglich, wenn (a) die betrachteten Unternehmungen immer ihre Gleichgewichtsmengen produzierten und wenn (b) in der betrachteten Periode keine Preisveränderungen eingetreten wären. Es ist ohne weiteres zu sehen, daß diese Bedingungen die Brauchbarkeit der marginalanalytischen Konzeption des technischen Fortschritts für die empirische Forschung stark

---

[13] Vgl. § 4 dieses Kapitels.

[14] In einzelnen Fällen sind auch numerisch bestimmte Produktionsfunktionen für Unternehmungen und Industriezweige berechnet worden. Vgl. z. B. die Beiträge zur Tagung der Econometric Society über „Economics and Technology: Production Functions" im Dezember 1949 in New York, über die in Econometrica, vol. 18 (1950), S. 305—307, berichtet wird; ferner H. B. *Chenery*, Engineering Production Functions, The Quarterly Journal of Economics, vol. 63 (1949).

[15] "Only if a specific relation between output and costs is presumed can the influence of technical changes be isolated." National Bureau of Economic Research (Ed.), Cost Behavior and Price Policy, A Study Prepared by the Committee on Price Determination for the Conference on Price Research, New York 1943, S. 155 (im folgenden zitiert: Cost Behavior).

beeinträchtigen. Unter den Bedingungen des empirischen Geschehens sind Perioden zu betrachten, in denen regelmäßig Preisveränderungen eintreten und in denen die Ausbringungsmengen der Unternehmungen mehr oder weniger weit von den Gleichgewichtsausbringungen entfernt sind. Daraus folgt, daß hier Veränderungen der Produktionskoeffizienten eintreten können, ohne daß eine Veränderung der Produktionstechnik in den Unternehmungen erfolgt ist, d. h. daß die statistisch ermittelten Veränderungen der Koeffizienten nicht — oder zumindest nur unter sehr starken Vorbehalten — als Maßzahlen für den technischen Fortschritt interpretiert werden können.

Gestützt auf die Ergebnisse empirischer Forschungen, wird jedoch neuerdings in der theoretischen Diskussion die Ansicht vertreten, daß über die Gestalt der Produktionsfunktionen wesentlich einfachere Annahmen gemacht werden dürfen bzw. daß für die Zwecke der ökonomischen Analyse eine lineare Approximation der Funktionen genügt. Unter diesen Annahmen, von denen die Prozeß- oder Aktivitätsanalyse ausgeht, entfallen, wie im folgenden Paragraphen gezeigt wird, auch die dargestellten Schwierigkeiten für die statistische Ermittlung des technischen Fortschritts.

§ 3 Die Definition des technischen Fortschritts unter den Annahmen der Prozeßanalyse [16]

a) Die Annahmen über die technischen Bedingungen der Produktion

Wie oben ausgeführt wurde, ist ein Prozeß der analytische Ausdruck für eine spezifische Produktionsmethode oder einen spezifischen Produktionsvorgang, der in der ökonomischen Analyse durch die Mengen der verbrauchten Produktionsmittel und der hergestellten Güter beschrieben wird. Dabei kann sowohl ein Teil eines Produktionsvorganges, z. B. die Herstellung der Karosserien in einer Kraftfahrzeugfabrik, als auch der

---

[16] Die Prozeßanalyse (die Terminologie ist nicht einheitlich) bedient sich des gleichen analytischen Apparates wie die Input-Output-Analyse, die von Leontief zur Analyse gesamtwirtschaftlicher Strukturzusammenhänge entwickelt worden ist. Die analytische Zielsetzung der Prozeßanalyse ist jedoch eine andere, sie gilt der optimalen Lösung von betrieblichen Produktionsaufgaben („linear programming"). Vgl. bes. T. C. *Koopmans* (Ed.), Activity Analysis of Production and Allocation, Proceedings of a Conference, New York und London 1951; O. *Morgenstern* (Ed.), Economic Activity Analysis, New York und London 1954.
Zu den Folgerungen für die Theorie der Unternehmung vgl. bes. R. *Dorfman*, Application of Linear Programming to the Theory of the Firm, Berkeley and Los Angeles 1951; *derselbe*, Mathematical, or „Linear" Programming: A Nonmathematical Exposition, The American Economic Review, vol. 43 (1953); M. *Beckmann*, Grundbegriffe der Produktionstheorie vom Standpunkt der Aktivitätsanalyse, Weltwirtschaftliches Archiv, Bd. 75 (1955 II); H. *Makower*, Activity Analysis and the Theory of Economic Equilibrium, London 1957.

gesamte Produktionsvorgang, also die Produktion von Kraftfahrzeugen in der gleichen Kraftfahrzeugfabrik, als ein Prozeß aufgefaßt werden. Ebenso kann die Produktion einer Branche oder Industrie als ein Prozeß interpretiert werden; der Begriff ist auf jede beliebige Wirtschaftseinheit anwendbar. Da die vorliegende Untersuchung den technischen Veränderungen in den Unternehmungen gilt, soll in der folgenden Darstellung unter einem Prozeß jedoch immer nur ein einzelwirtschaftlicher Tatbestand verstanden werden[17].

Im Gegensatz zur Marginalanalyse liegt der Prozeßanalyse die Annahme zugrunde, daß die Produktionsmittel nicht in beliebiger Weise kombiniert werden können, sondern daß die technischen Bedingungen eine jeweils konstante Zuordnung zwischen der Leistungsabgabe der technischen Produktionsmittel (Maschinen oder Anlagen) und den benötigten Mengen der anderen, variablen Produktionsmittel (Werkstoffe, Arbeitsstunden) vorschreiben[18]. Damit zusammenhängend wird ferner unterstellt, daß die Ausbringungsmenge proportional mit den Produktionsmittelmengen wächst; das heißt, der Einheitsverbrauch an Produktionsmitteln pro hergestellter Produkteinheit, der durch die „Produktionskoeffizienten[19]" beschrieben wird, gilt als konstant. Wird folglich irgendeine Ausbringungsmenge mit den zu ihrer Herstellung notwendigen Produktionsmittelmengen als Einheit eines Prozesses definiert, so können — in den Grenzen der gegebenen Anlagen und der verfügbaren variablen Produktionsmittel — beliebig viele Einheiten des Prozesses angewendet werden, ohne daß sich das Verhältnis von Produktmengen und Produktionsmittelmengen ändert[20]. Das ist gleichbedeutend mit der

---

[17] In der Input-Output-Analyse werden die Sektoren, die die Einheiten der Modelle bilden, im allgemeinen auch nicht als „Prozesse" sondern als „Industrien" bezeichnet.

[18] "It is characteristic of most modern machinery that each kind of machine operates efficiently only over a narrow range of speeds and that the quantities of labor, power, materials, and other factors which cooperate with the machine are dictated rather inflexibly by the machine's built-in characteristics." R. *Dorfman*, Mathematical, or „Linear" Programming, a. a. O., S. 803.

[19] Der Ausdruck geht auf Leon *Walras'* „coefficients de fabrication" zurück. Diese Verhältniszahlen werden in der neueren Literatur auch als Input-Output-Koeffizienten bezeichnet. Jedoch sind die entsprechenden Koeffizienten in der von *Leontief* entwickelten Input-Output-Analyse nicht im gleichen Sinne technisch bestimmt wie die Produktionskoeffizienten eines einzelwirtschaftlichen Prozesses. "The technical coefficients thus obtained are averages not only because each one of them refers to whole groups of industries with more or less different cost structures, but also in the sense that these ratios reflect whole series of techniques simultaneously employed in each individual line of production." W. *Leontief*, Structural Change, in: derselbe (Hsg.) Studies in the Structure of the American Economy, Theoretical and Empirical Explorations in Input-Output Analysis, New York 1953, S. 23.

[20] Damit wird die Möglichkeit des Auftretens von technisch bedingten „economies" und „diseconomies of scale" ausgeschlossen. Es ist zu beachten, daß dies aber nur für die kurzfristige Betrachtung gegebener Prozesse gilt

Annahme, daß die Produktionsfunktionen linear-homogen sind. Jeder Prozeß stellt demnach zugleich die explizite Beschreibung einer bestimmten Produktionsfunktion dar. Aus der Annahme, daß die technischen Bedingungen eine konstante Zuordnung zwischen allen Produktionsmittel- und Produktmengen vorschreiben, folgt weiter, daß bei der gleichzeitigen Anwendung verschiedener Prozesse in einer Produktionseinheit die Produktionsmittel- und Produktmengen (soweit die Mengendimensionen das zulassen) addiert werden können[21]. Diese beiden Annahmen über die technischen Produktionsbedingungen, (a) die Konstanz des Einheitsverbrauchs und (b) die Summierbarkeit („addivity") der Produkt- und Produktionsmittelmengen (einheitliche Dimensionen vorausgesetzt), machen es möglich, eine Veränderung der in einer Unternehmung verwendeten Produktionstechnik eindeutig durch die Veränderungen der Produktionskoeffizienten zu beschreiben. Oder, anders ausgedrückt: die Auffassung des technischen Produktionsvorganges als eine Kombination von Prozessen mit jeweils konstanten Produktionskoeffizienten und additiven Produkt- und Produktionsmittelmengen läßt den Schluß von veränderten Produktionskoeffizienten auf die Anwendung einer veränderten Produktionstechnik zu.

Die Definition eines Prozesses wird ebenfalls nur annäherungsweise mit dem Tatbestand übereinstimmen, der in einem technischen Sinn als Fertigungsverfahren bezeichnet wird. Ebenso ist zuzugeben, daß die Annahme der Linearität der Mengenbeziehungen und die daraus folgende Addierbarkeit der in den einzelnen Prozessen verwendeten Produktionsmittelmengen nur in gewissen Grenzen mit den tatsächlichen technischen Gegebenheiten übereinstimmt[22]. Aber die Übereinstimmung ist sicherlich größer als bei der Annahme einer Produktionsfunktion mit unbeschränkter Substituierbarkeit, die besagt, daß immer nur ein bestimmtes technisches Verfahren dasjenige ist, das unter der Annahme gewinnmaximalen Verhaltens von allen Unternehmungen angewendet werden müßte. Die Annahme einer derartigen Produktionsfunktion ist deshalb nicht mit dem empirisch beobachteten Tatbestand zu vereinbaren, daß in den Unternehmungen der Übergang zu neuen Prozessen nur diskontinuierlich erfolgt und zumeist verschiedene Prozesse neben-

---

und nicht auch für die Veränderungen, die sich — bei langfristiger Betrachtung — aus der Anwendung anderer Prozesse ergeben. Zur Problematik der „economies of scale" vgl. bes. P. *Sraffa*, The Laws of Returns under Competitive Conditions, Economic Journal, vol. 36 (1926).

[21] "It is assumed that two or more processes can be used simultaneously, within the limitations of available resources, and that if this is done the quantities of the outputs and inputs will be the sums of the quantities which would result if the serveral processes were used individually." *Dorfman*, Application of Linear Programming, a. a. O., S. 81.

[22] Zur Kritik vgl. bes. H. *Leibenstein*, The Proportionality Controversy and the Theory of Production, The Quarterly Journal of Economics, vol. 69 (1955).

einander benutzt werden[23]. Außerdem stehen die Annahmen der Marginalanalyse über die Substituierbarkeit nicht nur zu den technologischen Bedingungen der Produktion in Widerspruch, die eine unbegrenzte Teilbarkeit der Aggregate nicht zulassen, sondern auch zu dem empirisch beobachtbaren Faktum, daß die Zahl der technischen Möglichkeiten, unter denen eine Unternehmung wählen kann, im allgemeinen eng begrenzt ist. Neben dem von der Unternehmung jeweils angewandten Verfahren wird in vielen Fällen sogar nur ein einziges anderes Verfahren zur Wahl stehen, nämlich das Verfahren, das sich gerade in der Entwicklung befindet bzw. auf dessen Entwicklung der Unternehmer drängt, damit er — unter dem Druck der sich verändernden ökonomischen Daten — eine Ausweichmöglichkeit bekommt. Insofern ist die in der Theorie des Unternehmerverhaltens übliche Annahme von einem nahezu unbegrenzten Katalog von Wahlmöglichkeiten[24] eine theoretische Konstruktion, die den Zugang zu den empirischen Phänomenen verschließt. Dagegen ermöglichen es die Annahmen der Prozeßanalyse, die jeweils gegebenen technischen Bedingungen der Produktion für die Zwecke der ökonomischen Analyse eindeutig zu bezeichnen und, wie es die Anwendungsbeispiele des „Linearen Programmierens" zeigen, die Ergebnisse der Theorie auf die Lösung empirischer Probleme anzuwenden[25]. Im vorliegenden Zusammenhang ist von den analytischen Möglichkeiten der Prozeßanalyse allerdings nur von Bedeutung, daß unter ihren Annahmen auch die Definition des technischen Fortschritts so formuliert werden kann, daß sie zumindest im Prinzip für eine statistische Analyse brauchbar wird. Das wird im folgenden für den Fall einer Unternehmung, die nur mit einem technischen Verfahren arbeitet, d. h. nur einen Prozeß anwendet, dargestellt. Anschließend wird gezeigt, daß sich die abgeleitete Definition auch auf alle komplizierteren Fälle übertragen läßt.

b) Die technische Überlegenheit eines Prozesses

Da ein Prozeß, wie oben dargelegt wurde, durch die Mengen der produzierten Güter $x_1, \ldots, x_m$ und die Mengen der verbrauchten Produktionsmittel $-x_{m+1}, \ldots, -x_n$ charakterisiert ist, kann er — in der in der Prozeßanalyse üblichen Darstellungsweise — als ein Spaltenvektor

$$\mathfrak{h} = \begin{bmatrix} x_1 \\ \cdot \\ \cdot \\ \cdot \\ x_m \\ -x_{m+1} \\ \cdot \\ \cdot \\ \cdot \\ -x_n \end{bmatrix} \qquad (10)$$

definiert werden. Für die spezifischen Zwecke der Prozeßanalyse müssen alle Prozesse so definiert werden, daß jeder Prozeß nur ein Gut herstellt. Diese Annahme, die im Hinblick auf die empirische Anwendung sehr restriktiv ist, braucht im Zusammenhang mit der Definition der technischen Verbesserungen nicht gemacht zu werden, sie wird hier jedoch zur Vereinfachung der Darstellung benutzt. Bei der späteren Definition von Maßzahlen wird der Umstand, daß faktisch immer mit sogenannter „verbundener Produktion" gerechnet werden muß, wieder berücksichtigt. Ein Prozeß, der das Gut x_1 produziert, ist folglich durch

$$\mathfrak{h}_1 = \begin{bmatrix} x_1 \\ -x_2 \\ \cdot \\ \cdot \\ \cdot \\ -x_n \end{bmatrix} \tag{11}$$

definiert[26]. Für diesen Prozeß können ferner n-1 Produktionskoeffizienten

$$c_{i1} = -\frac{x_i}{x_1} \quad (i = 2, \ldots, n)$$

gebildet werden, die wegen der vorausgesetzten proportionalen Beziehungen zwischen Produktmenge und Faktormengen von dem Umfang der Ausbringungsmenge unabhängig sind. Unter Benutzung der Produktionskoeffizienten kann der Prozeß $\mathfrak{h}_1$ auch durch

$$\mathfrak{h}_1 = x_1 \begin{bmatrix} 1 \\ c_{21} \\ \cdot \\ \cdot \\ \cdot \\ c_{n1} \end{bmatrix} \quad \text{oder} \quad \mathfrak{h}_1 = x_1 \, [\, c_{i1} \,] \tag{12}$$

beschrieben werden[27]. In dieser Schreibweise stellt der Spaltenvektor der Produktionskoeffizienten $[c_{i1}]$ den **Einheitsprozeß** dar, d. h. den Prozeß, der gerade eine Einheit des Gutes produziert. x_1 gibt an, wie oft der Einheitsprozeß $[c_{i1}]$ in einer bestimmten Produktion ver-

---

[23] Vgl. R. *Dorfman*, Application of Linear Programming, a. a. O., S. 15.
[24] Vgl. z. B. die Darstellung von W. *Krelle*, Theorie wirtschaftlicher Verhaltensweisen, a. a. O., S. 106 ff.
[25] Vgl. Abschnitt d dieses Paragraphen.
[26] Es ist möglich, daß ein Teil der von einem Prozeß hergestellten Produktmenge in dem Prozeß selbst verbraucht wird. Die Ausbringungsmenge eines Prozesses ist deshalb immer abzüglich des eventuellen Eigenverbrauchs aufzufassen.
[27] Der zweite Index bezeichnet den Prozeß, der erste das Gut. Die Anzahl der Werte von i ist immer gleich der Anzahl der in dem Prozeß vorkommenden Güter, vorausgesetzt, daß auch der fiktive Produktionskoeffizient $c_{11} = 1$ gebildet wird. Die Angabe der Werte für i unterbleibt deshalb, wenn dies unmißverständlich ist.

wendet wird, anders ausgedrückt, mit welcher „Intensität" („level of activity") er angewendet wird; x_1 ist folglich von der Kapazitätsausnutzung abhängig.

Die zuletzt genannte Definition des Prozesses durch (12) zeigt, daß die Annahme des konstanten Einheitsverbrauchs eine isolierte Darstellung der Produktionskoeffizienten c_{ij} — mit denen die technischen Bedingungen des betrachteten Produktionsprozesses beschrieben sind — unabhängig von dem Einfluß der Kapazitätsausnutzung ermöglicht. Eine im Zeitverlauf beobachtete Veränderung der Produktionskoeffizienten kann deshalb unter den Annahmen, die hier unterstellt sind, immer als eine Veränderung der von der betrachteten Unternehmung angewandten Produktionstechnik interpretiert werden. Anders ausgedrückt, der Übergang zu einem anderen Produktionsverfahren bzw., nach der hier verwendeten Terminologie, die Anwendung eines neuen Prozesses durch die betrachtete Unternehmung bedeutet, daß der Koeffizientenvektor $[c_{i1}]$ durch einen anderen $[c_{i2}]$ ersetzt wird. Die Frage ist nun, welche Bedingungen erfüllt sein müssen, damit die Anwendung des Prozesses $\mathfrak{h}_2$ an Stelle des Prozesses $\mathfrak{h}_1$ als technischer Fortschritt bezeichnet werden kann oder, was das gleiche bedeutet, wann $[c_{i2}]$ im Vergleich zu $[c_{i1}]$ als technisch überlegen bezeichnet werden kann.

Auch hier ist wieder zu berücksichtigen, daß die Anwendung technischer Mittel im Produktionsprozeß nicht Selbstzweck ist, sondern im Hinblick auf die ökonomische Zielsetzung beurteilt werden muß. Oben wurde bereits dargelegt, daß als ökonomische Zielsetzung einer Unternehmung im allgemeinen die Erzielung eines möglichst großen Gewinns unterstellt werden kann. Dementsprechend ist auch die technische Überlegenheit eines Prozesses an seinem Einfluß auf den Nettoertrag v der Unternehmung zu beurteilen. Der Gewinn einer Unternehmung ist erstens von den Produkt- und Produktionsmittelpreisen und zweitens von der verwirklichten Mengenkombination, d. h. von der angewandten Produktionstechnik abhängig. In einem engeren Sinne könnte deshalb von einem Kriterium für die technische Überlegenheit eines Prozesses nur dann gesprochen werden, wenn es unabhängig von dem jeweils gegebenen Preissystem gilt. Ein solches Kriterium für zwei Prozesse, mit denen das gleiche Gut i produziert werden kann, wäre die Bedingung

$$[c_{i2}] \leq [c_{i1}], \tag{13}$$

d. h. ein Prozeß $\mathfrak{h}_2$ wäre dann als technisch überlegen über einen Prozeß $\mathfrak{h}_1$ zu bezeichnen, wenn die Produktionskoeffizienten des Prozesses $\mathfrak{h}_2$ höchstens gleich groß sind wie die des Prozesses $\mathfrak{h}_1$ und **mindestens ein** Koeffizient des Prozesses $\mathfrak{h}_2$ kleiner ist als der entsprechende Koeffizient des Prozesses $\mathfrak{h}_1$. Damit wäre gewährleistet, daß die sogenannten

Realkosten des Prozesses $\mathfrak{h}_2$ bei jedem Preissystem niedriger als die des Prozesses $\mathfrak{h}_1$ sind[28].

Für eine ökonomische Betrachtung des technischen Fortschritts ist (13) jedoch eine zu einschränkende Bedingung. Sie ist nur auf einen sehr kleinen Kreis von technischen Verbesserungen anwendbar und schließt andere, wachstumstheoretisch ebenso bedeutsame Fälle von technischen Verbesserungen aus der Betrachtung aus. Die Prozesse, die von einer Unternehmung im Zuge der technischen Entwicklung angewendet werden, können sich in mehrfacher Weise voneinander unterscheiden: (a) Das gleiche Gut kann mit den gleichen Produktionsmitteln hergestellt werden, der Einheitsverbrauch eines, mehrerer oder aller Produktionsmittel ist jedoch verschieden; (b) das gleiche Gut kann mit Prozessen hergestellt werden, die nicht die gleichen Produktionsmittel verwenden; (c) mit gleichen oder unterschiedlichen Produktionsmitteln sowie mit gleichem oder unterschiedlichem Einheitsverbrauch kann ein anderes Gut hergestellt werden oder auch eine andere Kombination von Gütern (denn hierzu gehört auch der bisher aus der Betrachtung ausgeschlossene Fall, daß mit einem Prozeß mehrere Güter produziert werden). Bedingung (13) ist erstens nur auf die Fälle zu (a) anwendbar, denn die Produktionskoeffizienten setzen Mengen zueinander in Beziehung, die sehr unterschiedliche Dimensionen haben, so daß ein direkter Vergleich von Produktionskoeffizienten nur dann möglich ist, wenn in Zähler und Nenner beider Koeffizienten jeweils gleiche Güter stehen. Damit sind aus einem Vergleich nach (13) aber alle Prozesse ausgeschlossen, in denen ein anderes Produktionsmittel oder ein anderes Produkt auftritt. Gerade das sind aber die für eine Analyse des technischen Fortschritts wichtigsten Fälle, die nicht unberücksichtigt bleiben dürfen. Zweitens werden durch die Bedingung (13) auch von den Fällen zu (a) noch alle diejenigen technischen Veränderungen ausgeschlossen, in denen ein Produktionskoeffizient kleiner, ein anderer jedoch größer ist, in denen also eine Substitution von Produktionsmitteln bei wachsendem Mengenertrag stattfindet. Würde der technische Fortschritt unter Verwendung der Bedingung (13) definiert, wären folglich gerade diejenigen Veränderungen vernachlässigt, in denen allgemein das entscheidende Merkmal der technischen Entwicklung gesehen wird[29]. Die Definition

---

[28] Vgl. N. *Georgescu-Roegen*, The Aggregate Linear Production Function and Its Application to von Neumann's Economic Model, in: T. C. Koopmans (Ed.), Activity Analysis of Production and Allocation, a. a. O., S. 103—105. Wie Georgescu-Roegen zeigt, ist (13) allerdings nur die notwendige, nicht jedoch eine ausreichende Bedingung dafür, daß der Prozeß $\mathfrak{h}_2$ bei jedem Preissystem weniger Kosten verursacht.

[29] "Every invention, then, results in substitution. Capital in a new form may be substituted for capital in an old form, as when the diesel engine replaces steam, or capital may be substituted for labour, as in most labour-saving devices, or one form of labour may be substituted for another. Most

der technischen Überlegenheit eines Prozesses muß deshalb so gewählt werden, daß sie auch die Verwendung neuer Produktionsmittel und die Produktion technologisch neuartiger Güter sowie die Substitution von Produktionsmitteln einschließt.

Um in einem Vergleich von Prozessen auch die qualitativen und quantitativen Substitutionsvorgänge (im Sinne der vorstehenden Betrachtung) einbeziehen zu können, ist es notwendig, die Güter mit ihren Preisen zu bewerten. Auf diese Weise wird es möglich, jedem Vektor eines Einheitsprozesses $[c_{ij}]$ einen numerischen Wert zuzuordnen und ihn vermittels dieses Wertes mit dem Vektor eines anderen Einheitsprozesses zu vergleichen, unabhängig davon, welche Güter in den betrachteten Prozessen verbraucht oder produziert werden[30]. Dieser Wert ist gleich dem Produkt aus dem Spaltenvektor des Einheitsverbrauchs und dem Zeilenvektor der entsprechenden Preise, also

$$\mathfrak{h}_j = x_j \begin{bmatrix} c_{1j} \\ \cdot \\ \cdot \\ i \\ \cdot \\ \cdot \\ c_{nj} \end{bmatrix} (p_1, \ldots, p_n) \qquad (14)$$

zu definieren, was — bei Berücksichtigung der unterschiedlichen Vorzeichen für Produkt- und Produktionsmittelmengen — identisch ist mit

$$\sum_{i=1}^{n} x_i p_i. \qquad (14a)$$

Werden die Prozesse in dieser Weise bewertet, tritt als Bedingung für die technische Überlegenheit eines Prozesses $\mathfrak{h}_2$ über den Prozeß $\mathfrak{h}_1$ an die Stelle der Bedingung (13) die Bedingung

$$\sum_{i=1}^{n} \overset{(2)}{x_i p_i} > \sum_{i=1}^{n} \overset{(1)}{x_i p_i}. \qquad (15)$$

Hier stellen die beiden Summen jeweils die Differenz zwischen den mit den gleichen Preisen bewerteten Aufwänden und Erträgen, d. h. die Nettoerträge v_2 und v_1 dar, die die beiden Prozesse bei ihrer Anwendung jeweils erzielen. (15) geht folglich über in

$$v_2 > v_1, \qquad (16)$$

d. h. der Nettoertrag v der Unternehmung ist bei der Anwendung des Prozesses $\mathfrak{h}_2$ größer als bei der Anwendung des Prozesses $\mathfrak{h}_1$.

---

innovations in processes involve all these substitutions conjointly." B. S. *Keirstead*, The Theory of Economic Change, a. a. O., S. 134.

[30] Die Frage, ob ein solcher Vergleich in jedem Fall sinnvoll ist, besonders wenn es sich um die Produktion andersartiger Güter handelt, kann an dieser Stelle vernachlässigt werden. Grundsätzlich ergeben sich hier die gleichen Grenzen wie für die Indexbildung im Falle nicht vergleichbarer Güter.

Es muß betont werden, daß die Bedingung (16) nicht mehr wie die Bedingung (13) der Ausdruck einer immer zutreffenden technischen Überlegenheit ist, sondern daß sie die technische Überlegenheit eines Prozesses nur in einem relativen Sinn, nämlich bezogen auf ein bestimmtes Preissystem angibt. Das technische Verfahren, das der Prozeß $\mathfrak{h}_2$ involviert, stellt dem des Prozesses $\mathfrak{h}_1$ gegenüber eine „wirtschaftlich überlegene Technik" dar, solange das Preissystem $P = (p_1, \ldots, p_n)$ gilt. Das bedeutet, daß die Definition des technischen Fortschritts, sofern ihr die Bedingung (16) zugrunde gelegt wird, von dem Preissystem abhängig wird, das für den Vergleich benutzt wird. Diese Relativität des Begriffes muß in Kauf genommen werden, wenn die — offensichtlich schwerwiegenderen — Beschränkungen vermieden werden sollen, die eine Definition nach Bedingung (13) impliziert. Sie kann aber auch in Kauf genommen werden, da es in ökonomischen Untersuchungen immer nur darauf ankommt, das Ausmaß des technischen Fortschritts festzustellen, das im Vergleich zu einer bestimmten Periode — also relativ, d. h. bezogen auf eine Vergleichsbasis — erreicht worden ist. Auch für eine einzelwirtschaftliche Betrachtung gibt es keine technische Überlegenheit in irgendeinem absoluten Sinne. Tatsächlich wird in den Unternehmungen nicht die „absolut" bessere Produktionstechnik angewendet, sondern die bei dem jeweiligen Preissystem wirtschaftlich überlegene Produktionstechnik, wobei die Überlegenheit an ihrem Einfluß auf die Ertragslage der Unternehmung gemessen wird.

Nachdem in dieser Weise geklärt ist, was unter der technischen Überlegenheit eines Prozesses verstanden werden soll, *kann der einzelwirtschaftliche Tatbestand des technischen Fortschritts, die technischen Verbesserungen in den Unternehmungen, als die Anwendung von technisch überlegenen Prozessen definiert werden; technisch überlegen ist ein Prozeß $\mathfrak{h}_2$ gegenüber einem Prozeß $\mathfrak{h}_1$ dann, wenn bei gegebenem Preissystem P der in Geldeinheiten gemessene Nettoertrag des Prozesses $\mathfrak{h}_2$ größer als der des Prozesses $\mathfrak{h}_1$ ist.*

Im Prinzip ist dies die gleiche Definition wie die, die in der marginalanalytischen Darstellung gegeben worden ist[31]. Auch sie bedeutet konkret, daß technischer Fortschritt in einer Unternehmung dann vorliegt, wenn eine andere Produktionstechnik angewendet wird, die bei gegebenen Preisen den Gewinn der Unternehmung erhöht. Im folgenden wird aber gezeigt werden, daß trotz der grundsätzlichen Übereinstimmung zwei wesentliche Unterschiede zu der marginalanalytischen Darstellung bestehen.

---

[31] Vgl. S. 34.

c) Der Unterschied zur marginalanalytischen Darstellung

Mit der vorstehenden Definition der technischen Verbesserungen als Anwendung von technisch überlegenen Prozessen ist die zweite Phase der technischen Entwicklung — die Fortschritte der in den Unternehmungen angewandten Produktionstechnik — mit den gleichen Begriffen beschrieben worden, die oben auch bei der Darstellung der ersten Phase, der Fortschritte im Stande des technischen Wissens, benutzt worden sind. In der marginalanalytischen Darstellung werden beide Tatbestände, die Erweiterung des technischen Horizonts und die Anwendung der neuen Prozesse in den Unternehmungen, als „Veränderungen der Produktionsfunktion" beschrieben, so daß der Umstand, daß es sich einmal um eine Verbesserung der technischen Kenntnisse und zum anderen um eine Verbesserung der angewandten Produktionstechnik handelt, nicht deutlich wird. Weiter werden unter den Voraussetzungen der Marginalanalyse nur solche Veränderungen der Mengenkombinationen in den Unternehmungen als technischer Fortschritt bezeichnet, die infolge einer Veränderung der Produktionsfunktion bei gegebenen Preisen eintreten, während die Veränderungen der Mengenkombinationen, die auf Grund einer Preisveränderung „bei gegebenem technischen Wissen", d. h. bei gegebener Produktionsfunktion, vorgenommen werden, kein technischer Fortschritt sind. Nach den Annahmen der Prozeßanalyse gelten demgegenüber beide Fälle als Veränderungen der Produktionsfunktion, weil jeder Prozeß zugleich der Ausdruck einer bestimmten Produktionsfunktion ist, die Möglichkeit einer Veränderung der angewandten Produktionstechnik bei gegebener Produktionsfunktion ist ex definitione ausgeschlossen. Damit ist eine definitorische Unterscheidung vermieden, deren Zweckmäßigkeit schon wiederholt bestritten worden ist[32], denn für eine Unternehmung ist ein technischer Fortschritt immer dann gegeben, wenn sie ein Produktionsverfahren anwenden kann, das im Vergleich zu dem bisher verwendeten Produktionsverfahren bei den jeweils gegebenen ökonomischen Daten einen größeren Gewinn ermöglicht.

Hier lassen sich allerdings zwei Fälle unterscheiden: (a) der Fall, daß die neue Produktionstechnik bisher noch nicht bekannt war, und (b) der

---

[32] "The distinction between innovations, as shifts of the production function, and an adjustment along such a function seems rather artificial in many cases." J. *Svennilson*, Growth and Stagnation in the European Economy, Genf 1954, S. 7; vgl. auch: "The distinction between inventions which increase knowledge and adaptions to changes in factor prices, however, is by no means easy to draw, either in principle or in practice. Here we make no use of it, but speak instead (using Schumpeter's terms) of innovations, which are changes in methods of production, whether due to new inventions or to any other change in circumstances." J. *Robinson,* Notes on the Economics of Technical Progress, a. a. O., S. 33.

Fall, daß die neue Produktionstechnik zwar schon bekannt war, aber bei dem in der Vorperiode gegebenen Preissystem noch nicht rentabel verwertet werden konnte; erst eine Preisveränderung macht es der Unternehmung möglich, zu der neuen Produktionstechnik überzugehen, weil diese bei dem nunmehr gegebenen Preissystem die bessere Produktionstechnik im Sinn der oben gegebenen Definition ist. In Anlehnung an *Hicks* (vgl. 3. Kap. § 3) kann im ersten Fall von einer „autonomen" technischen Verbesserung, im zweiten Fall von einer (durch die Preisveränderung) „induzierten" technischen Verbesserung gesprochen werden. Nach der marginalanalytischen Darstellung erfüllen nur die autonomen Verbesserungen den Tatbestand des technischen Fortschritts, während die induzierten Verbesserungen in dieser Darstellung überhaupt nicht mit einer Verbesserung der Produktionstechnik in Verbindung gebracht werden, sondern als eine Anpassung der Gleichgewichtsausbringung der Unternehmung an ein verändertes Preissystem „bei gegebenem Stand des technischen Wissens" definiert werden. Wie im dritten Kapitel gezeigt wird, entspricht diese Unterscheidung zwar den Zielsetzungen einer statischen Analyse, für eine dynamische Betrachtung ist sie jedoch wenig zweckmäßig, während umgekehrt die Unterscheidung zwischen der Erweiterung des technischen Horizonts der Unternehmungen und der Anwendung technisch überlegener Prozesse in den Unternehmungen gerade für die dynamische Analyse von Bedeutung ist.

Der zweite Unterschied zwischen den beiden Definitionen besteht darin, daß die aus der Prozeßanalyse abgeleitete Definition unmittelbar eine statistische Ermittlung des definierten Tatbestands zuläßt. Das folgt aus der Annahme eines linearen Verlaufs der Produktionsfunktionen, nach der die Produktionskoeffizienten eines Prozesses auch bei unterschiedlichen Ausbringungsmengen konstant sind. Werden (unter Vernachlässigung des Vorzeichens) aus den Produktionskoeffizienten eines Prozesses

$$c_{ij} = \frac{x_i}{x_j}$$

die reziproken Werte gebildet, dann ergeben sich die Produktivitätskoeffizienten

$$\lambda_{ji} = \frac{x_j}{x_i},$$

die das Verhältnis der Menge des Produktes x_j zu jeder Produktionsmittelmenge x_i wiedergeben. Multipliziert mit den entsprechenden Preisen des Preissystems P, lassen sich die λ_{ij} eines Prozesses zu einer Produktivitätsmeßziffer

$$I\lambda = \frac{\sum_j x_j p_j}{\sum_i x_i p_i} \quad (i = 1, \ldots, n;\ i \neq j) \tag{17}$$

zusammenfassen.

Nach Gleichung (15) — vgl. Abschnitt b dieses Paragraphen — ist die Bedingung für die technische Überlegenheit eines Prozesses $\mathfrak{h}_2$ gegenüber $\mathfrak{h}_1$ gegeben durch

$$\sum_i x_i^{(2)} p_i > \sum_i x_i^{(1)} p_i$$

beziehungsweise, sofern in den beiden Prozessen r Güter produziert und s Güter verbraucht werden durch

$$\sum_r x_r^{(2)} p_r - \sum_s x_s^{(2)} p_s > \sum_r x_r^{(1)} p_r - \sum_s x_s^{(1)} p_s. \tag{15a}$$

Dieser Ausdruck läßt sich ersetzen durch

$$\frac{\sum_r x_r^{(2)} p_r}{\sum_s x_s^{(2)} p_s} > \frac{\sum_r x_r^{(1)} p_r}{\sum_s x_s^{(1)} p_s} \quad \text{oder} \quad I_\lambda^{(2)} > I_\lambda^{(1)} \tag{18}$$

Das heißt, die Bedingung für die technische Überlegenheit des Prozesses $\mathfrak{h}_2$ gegenüber dem Prozeß $\mathfrak{h}_1$ schließt ein, daß die unter Verwendung des gleichen Preissystems gebildete Produktivitätsmeßzahl des Prozesses $\mathfrak{h}_2$ größer ist als die des Prozesses $\mathfrak{h}_1$. Damit ist unmittelbar aus der Definition des technischen Fortschritts eine statistische Maßzahl abgeleitet, was bei der marginalanalytischen Definition nicht möglich ist. Die Ermittlung dieser Maßzahl bietet keine besonderen Probleme, solange — wie hier — nur der Fall eines einzelnen Prozesses betrachtet wird, sie ist jedoch schwierig, wenn auch die Fälle berücksichtigt werden, in denen eine Unternehmung nicht einen Prozeß, sondern eine Kombination von mehreren Prozessen anwendet.

d) Der Fall einer Prozeßkombination

Eine Unternehmung wird bei der Durchführung eines bestimmten Produktionsprogramms im allgemeinen eine Kombination von verschiedenen Prozessen benutzen, die mit unterschiedlichen Intensitäten betrieben werden. Das ist eine Folge davon, daß in einer Unternehmung bestimmte Produktionsmittel, vor allem die Maschinen und Anlagen fest gegeben, d. h. nur begrenzt verfügbar sind, und daß ferner eine durch Preisveränderungen angeregte Substitution von Produktionsmitteln grundsätzlich nur in der Weise möglich ist, daß ein Prozeß durch einen anderen, der die Produktionsmittel in einer bei den neuen Preisen billigeren Kombination enthält, substituiert wird. Die Wahl der Prozesse, mit denen eine Unternehmung bei gegebenen Anlagen eine bestimmte Produktion durchführt, und die Frage, mit welcher Intensität die einzelnen Prozesse betrieben werden sollen, damit der Gewinn ein Maximum wird, stellt die Unternehmung vor ein Planungsproblem, das als „Lineares Programmieren" bezeichnet wird und das — in mathematischer Formulierung — grundsätzlich gelöst werden kann[33]. Darauf braucht im vorliegenden Zusammenhang nicht eingegangen zu werden. Für die Definition des technischen Fortschritts und seine Meßbarkeit ist vielmehr wichtig, daß, wie oben bereits erwähnt wurde, die Produkt- und Produktionsmittelmengen verschiedener Prozesse, die von einer Unternehmung kombiniert werden, summiert werden können.

Wenn nur zwei Produktionsfaktoren, z. B. Arbeit und Kapital[34], berücksichtigt werden, kann dieser Zusammenhang, nach dem Beispiel von Dorfman[35], leicht geometrisch verdeutlicht werden. Infolge der Annahme, daß die Produktionsmittel nur in festen Proportionen miteinander kombiniert werden können, ist ein Prozeß im zweidimensionalen Koordinatensystem als Gerade durch den Ursprung darstellbar. Entsprechend der gewählten Einheit des Prozesses können ferner die Ausbringungsmengen in gleichen Abständen auf der Geraden aufgetragen werden. Sind zur Herstellung eines Gutes mehrere Prozesse bekannt, so unterscheiden sich die entsprechenden „Prozeßgeraden" also durch ihre Neigung, die dem jeweiligen konstanten Kombinationsverhältnis von Arbeit und Kapital entspricht, und durch ihre Skalierung hinsichtlich der Ausbringungsmengen. Werden die Punkte gleicher Ausbringungsmengen abgetragen und verbunden (was voraussetzt, daß nur Prozesse betrachtet werden, mit denen das gleiche Gut produziert werden kann[36]), so laufen die Verbindungslinien für alternative Mengenerträge — die den Ertragsisoquanten in der marginalanalytischen Darstellung entsprechen — parallel. Zum Beispiel ist in Abbildung 1 angenommen, daß eine Unternehmung zur Herstellung eines bestimmten Gutes eine Kombination der beiden Prozesse a und b anwendet, die durch den Punkt P auf der „Ertragsisoquante" LM abgebildet wird (jeder Punkt auf der Geraden LM entspricht einer Kombination aus den beiden Prozessen, mit der die gleiche Ausbringungsmenge wie bei der Anwendung jeweils nur einer Art von Prozessen — vgl. Punkt L oder M — erzeugt werden kann). Das dem Punkt P entsprechende Produktionsprogramm umfaßt die durch den Vektor OL' abgebildete Ausbringungsmenge, die unter Anwendung

---

[33] Lösungsmethoden und Beispiele sind u. a. dargestellt bei A. *Charnes*, W. W. *Cooper* und A. *Henderson*, An Introduction to Linear Programming, New York und London 1953; vgl. auch D. *Gale* und S. *Dano*, Linear Programming: An Introduction to the Problems and Methods, Nordisk Tidskrift for teknisk økonomi, Oktober 1954.
[34] Unter Kapital ist in diesem Zusammenhang die in bestimmter Weise gemessene Kapitalnutzung (z. B. Maschinenstunden) zu verstehen.
[35] R. *Dorfman*, Mathematical, or „Linear" Programming, a. a. O., S. 805 ff.
[36] Sollen Prozesse verglichen werden, mit denen mehrere Güter hergestellt werden, so sind auf den Prozeßgeraden nicht die Ausbringungsmengen sondern Wertsummen abzutragen. Unter der Voraussetzung konstanter Löhne und Preise kann dann die gleiche graphische Darstellungsweise benutzt werden. Vgl. R. *Dorfman,* Mathematical, or „Linear" Programming, a. a. O., S. 811.

des Prozesses a, und die durch den Vektor OM' abgebildete Ausbringungsmenge, die unter Anwendung des Prozesses b erzeugt wird (die Vektoren OL' und OM' summieren sich zum Vektor OP). Dann ist die Summe der von der Unternehmung insgesamt benötigten Arbeitskräfte gleich den für die Produktion mit dem Prozeß a verwendeten Arbeitskräften (OQ) und den für die Produktion mit dem Prozeß b verwendeten Arbeitskräften (OS), d. h. gleich OU. Ebenso ist die Summe der insgesamt benötigten Kapitalleistungen gleich OR plus OT, d. h. gleich OV.

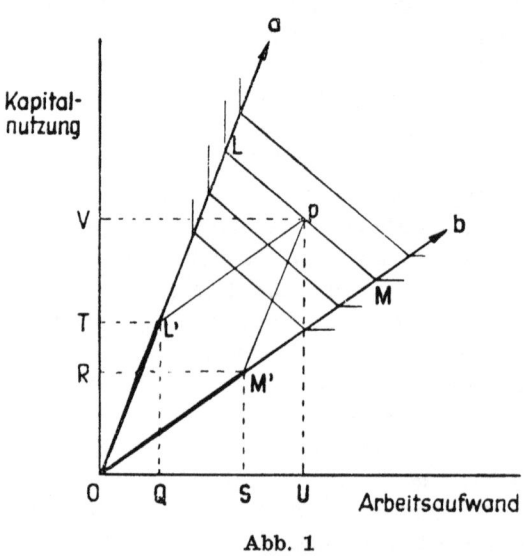

Abb. 1

In der gleichen Weise kann verdeutlicht werden, daß unter der Bedingung, daß zumindest einer der beiden Produktionsfaktoren nur begrenzt zur Verfügung steht, eine Kombination der beiden Prozesse die maximale Ausbringungsmenge liefert. Entspricht z. B. (vgl. Abb. 2) OV den verfügbaren Kapitalleistungen und OU den zur Verfügung stehenden Arbeitskräften, dann sind die möglichen Ausbringungsmengen durch OHPK begrenzt. Die Unternehmung wird unter ihnen diejenige Ausbringungsmenge wählen, die auf der höchsten Ertragsisoquante liegt. Das wäre die dem Punkt P entsprechende Ausbringungsmenge, die nur mit einer Kombination aus den Prozessen a und b produziert werden kann. Wäre die verfügbare Kapitalmenge OV' und die verfügbare Arbeitsmenge OU', dann ergäbe P' die maximale Ausbringung, die allein unter Anwendung des Prozesses a produziert würde. Der Übergang von P nach P' zeigt, daß eine Substitution von Arbeit und Kapital nur in der Weise möglich ist, daß der arbeitsintensive Prozeß b durch den kapitalintensiven Prozeß a substituiert wird.

Ebenso wie ein einzelner Prozeß kann auch eine Prozeßkombination, die von einer Unternehmung angewendet wird, in eine Kapazitätskomponente und eine technische Komponente aufgespalten werden. Wird wieder angenommen, daß jeder Prozeß nur ein Gut liefert, dann kann die von

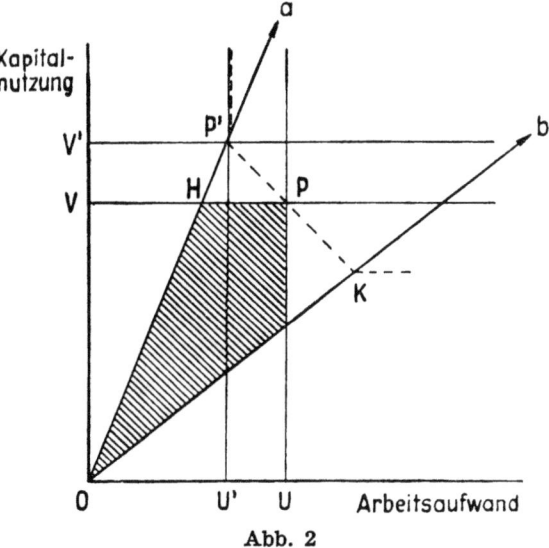

Abb. 2

den einzelnen Prozessen produzierte Gütermenge in den anderen Prozessen vollständig oder teilweise verbraucht werden; die nicht in dem System verbrauchten Mengen der einzelnen Güter, die dementsprechend von der betrachteten Unternehmung an andere Wirtschaftseinheiten abgegeben werden können, werden als Endprodukte y_j (j = 1,.., k) bezeichnet (k ist gleich der Zahl der Prozesse, die das System bilden). y_j ist für diejenigen Güter, die innerhalb des Systems hergestellt und vollständig verbraucht werden, gleich Null. Die Gesamtausbringung der Unternehmung kann folglich durch den Vektor der Endprodukte

$$\mathfrak{y} = \begin{bmatrix} y_1 \\ \cdot \\ \cdot \\ \cdot \\ y_k \end{bmatrix} \quad y_j \geqq 0 \tag{19}$$

beschrieben werden. Jeder Prozeß wird mit einer bestimmten Intensität x_j (j = 1,.., k) betrieben. Für die Unternehmung gilt dementsprechend der Intensitätsvektor

$$\mathfrak{x}_i = \begin{bmatrix} x_1 \\ \cdot \\ \cdot \\ \cdot \\ x_k \end{bmatrix} \quad x_j > 0 \tag{20}$$

Schließlich bilden, wenn in dem System n Güter produziert oder verbraucht werden, die einzelnen Einheitsprozesse die Spalten einer k-spaltigen und n-zeiligen Matrix der Produktionskoeffizienten c_{ij} (von denen einige auch Null sein können):

$$\mathfrak{C} = \begin{bmatrix} 1 & -c_{12} & \cdots & -c_{1k} \\ -c_{21} & 1 & \cdots & -c_{2k} \\ \vdots & \vdots & & \vdots \\ -c_{m1} & -c_{m2} & & 1 \\ -c_{m+1,1} & -c_{m+1,2} & \cdots & -c_{m+1,k} \\ \vdots & \vdots & & \vdots \\ -c_{n1} & -c_{n2} & & -c_{nk} \end{bmatrix} \qquad (21)$$

Die Zahl der Güter ist größer als die der Prozesse (n > k), weil das System n—m Güter verbraucht, die nicht von ihm selbst produziert werden. Das sind alle Produktionsmittel (Rohstoffe, Zwischenprodukte, Werkzeuge, Arbeitskräfte), die die betrachtete Unternehmung von anderen Wirtschaftseinheiten erwirbt, sowie die aus früheren Perioden vorhandenen Anlagen und Kapitalgüter, die während der Periode genutzt werden. Sie werden als Primärgüter („primary factors"[37]) bezeichnet.

Ausgehend von den Definitionen (19) bis (21) kann die von der Unternehmung angewendete Prozeßkombination durch

$$\mathfrak{C}\mathfrak{x} = \mathfrak{y} \qquad (22)$$

beschrieben werden. Hierbei gibt die Koeffizientenmatrix $\mathfrak{C}$ die technischen Bedingungen der Produktion in der betrachteten Unternehmung wieder. Dementsprechend werden alle technischen Veränderungen in der Unternehmung durch eine Veränderung der Koeffizientenmatrix $\mathfrak{C}$ abgebildet, der **technische Fortschritt** folglich durch eine solche Veränderungen der Matrix, durch die bei gegebenen Preisen eine Erhöhung des Nettoertrages v bewirkt wird. Soll die Koeffizientenmatrix einer Unternehmung in der Periode t = 2 mit derjenigen der Periode t = 1 verglichen werden, ist es notwendig, die in den Elementen der Matrix enthaltenen Einheitsgütermengen mit den Preisen der Periode t = 1 zu multiplizieren. Daraus ergibt sich unmittelbar das Verhältnis von v_2 zu v_1 — beide ausgedrückt in Preisen der Periode t = 1 — und folglich das oben definierte Kriterium für den technischen Fortschritt (sofern $v_2 > v_1$).

---

[37] Vgl. H. A. *Simon,* Effects of Technological Change in a Linear Model, in: T. C. Koopmans (Ed.) Activity Analysis of Production and Allocation, a. a. O., S. 261.

Die Definition des technischen Fortschritts

Im allgemeinen liegt eine derartige Koeffizientenmatrix jedoch nicht vor. In vielen empirischen Fällen läßt sich der Produktionsprozeß in einer Unternehmung auch nicht in dieser Weise in einzelne Prozesse aufspalten. Das bedeutet, daß sich die gegebene Definition des technischen Fortschritts in diesen Fällen — in denen also eine Unternehmung eine Prozeßkombination anwendet, die Koeffizientenmatrix jedoch nicht bekannt ist — auch nicht unmittelbar in eine statistische Maßzahl transformieren läßt. Eine derartige Transformation ist dann nur unter der Voraussetzung möglich, daß auch der Produktionsvorgang in einer Unternehmung, die eine Kombination von Prozessen verwendet, als ein Prozeß interpretiert werden kann. Denn wird die von einer Unternehmung angewandte Prozeßkombination als ein Prozeß aufgefaßt, tritt an die Stelle der Koeffizientenmatrix $\mathfrak{C}$ ein Spaltenvektor, dessen einzelne Elemente

$$c_s = \frac{x_s}{y} \quad (s = 1, \ldots, l)$$

durch die Quotienten der verbrauchten Mengen an Primärgütern x_s ($s = 1, \ldots, l$) und der produzierten Menge des „Endproduktes" y gebildet werden, d. h. die Elemente zeigen den Einheitsverbrauch an Primärgütern pro Einheitsmenge der Ausbringung an Endgütern (die in diesem Falle zu einem „Gut" zusammengefaßt werden müssen)[38]. Die reziproken Werte der Elemente c_s,

$$\lambda_s = \frac{y}{x_s} \quad (s = 1, \ldots, l)$$

bilden die Produktivitätskoeffizienten des Prozesses. Werden die Veränderungen aller λ_s zwischen den Perioden $t = o$ und $t = 1$ wieder zu einer Indexzahl I zusammengefaßt, dann bildet die Zunahme einer derart gebildeten Produktivitätsmeßziffer eine Maßzahl für den technischen Fortschritt, die der oben für den Fall eines Prozesses definierten Maßzahl, vgl. Gleichung (17), entspricht.

Hier muß jedoch beachtet werden, daß diese Produktivitätsmeßziffer nur unter der Bedingung eine vollständig entsprechende Maßzahl für die Veränderung der Koeffizientenmatrix $\mathfrak{C}$ in dem Gleichgewichtssystem (22) ist, wenn angenommen werden kann, daß ein eindeutiges und nur von den technischen Bedingungen des Produktionsablaufes abhängiges Verhältnis zwischen „the first inputs and the last outputs" (Dorfman) besteht. Andernfalls läßt eine Indexzahl der Produktivitätssteigerung, die durch die unmittelbare Gegenüberstellung von Primär- und Endgütern gebildet wird, nicht erkennen, welcher Teil ihrer Zunahme auf

---

[38] Die Elemente c_s entsprechen den „unit factor requirements", d. h. dem Produktionsfaktoraufwand pro Ausbringungseinheit, wie er von einzelnen statistischen Ämtern, z. B. vom U. S. Bureau of Labor Statistics, berechnet wird.

die technischen Verbesserungen und welcher Teil gegebenenfalls auf eine Veränderung der Produktionstiefe zurückgeht. Das heißt, ein Produktivitätsvergleich zwischen Prozessen, die durch Aggregation von Prozeßkombinationen gebildet sind, ist nur dann zulässig, wenn die vertikale Integration bei beiden die gleichen Produktionsstufen umfaßt.

Trotz des Vorbehaltes hinsichtlich der gleichen Produktionstiefe kann als Ergebnis der vorstehenden Betrachtung jedoch festgehalten werden, daß die einzelwirtschaftliche Definition des technischen Fortschritts als „Anwendung eines technisch überlegenen Prozesses" gegenüber der Definition „Veränderung der Produktionsfunktion bei gegebenen Preisen" den Vorzug hat, daß der so beschriebene Tatbestand prinzipiell durch einen entsprechend gebildeten Produktivitätsindex gemessen werden kann. Ein weiterer Vorzug der aus den Annahmen der Prozeßanalyse abgeleiteten Definition besteht darin, daß, wie bereits erwähnt wurde, die Unterscheidung zwischen der Erweiterung des technischen Horizonts der Unternehmungen einerseits und der Anwendung technisch überlegener Prozesse andererseits die Analyse des Zusammenhangs zwischen technischem Fortschritt und wirtschaftlichem Wachstum beträchtlich erleichtert. Das wird im dritten Kapitel, in dem der technische Fortschritt in einer aggregierten Wirtschaftseinheit behandelt wird, gezeigt werden. Zuvor ist allerdings noch eine Frage zu erörtern, die bei der bisherigen Betrachtung des einzelwirtschaftlichen Tatbestands noch offen geblieben ist, das ist die Frage nach dem Zusammenhang zwischen technischem Fortschritt, Zinssatz und Kapitalbildung in einer Unternehmung.

§ 4. Technischer Fortschritt und Kapitalintensität

Für den Fall eines Produktionsplanes für mehrere Perioden ist der technische Fortschritt (vgl. § 2 b dieses Kapitels) als eine Variation der Mengenkombinationen definiert worden, die die auf den Planungszeitpunkt diskontierte Nettoertragssumme des Produktionsplans

$$C = v_0 + \beta v_1 + \beta^2 v_2 + \ldots + \beta^s v_s \tag{8}$$

bei gegebenen Preiserwartungen und gegebenem Zinssatz erhöht. Der Nettoertrag v einer jeden Periode ist bei gegebenen Preisen durch die Kombination von Produkt- und Produktionsmittelmengen bestimmt, die gemäß der gegebenen Transformationsfunktion (7) in der jeweiligen Periode verwirklicht wird. Bezeichnet man die produzierten oder verbrauchten Gütermengen wieder mit x, dann kann die Mengenkombination der Periode 1 durch den Vektor $[x_{i1}]$ und die Mengenkombination des ganzen Produktionsplanes durch die Matrix $\mathfrak{X}_{it}$ beschrieben werden, in der der Zeilenindex $i = 1, \ldots, n$ das jeweilige Gut und der Spaltenvektorindex $t = 1, \ldots, s$ die jeweilige Periode bezeichnen. Dementsprechend läßt sich die Definition des technischen Fortschritts auch so formulieren, daß technischer Fortschritt dann vorliegt, wenn bei gegebenen Preiserwartungen und bei gegebenem Zinssatz eine „autonome" Veränderung der Matrix $\mathfrak{X}_{it}$ möglich wird, die den Wert von C erhöht. Diese Definition des technischen Fortschritts schließt ein, daß die Substitution der Produkt- und Produktionsmittelmengen zwischen den Perioden sowohl in Richtung der Periode t = o als auch in Richtung der Periode t = s erfolgen kann. In beiden Fällen wird eine Erhöhung von C eintreten. Die größere Bedeutung kommt jedoch dem Fall einer Substitution in Richtung der Periode t = s zu, auf den im folgenden näher eingegangen werden soll.

Es ist dies der Fall, der das zentrale Thema der Kapitaltheorie bildet und der in allgemeiner Formulierung als eine Erhöhung der „Kapitalintensität" der Produktion bezeichnet wird. Ausgenommen, der Produktionsplan einer Unternehmung sei bei gegebener Transformationsfunktion (gleich gegebenen technischen Bedingungen) sowie gegebenen Preisen und Zinssätzen so aufgestellt, daß der Nettoertrag C des Produktionsplans unter diesen Bedingungen einen maximalen Wert hat, dann erhöht eine Zinssenkung den Wert von C auf zwei Wegen. Einmal vergrößert sie den Diskontierungsfaktor β, so daß C bei gegebenem Produktionsplan größer wird, zum anderen „induziert" sie eine Veränderung des Produktionsplanes in der Weise, daß die Ausbringungsmengen der späteren Perioden erhöht werden[39]. Der Grund dafür ist der, daß — wie es in der Kapitaltheorie allgemein angenommen wird[40] — bei einer Zinssenkung Investitionen lohnend werden, die in späteren Perioden die Herstellung einer größeren Produktmenge gestatten. Dementsprechend werden in den ersten Perioden des Produktionsplanes die „inputs" an dauerhaften Produktionsmitteln und das „working capital" vermehrt, was eine Verringerung des Nettoertrages — im Verhältnis zum Aufwand — in diesen Perioden bewirkt, die durch die größeren Ausbringungsmengen der späteren Perioden und die dadurch bewirkte Erhöhung des Periodenertrages mehr als ausgeglichen wird; der Wert für C wird folglich steigen. Die gleiche Veränderung des Produktionsplanes, die in der vorstehenden Darstellung durch eine Zinssenkung „induziert" angenommen wird, kann aber auch bei gegebenem Zinssatz infolge einer Veränderung der Transformationsfunktion „autonom", d. h. infolge des technischen Fortschritts eintreten. Wird folglich die Kapitalintensität eines Produktionsplanes bei gegebenen Preisen und Zinssätzen erhöht, muß dies als ein Ausdruck für eine bestimmte Form des technischen Fortschritts interpretiert werden. Da dieser Fall für die

---

[39] Die Veränderung des Produktionsplans kommt in der formalen Darstellung in einer Veränderung der Matrix $\mathfrak{X}$ zum Ausdruck.
[40] Vgl. z. B. die Darstellung der einzelnen Ansätze der Kapital- und Zinstheorie in F. A. *Lutz*, Zinstheorie, Zürich und Tübingen 1956.

56 Die Verbesserungen der Produktionstechnik in den Unternehmungen

gesamtwirtschaftliche Betrachtung des technischen Fortschritts von besonderer Bedeutung ist, soll für die Kapitalintensität eines Produktionsplanes ein Indikator bestimmt werden, der — zumindest im Prinzip — auch die statistische Messung der Kapitalintensität ermöglicht[41].

Mit dem Produktionsplan, den eine Unternehmung für s Perioden aufstellt, ist auch der Kapitalaufwand für jede Periode bestimmt. Der vorstehende Fall einer Veränderung des Produktionsplanes — im Sinne einer Erhöhung der Kapitalintensität, die entweder infolge einer Zinssenkung oder infolge des Auftretens technischer Neuerungen vorgenommen wird und analytisch in einer entsprechenden Veränderung der Matrix der Produkt- und Produktionsmittelmengen zum Ausdruck kommt — bedeutet folglich eine Erhöhung der Kapitalleistungen in den späteren Perioden des Planungszeitraumes[42]. Der Zunahme des Kapitalaufwandes muß eine relative Abnahme des Aufwandes an sonstigen Produktionsmitteln, insbesondere an Arbeitsleistungen entsprechen. Demzufolge kann das Verhältnis von Kapitalleistung zu Arbeitsaufwand innerhalb eines Prozesses bzw. einer Kombination von Prozessen als Maß für die Kapitalintensität des Prozesses bzw. der Prozeßkombination verwendet werden. Die Kapitalintensität eines Produktionsplanes,

---

[41] In der Absicht, den seit Böhm-Bawerk üblichen und wenig präzisen Begriff einer „durchschnittlichen Produktionsperiode" durch eine eindeutige Definition zu ersetzen, interpretiert Hicks den Elastizitätsquotienten

$$P = \frac{dC}{d\beta} \cdot \frac{\beta}{C} = \frac{\beta v_1 + 2\beta^2 v_2 + \ldots + s\beta^s v_s}{v_0 + \beta v_1 + \beta^2 v_2 + \ldots + \beta^s v_s},$$

der die Elastizität des Produktionsplanes in bezug auf die Veränderungen des Diskontsatzes β mißt, als Durchschnittsperiode des Produktionsplanes, "for it is the average length of time for which the various payments are deferred from the present, when the times of deferment are weighted by the discounted values of the payments." Die Veränderungen von P sollen eine Maßzahl für die Veränderungen der „durchschnittlichen Produktionsperiode" bilden, die infolge der von einer Senkung des Zinsfußes „induzierten" Veränderung des Produktionsplanes eintreten (vgl. J. R. *Hicks*, Value and Capital, a. a. O., S. 186).

Der Elastizitätsquotient P ist aber ein Ausdruck, der für eine statistische Ermittlung der Kapitalintensität nicht in Betracht kommt, und zwar einmal aus dem Grunde, weil die Elastizität des Produktionsplans in bezug auf die Veränderungen des Zinssatzes bei jedem Zinssatz einen anderen numerischen Wert hat, und zweitens, weil P auf die Periodenerlöse bezogen ist und dementsprechend die durchschnittliche Dauer der Geldinvestition oder die durchschnittliche Bindung des Geldkapitals in einem Produktionsplan mißt.

[42] Das gilt für den Fall, daß die in der betrachteten Unternehmung vorhandene technische Ausrüstung eine sofortige Umstellung auf das neue Produktionsverfahren nicht zuläßt, sondern erst von einer bestimmten Periode an die technische Ausrüstung umgestellt und mit der neuen Prozeßkombination produziert werden kann. Auf diese Weise ist es möglich, daß in einer Planungsperiode bei gegebenen ökonomischen Daten zwei verschiedene Prozeßkombinationen vorgesehen sein können. Bestanden keine derartigen technisch bedingten Grenzen, würde die Anwendung der neuen Prozeßkombination von der ersten Periode an geplant werden. Vgl. J. R. *Hicks*, Value and Capital, a. a. O., S. 217.

nach dem, wie oben angenommen wurde, für die Perioden 0 bis m die Anwendung einer Prozeßkombination 1 und für die Perioden m + 1 bis s die Anwendung der (kapitalintensiveren) Prozeßkombination 2 vorgesehen ist, wird durch den mit der Zahl der Perioden gewichteten Durchschnitt aus den Kapitalintensitäten der beiden Prozeßkombinationen gemessen.

Eine Erhöhung der so definierten Kapitalintensität kann, wie dargelegt, nicht nur eine Folge des technischen Fortschritts sein, sondern auch infolge einer Zinssenkung vorgenommen werden. Die empirisch beobachtete Zunahme des Verhältnisses von Kapitalleistung zu Arbeitsaufwand darf folglich nicht ohne weiteres als Ausdruck des technischen Fortschritts interpretiert werden, doch gibt es Gründe für die Annahme, daß der Einfluß des Zinssatzes auf die Kapitalintensität der Produktion doch geringer ist, als es die traditionelle Kapitaltheorie unter den Bedingungen der Marginalanalyse ableitet. So gibt z. B. auch Hicks an, daß Veränderungen der Zinssätze in der üblichen Höhe zwischen 2 % und 7 % pro Jahr auf die diskontierten Preise der nächsten Zukunft nur wenig Einfluß haben können, während für weiter in der Zukunft liegende Perioden die Risikoprämie so hoch wird, daß der Einfluß einer Zinsänderung auch in diesen Perioden nur beschränkt wirksam sein kann[43]. Daraus wäre zu schließen, daß die bei der Analyse empirischer Wachstumsprozesse beobachtete Zunahme der Kapitalintensität eng mit dem technischen Fortschritt verknüpft ist und daß die Kapitalintensität dementsprechend auch als eine in erster Linie vom technischen Fortschritt abhängige Größe interpretiert werden darf.

---

[43] "Interest is too weak for it to have much influence on the near future; risk is too strong to enable interest to have much influence on the far future: what place is left for interest between these opposing perils?" Hicks gibt zur Antwort, daß es offenbar eine Frage des Vertrauens oder Mißtrauens der Wirtschaftssubjekte in die Stabilität der wirtschaftlichen Lage sei, von dem der Spielraum für den Einfluß des Zinssatzes abhänge. Vgl. J. R. *Hicks*, Value and Capital, a. a. O., S. 226.

Drittes Kapitel

Der technische Fortschritt bei gesamtwirtschaftlicher Betrachtung

§ 1. Potentieller und realisierter Fortschritt

In den beiden vorangegangenen Kapiteln ist gezeigt worden, daß der ökonomische Tatbestand des technischen Fortschritts einmal in der Erweiterung des technischen Horizonts der Unternehmungen und zum anderen in der Anwendung technisch überlegener Prozesse in den Unternehmungen gesehen werden muß. In einer aggregierten Wirtschaftseinheit, d. h. in einer Industrie oder in der gesamten Volkswirtschaft, ist der technische Fortschritt demzufolge als eine Summe von entsprechenden einzelwirtschaftlichen Vorgängen zu beschreiben. Bei gesamtwirtschaftlicher Betrachtung interessiert jedoch nicht die Summe der einzelwirtschaftlichen Vorgänge, sondern das Ausmaß des Fortschritts bzw. die F o r t s c h r i t t s r a t e, die in dem betrachteten Sektor mit der Gesamtheit der technischen Verbesserungen in den Unternehmungen während einer bestimmten Periode erreicht worden ist. Ebenso kann, und daraus folgen hier die Schwierigkeiten, in einer aggregierten Wirtschaftseinheit nicht die Summe der einzelwirtschaftlichen Anwendungsfälle neuer Prozesse ermittelt werden, vielmehr muß von den Veränderungen bestimmter ökonomischer Aggregatgrößen auf den Umfang der technischen Verbesserungen in den Unternehmungen geschlossen werden. Folglich ist zu fragen, welche makroökonomische Größe für die Ermittlung der Fortschrittsrate in Betracht kommt — eine Frage, die im zweiten Teil der vorliegenden Untersuchung behandelt wird. Zum andern ist bei einer gesamtwirtschaftlichen Betrachtung des technischen Fortschritts zu beachten, daß unter den Bedingungen, die im folgenden dargestellt werden, die Anwendung der neuen Prozesse in den Unternehmungen erstens nicht unmittelbar auf ihre „Entdeckung" folgen muß und zweitens die neuen Prozesse nicht in allen dafür in Betracht kommenden Unternehmungen zugleich angewandt werden. Das hat zur Folge, daß das Ausmaß des technischen Fortschritts bzw. die Fortschrittsrate während einer Periode unterschiedlich definiert werden kann, so daß die Frage entschieden werden muß, welche Definition die jeweils zweckmäßige ist.

Bei der Behandlung dieser Frage im vorliegenden Kapitel soll von der Unterscheidung Gebrauch gemacht werden, die oben mit der Definition von zwei verschiedenen Phasen des technischen Fortschritts getroffen worden ist. Und zwar soll die erste Phase, die Erweiterung des technischen Horizonts der Unternehmungen durch das Auftreten neuer Prozesse, im folgenden als potentieller Fortschritt bezeichnet werden, weil in einer aggregierten Wirtschaftseinheit die Summe der Prozesse, die in einem bestimmten Zeitpunkt bekannt sind, die Grenze für den in dieser Wirtschaftseinheit möglichen Fortschritt bestimmt. Zum Unterschied dazu soll die zweite Phase, die Anwendung der neuen Prozesse in den Unternehmungen, als realisierter Fortschritt bezeichnet werden, weil die Fortschrittsrate, die in einer Wirtschaftseinheit tatsächlich erreicht wird, von dem Umfang abhängig ist, in dem einzelne Unternehmungen die neue Produktionstechnik anwenden und damit den möglichen Fortschritt realisieren. Der Unterscheidung zwischen potentiellem und realisiertem technischen Fortschritt entsprechend kann auch zwischen einer potentiellen und einer realisierten Fortschrittsrate unterschieden werden. Die potentielle Fortschrittsrate würde den Fortschritt messen, der erreicht werden könnte, wenn alle Unternehmungen sofort die jeweils neueste Produktionstechnik anwenden würden. Es ist aber offensichtlich, daß dieser Fortschrittsrate keine Veränderungsrate einer empirischen Größe entspricht, ihre Bedeutung liegt allein darin, daß sie die Obergrenze angibt, die die realisierte Fortschrittsrate nicht überschreiten kann.

Unter theoretischen Aspekten ist die potentielle Fortschrittsrate als die Veränderungsrate einer exogenen Variablen des ökonomischen Systems zu interpretieren[1]. Mit den Verbesserungen der Produktionstechnik in den Unternehmungen und der ihnen entsprechenden realisierten Fortschrittsrate wird dagegen eine endogene Größe des Systems betrachtet, deren Veränderungen nicht nur von den Fortschritten des technischen Wissens, sondern auch von den anderen Größen des Systems abhängig sind. Im Unterschied zu empirischen Analysen, die von vornherein auf die Ermittlung der realisierten Fortschrittsrate beschränkt sind, ist es in der theoretischen Literatur vielfach üblich, nur die Veränderungen der exogenen Variablen, nicht aber auch den zweiten Tatbestand — der konkret als Verbesserung der in einer Wirtschaftseinheit von den Unternehmungen angewandten Produktionstechnik in Erscheinung tritt — als technischen Fortschritt zu bezeichnen[2]. Zweifellos gibt es auch analytische Fragestellungen, für die es zweckmäßig ist, den technischen Fortschritt allein im Sinne der potentiellen Fortschrittsrate

---

[1] Allerdings mit der Einschränkung, daß eine teilweise Abhängigkeit von der Entwicklung des ökonomischen Systems besteht, sofern die Finanzierung der Forschungsarbeiten berücksichtigt wird.
[2] Vgl. z. B. die Darstellung von M. *Abramovitz*, Economic of Growth, a. a. O., S. 141 f. — Als Beispiel für eine abweichende Auffassung vgl. die zitierten Untersuchungen von J. Robinson.

zu interpretieren, prinzipiell können aber die Probleme, die die Analyse des Zusammenhangs zwischen technischem Fortschritt und ökonomischem Wachstum stellt, nicht gelöst werden, wenn dabei der zweite Tatbestand, die Fortschritte der von den Unternehmungen angewandten Produktionstechnik, vernachlässigt wird. Bevor darauf weiter eingegangen werden kann, ist aber zunächst zu zeigen, warum die potentielle Fortschrittsrate und die realisierte Fortschrittsrate bei gesamtwirtschaftlicher Betrachtung — bzw. unter den Bedingungen einer dynamischen Analyse; für eine statische Analyse, in der der Zeitfaktor nicht berücksichtigt wird, ist auch das hier behandelte Problem ohne Bedeutung[3] — unterschieden werden müssen.

Auch in einer dynamischen Analyse wäre die Unterscheidung zwischen den beiden Fortschrittsraten ohne Bedeutung, wenn angenommen werden könnte, daß beide in einer Zeitperiode identisch sind. Diese Annahme wäre möglicherweise auch für sehr lange Zeiträume vertretbar, die aber so lang sein müßten, daß Anfangs- und Endzustand der Entwicklung nicht mehr miteinander vergleichbar sein würden. Für die Zeiträume, für die statistische Zeitreihenanalysen im allgemeinen vorgenommen werden, weichen potentielle Fortschrittsrate und realisierte Fortschrittsrate jedoch voneinander ab, weil die realisierte Fortschrittsrate nicht von der potentiellen technischen Entwicklung allein abhängig ist, sondern aus Dispositionen der Unternehmer resultiert, bei denen eine Vielzahl von ökonomischen Daten zu berücksichtigen ist. Zwar muß der Anwendung neuer technischer Verfahren die Entdeckung oder Entwicklung neuer Verfahren notwendigerweise vorausgehen; in einem sehr weiten Bereich verlaufen Entwicklung und Anwendung neuer Verfahren auch parallel, weil jede Unternehmung unter Kostengesichtspunkten unablässig an der Verbesserung und Modernisierung ihrer technischen Ausrüstung interessiert ist (es handelt sich dabei um Verbesserungen, die in vielen Fällen nur in der Unternehmung anwendbar sind, in der sie entwickelt werden, oder deren Anwendungsbereich in anderen Unternehmungen sehr beschränkt ist); für viele Erfindungen — das Wort hier in einem sehr weiten Sinn verstanden — gilt jedoch, daß der Zeitraum von ihrer ersten „Bekanntgabe" bzw. ihrer erstmaligen Anwendung

---

[3] Unter den Voraussetzungen der statischen Theorie sind die Veränderungen der Produktionsfunktion und die Veränderungen der angewendeten Produktionstechnik simultane Vorgänge, bzw. es werden nur solche Veränderungen der Produktionsfunktion in die Analyse einbezogen, die — bei gegebenen Preisrelationen — eine Erhöhung des maximalen Gewinns ermöglichen. "A large (possibly even infinite) number of ways always exists in which production functions can be changed. But an innovation appears only when there is a possibility of such a change, which increases the (discounted) maximum effective profit the firm is able to make. All other possible changes are disregarded by the firms." O. *Lange*, A Note on Innovations, The Review of Economic Statistics, vol. 25 (1943), S. 21.

in einer Unternehmung bis zu ihrer Anwendung in allen dafür in Betracht kommenden Unternehmungen sehr lang sein kann[4]. Durch diese Erfindungen erhält die Unterscheidung zwischen potentieller und realisierter Fortschrittsrate ihre Bedeutung.

Dazu gehören vor allem die ihrer Zahl nach beschränkten, aber in ihren Wirkungen um so bedeutenderen Erfindungen, die jeweils für weite Bereiche der industriellen Produktion eine völlige Umgestaltung des Produktionsprozesses zur Folge gehabt haben. *Keirstead* hat für sie den Terminus „linked innovations" geprägt, „because their acceptance is linked with a whole series of attendant and consequent innovations throughout a wide industrial sector"[5], und zu ihnen vor allem die Anwendung neuer Kraft- und Wärmequellen gerechnet. *Usher* nennt sie „strategic inventions"[6], um damit ihre Bedeutung für die weitere technische Entwicklung zu unterstreichen[7]. Ferner ist hier die große Klasse von technischen Verbesserungen zu nennen, denen zwar keine derartige „strategische" Bedeutung zukommt, die aber in der einzelnen Unternehmung ebenfalls nicht im Zuge einer kontinuierlichen Entwicklung erfolgen, sondern zu einer „abrupten" Änderung der Betriebseinrichtungen führen.

Derartig tiefgreifende Umstellungen erfolgen in Abhängigkeit von einer Vielzahl ökonomischer Daten. Zunächst ist es von den Produkt- und Produktionsmittelpreisen sowie von der Höhe des Zinssatzes abhängig, ob ein neuer Prozeß überhaupt ökonomisch verwertbar ist. Sind diese gesamtwirtschaftlichen Daten für alle Unternehmungen in gleicher Höhe gegeben, dann bleiben zweitens eine Reihe von betriebsindividuellen Daten zu berücksichtigen, die für jede Unternehmung andere Werte haben und deshalb einer gleichmäßigen Anwendung der neuen technischen Verfahren in allen Unternehmungen entgegenstehen. Die wichtigsten Einflußgrößen dieser Art sind: (a) der Wert der bestehenden Anlagen, die durch die Einführung neuer Verfahren entwertet werden, sowie die übrigen Kosten der Umstellung; (b) die Finanzierungsmöglichkeiten, die auch bei gegebenen Zinssätzen für einzelne Unternehmungen sehr unterschiedlich sein können; sowie (c) die Größe des Marktanteils bzw. die individuelle Betriebsgröße, da neue technische Verfahren sehr

---

[4] Gilfillan hat für eine Gruppe von 19 bedeutenden Erfindungen, die in dem Vierteljahrhundert vor 1913 eingeführt worden sind, folgende time lags geschätzt: "... between the date when the invention was first thought of and the first working machine or patent, 176 years; thence to the first practical use, 24 years; to commercial success 14 years; to important use 12 years; or say 50 years from the first serious work on the invention, to important use from it." S. C. *Gilfillan*, The Prediction of Technological Change, a. a. O., S. 371.
[5] B. S. *Keirstead*, The Theory of Economic Change, a. a. O., S. 136.
[6] A. P. *Usher*, The History of Mechanical Inventions, a. a. O., S. 19.
[7] Mit dieser Art von „innovations" hat Schumpeter die langen Wellen von Kondratieff zu erklären versucht. Vgl. J. A. *Schumpeter*, Business Cycles, vol. I, a. a. O., Kap. 6 und 7.

oft erst von einer bestimmten Ausstoßmenge an kostengünstiger als die bisher verwendeten werden und ihre Einführung deshalb eine bestimmte Mindestgröße der Ausbringungsmenge voraussetzt[8]. Hinzu kommt eine Reihe anderer Faktoren, wie z. B. die unterschiedliche Risikobereitschaft der einzelnen Unternehmer, unterschiedliche Organisationsformen usw., so daß zwischen der Erweiterung des technischen Horizonts einer Unternehmung und der Realisierung der neuen technischen Möglichkeiten immer ein zeitlicher Abstand liegen wird, der im einzelnen Fall sehr unterschiedlich sein kann. In der gleichen Richtung wirkt die Patentgesetzgebung, die prinzipiell gegen eine rasche Verbreitung neuer technischer Kenntnisse gerichtet ist[9].

Aus alledem folgt, daß bei gesamtwirtschaftlicher Betrachtung die im Durchschnitt angewandte Produktionstechnik mehr oder weniger weit von den Möglichkeiten entfernt sein wird, die der Stand des technischen Wissens bei den gegebenen Preisen und Zinssätzen jeweils bietet. Dementsprechend muß die realisierte Fortschrittsrate der technischen Entwicklung notwendigerweise eine andere als die potentielle Fortschrittsrate sein. Das wird von den zum Teil beträchtlichen Unterschieden in der technischen Ausrüstung der einzelnen Unternehmungen eines Industriezweiges ebenso bestätigt wie von dem Umstand, daß es auch in den in ihrem technischen Wissensstand weitgehend übereinstimmenden Ländern Europas technisch zurückgebliebene Wirtschaftszweige gibt. Damit wird aber die realisierte Fortschrittsrate bzw. der Fortschritt der Produktionstechnik zu einem Faktum, das als selbständige Größe neben den Fortschritten des technischen Wissens in die ökonomische Analyse einbezogen und ebenso wie diese zum technischen Fortschritt im ökonomischen Sinne gerechnet werden muß. Allerdings läßt die grundsätzliche Anerkennung der These, daß der ökonomische Tatbestand des technischen Fortschritts auch in den Verbesserungen der angewandten Produktionstechnik gesehen werden muß, weitgehende Differenzierungen bei der Interpretation dieses Tatbestandes zu, die in den folgenden Paragraphen behandelt werden. Es handelt sich hier um die Vorgänge,

---

[8] Eine eingehende Analyse der Bedingungen, unter denen ein neues Produktionsverfahren von einer Unternehmung eingeführt wird, gibt z. B. U. *Leffson,* Die wirtschaftlichen Wirkungen des technischen Fortschritts, Zeitschrift für Nationalökonomie, Bd. 9 (1939); vgl. ferner *Cost Behavior,* a. a. O., S. 157 ff.

[9] Unter Berufung auf den oben dargestellten Zusammenhang warnt z. B. Varga davor, auf Grund von Einzelfällen voreilige Schlüsse über die Erfolge des technischen Fortschritts zu ziehen. „Neben den neuen Arbeitsverfahren bleiben die alten häufig lange Zeit in Anwendung, so daß bei der Untersuchung der Erfolge zwischen dem Möglichen und dem durchschnittlich Erreichten scharf geschieden werden muß. Dabei ist es meist nicht schlecht angebrachtes Festhalten am Überlieferten, sondern wirtschaftlich sehr begründet, wenn die neuen Produktionsmethoden nicht gleich eingeführt werden." St. *Varga,* Über die Messung der Erfolge des technischen Fortschritts und der Rationalisierung in der Industrie, a. a. O., S. 228.

die in der eingangs angeführten Einteilung von *Maclaurin* als „propensity to innovate" und als „propensity to accept innovation" bezeichnet sind und die vielfach auch durch den Gegensatz von „innovations" und „diffusion of innovations" gekennzeichnet werden.

§ 2. „Innovations" und ihre Verbreitung

In der neueren Literatur ist es üblich geworden, die Unterscheidung zwischen den Fortschritten des technischen Wissens einerseits und der Anwendung des neuen technischen Wissens andererseits durch die im angelsächsischen Schrifttum verwendeten Begriffe „inventions" und „innovations" auszudrücken. Der Begriff „innovations" wird jedoch in doppelter Bedeutung gebraucht, so daß er ebenfalls erst präzisiert werden muß. Bei *Schumpeter* bedeutet der Ausdruck „innovation" — von ihm als „the setting up of a new production function" definiert[10] — die erstmalige erfolgreiche „Durchsetzung einer neuen Kombination", die in der Schumpeterschen Theorie den „Unternehmer" charakterisiert, während die spätere Anwendung der gleichen Kombination durch andere „Wirte" als „diffusion of innovation" bezeichnet wird[11]. In dieser Interpretation ist der Begriff zwar eindeutig, aber, wie Schumpeter selbst betont[12], für die empirische Forschung nicht brauchbar (vgl. Fall [1] in der folgenden Darstellung). Die heute übliche Verwendung des Begriffes „innovation" ist nicht im Sinne des von Schumpeter geprägten Begriffsinhaltes gemeint, sondern dient nur dazu, den Tatbestand der Anwendung eines neuen technischen Wissens von der bloßen „Erfindung" abzugrenzen; d. h. der Ausdruck „innovations" wird hier zur Bezeichnung der Vorgänge verwendet, die in der vorliegenden Untersuchung als Anwendung neuer Prozesse in den Unternehmungen beschrieben werden. Wenn aber der Begriff nicht nur auf die erstmalige Anwendung eines neuen Prozesses — auf die „Pionierleistung" im Sinne Schumpeters[13] — beschränkt wird, dann erhebt sich die Frage, welche Anwendungsfälle der Begriff einschließt, oder kurz gesagt, nach wieviel Anwendungsfällen eine „innovation" aufhört, eine „innovation" zu sein. Denn erstens kann sich, wie bereits dargelegt wurde, die Verbreitung eines neuen technischen Verfahrens über einen langen Zeitraum er-

---

[10] J. A. *Schumpeter*, Business Cycles, vol. I, a. a. O., S. 87.
[11] Hier bleibt unberücksichtigt, daß die „Durchsetzung neuer Kombinationen" nach Schumpeter auch solche realen Vorgänge einschließt, die, wie die „Eroberung einer neuen Bezugsquelle von Rohstoffen und Halbfabrikaten", ferner die Erschließung eines neuen Absatzmarktes sowie die „Schaffung einer Monopolstellung", nicht als technischer Fortschritt in dem hier unterstellten Sinn bezeichnet werden können. Schumpeter selbst verweist auf diesen Unterschied, indem er in einem engeren Sinn auch von „innovation of the technological kind" spricht. Vgl. J. A. *Schumpeter*, Business Cycles, vol. I, a. a. O., S. 88.
[12] ebenda, Fußnote.
[13] Sie bildet die Grundlage für seine Theorie des „Unternehmers" und dessen Funktion für den Prozeß der wirtschaftlichen Entwicklung.

strecken, zweitens kann für viele Unternehmungen die Anwendung erst möglich werden, wenn sich zuvor die ökonomischen Daten, wie Güterpreise und Zinssatz, geändert haben.

Die gleiche Frage muß auch gestellt werden, wenn, wie es hier geschieht, an Stelle des Begriffes „innovation" der Ausdruck „Anwendung eines neuen Prozesses" verwendet wird: Inwieweit können die Fälle von technischen Verbesserungen, die im Zuge einer längere Zeit beanspruchenden Ausbreitung des neuen technischen Wissens erfolgen, als technischer Fortschritt bezeichnet werden? Um das Problem zu verdeutlichen, soll angenommen werden, daß in einer Volkswirtschaft eine Gruppe von Unternehmungen (S_1) existiert, die in der betrachteten Periode mit der jeweils neuesten Technik produzieren, während alle übrigen Unternehmungen der Vereinfachung wegen eine zweite Gruppe (S_2) bilden sollen, die sich an den potentiellen technischen Fortschritt einheitlich mit einem time-lag von einer Periode anpassen und folglich während der betrachteten Periode erst die ältere Technik der Vorperiode anwenden (der time-lag in der Anpassung an den potentiellen Fortschritt sei die Folge einer unterschiedlichen Risikobereitschaft der Unternehmer; eine weitergehende Begründung wird bei dem im folgenden Paragraphen diskutierten Fall gegeben werden). Formal ausgedrückt heißt das, daß für den Sektor S_1 eine Produktionsfunktion

$$P_1 = f_1 \, (A_1, \, K_1)$$

und für den Sektor S_2 entsprechend eine Produktionsfunktion

$$P_2 = f_2 \, (A_2, \, K_2)$$

gilt, wobei P das Produkt, A den Arbeitsaufwand und K die Kapitalnutzung bezeichnen. Das gesamte in dieser Wirtschaft erzeugte Produkt P setzt sich folglich additiv aus den Produktmengen der beiden Sektoren zusammen, d. h. es gilt:

$$P = f_1 \, (A_1, \, K_1) + f_2 \, (A_2, \, K_2).$$

Den konkreten Veränderungen der Produktionstechnik in den Unternehmungen entsprechen in der analytischen Darstellung Veränderungen der Produktionsfunktion, was formal in einer Veränderung der Funktionsvorschriften f_1 bzw. f_2 zum Ausdruck kommt. Davon ausgehend sind nun bei gesamtwirtschaftlicher Betrachtung die folgenden Interpretationen des technischen Fortschritts (im Sinne einer Verbesserung der in den Unternehmungen angewandten Produktionstechnik) möglich.

(1) Wird zunächst eine Untergruppe des Sektors S_1 betrachtet, die die Pionierunternehmer im Sinne Schumpeters umfassen soll, dann könnte der technische Fortschritt so definiert werden, daß ausschließlich die in den Unternehmungen dieser Gruppe vorgenommenen technischen Verbesserungen als technischer Fortschritt bezeichnet werden. Eine solche Definition würde mit dem Begriff „innovations", wie Schumpeter ihn gebraucht, übereinstimmen. Um aber den in dieser Weise definierten

Tatbestand zu messen, dürften in empirischen Untersuchungen nur die entsprechenden Vorgänge in der Untergruppe des Sektors S_1 berücksichtigt werden. Es ist unmittelbar zu sehen, daß sich empirisch keine Gruppe dieser Art abgrenzen läßt. Folglich ist es im Hinblick auf die angestrebte statistische Messung auch wenig zweckmäßig, den technischen Fortschritt so zu definieren, daß er nur die erstmaligen Anwendungsfälle einer neuen Technik umfaßt.

(2) Wird die ganze Gruppe S_1 und nicht nur die der Pionierunternehmer im Sinne Schumpeters betrachtet — diese Gruppe war annahmegemäß so definiert, daß alle ihr angehörenden Unternehmungen am Ende der Periode den potentiellen Fortschritt der gleichen Periode realisiert haben — dann ist eine zweite Definition des realisierten technischen Fortschritts in der betrachteten Wirtschaftseinheit in der Weise möglich, daß nur die technischen Verbesserungen in allen Unternehmungen des Sektors S_1 als technischer Fortschritt bezeichnet werden. Im Gegensatz zu dem im Abschnitt (1) betrachteten Fall umfaßt die vorstehende Definition also auch einen Teil des Prozesses der „diffusion of innovations" (die restliche „Ausbreitung" auf die Unternehmungen des Sektors S_2 erfolgt erst während der folgenden Periode). Das Kriterium für diese Definition ist, daß sie nur solche Fälle von Anwendungen neuer Prozesse in den Unternehmungen einbezieht, die unmittelbar infolge der in der betrachteten Periode eingetretenen Erweiterung des technischen Horizonts der Unternehmungen vorgenommen worden sind. Sie entspricht folglich der Konzeption des technischen Fortschritts, die oben aus der einzelwirtschaftlichen Marginalanalyse abgeleitet worden ist (vgl. 2. Kap. § 2).

Bei gesamtwirtschaftlicher Betrachtung ist die statistische Ermittlung der empirischen Fortschrittsrate, die aus diesen Anwendungsfällen resultiert, ebenfalls nicht möglich. Denn wird z. B. die Produktivitätssteigerung als quantitatives Kriterium für den technischen Fortschritt betrachtet, dann dürfte nach dieser Definition bei der empirischen Berechnung der Fortschrittsrate nur die in den Unternehmungen des Sektors S_1 erreichte Produktivitätssteigerung berücksichtigt werden. Dieser Sektor kann aber empirisch ebenfalls nicht gebildet werden.

(3) Drittens können als technischer Fortschritt in der betrachteten Periode sowohl die Veränderungen der Produktionsfunktion P_1 als auch die der Produktionsfunktion P_2 definiert werden. Das bedeutet, daß die restliche „diffusion of innovations" (die in dem hier angenommenen Falle mit einem time-lag von einer Periode erfolgt) nunmehr in die Definition des technischen Fortschritts einbezogen wird. Die statistische Messung des so definierten Fortschritts wäre dementsprechend auf einen Mittelwert der Veränderungen von P_1 und P_2 gerichtet, der die Veränderungen im Stande der in der Wirtschaftseinheit durchschnittlich

angewandten Produktionstechnik mißt, so daß in diesem Falle von einer d u r c h s c h n i t t l i c h e n Fortschrittsrate gesprochen werden kann. Es ist offensichtlich, daß eine derartige Konzeption des technischen Fortschritts eher als die unter (1) und (2) beschriebene für eine statistische Ermittlung in Betracht kommt. Diesem Vorzug steht jedoch der Nachteil gegenüber, daß in diesem Fall die theoretische Konzeption selbst nicht unproblematisch ist.

Nach dem Stande der angewandten Technik gruppiert, werden in einer empirischen Wirtschaft nicht nur zwei Gruppen von Unternehmungen existieren, sondern eine Vielzahl von Gruppen mit entsprechend vielen (empirischen) Produktionsfunktionen, die sich darin unterscheiden, daß die von ihnen verwendete Produktionstechnik jeweils aus weiter zurückliegenden Perioden stammt. Die Definition des technischen Fortschritts einer Periode als Veränderung sämtlicher Produktionsfunktionen während dieser Periode wird folglich den Übergang zu solchen Produktionsverfahren einschließen, die, mit den jeweils neuesten technischen Verfahren verglichen, kaum noch als Fortschritt bezeichnet werden können. Dementsprechend kann auch die Messung der Veränderungen im Stande der durchschnittlich angewandten Produktionstechnik kein Bild davon geben, welche Möglichkeiten der inzwischen neueste Stand der Technik für die betrachtete Wirtschaft bietet. Aus diesem Einwand folgt jedoch nicht, daß der Tatbestand einer Verbesserung der im Durchschnitt einer aggregierten Wirtschaftseinheit angewandten Produktionstechnik gar nichts mit dem technischen Fortschritt einer Periode zu tun hätte. Das wird im folgenden Abschnitt näher erläutert werden.

§ 3. „Autonome" und „induzierte" technische Verbesserungen

Für die folgende Betrachtung wird angenommen, daß sich alle Unternehmungen einer aggregierten Wirtschaftseinheit immer soweit an den potentiellen Fortschritt anpassen, als ihnen dies bei den gegebenen gesamtwirtschaftlichen und betriebsindividuellen Daten möglich ist. Unter dieser Voraussetzung läßt sich die Existenz der beiden Gruppen von Unternehmungen, die oben mit S_1 und S_2 bezeichnet wurden, nur in der Weise begründen, daß die Unternehmungen des Sektors S_2 bei den gegebenen Daten der betrachteten Periode nicht in der Lage sind, sich ebenso wie die Unternehmungen der Gruppe S_1 an den potentiellen technischen Fortschritt anzupassen. Die spätere Anpassung des Sektors S_2 in der folgenden Periode setzt folglich voraus, daß zwischen der Periode t und der Periode t + 1 eine Veränderung der für den Sektor S_2 relevanten ökonomischen Daten eingetreten sein muß. Die Anwendung der neuen Prozesse, die in den Unternehmungen des Sektors S_1 in Periode t in unmittelbarer Abhängigkeit von der Erweiterung des technischen Horizonts der Unternehmungen „autonom" erfolgt, wird in den Unternehmungen des Sektors S_2 in der Periode $t+1$ erst durch eine Veränderung der ökonomischen Daten „induziert"[14].

Die besondere Problematik der im vorstehenden Paragraphen 2, Abschnitt (3), gegebenen Definition der Fortschritte im Stande der durchschnittlich angewandten Produktionstechnik besteht nun darin, daß diese Definition auch die Fälle von „induzierten" technischen Verbesserungen einschließt. Das wird deutlich, wenn angenommen wird, daß in einer Periode kein potentieller technischer Fortschritt vorliegt, so daß die Produktionsfunktion P_1 in dieser Periode unverändert bleibt. Da sich jedoch die Produktionsfunktion P_2 verändert, weil die Unternehmungen des Sektors S_2, durch eine Änderung der ökonomischen Daten veranlaßt, während dieser Periode ebenfalls zu der in S_1 angewandten fortschrittlicheren Produktionstechnik übergehen, verändert sich auch die Gesamtfunktion P. Es liegt eine Veränderung der im Durchschnitt angewandten Produktionstechnik vor, die ausschließlich durch eine Veränderung der ökonomischen Daten induziert wurde, ohne daß sich der technische Horizont der Unternehmungen geändert hat.

Der geschilderte Fall ist von grundsätzlicher Bedeutung. Wenn alle Unternehmungen in einer Volkswirtschaft die Produktionstechnik anwenden, die sie bei gegebenen Preisen und Zinssätzen realisieren können, dann kann eine weitere Verbesserung der Produktionstechnik auch beim unveränderten Stand des technischen Wissens infolge einer Veränderung der ökonomischen Daten des Systems eintreten. Die Datenänderung kann im Bereich der betriebsindividuellen Daten oder in den gesamtwirtschaftlich bestimmten Preisrelationen, insbesondere im Verhältnis der Faktorpreise erfolgen. Hierhin gehören die Fälle, in denen eine neuartige Maschine oder ein neues Konsumgut für eine bestimmte Unternehmung erst infolge einer Preisveränderung Bedeutung erlangen. Der Preis des neuen Gutes, das anfänglich mit hohen Entwicklungskosten belastet war, kann sinken, oder die für die Unternehmung relevanten Produktpreise können steigen; auf diese Weise wird es der Un-

---

[14] Die Unterscheidung zwischen „autonom" und „induziert" ist im Hinblick auf die technische Entwicklung von Hicks verwendet worden: "If, therefore, we are properly to appreciate the place of invention in economic progress, we need to distinguish two sorts of inventions. We must put on one side those inventions which are the result of a change in the relative price of the factors; let us call these 'induced' inventions. The rest we may call 'autonomous' inventions." J. R. *Hicks*, The Theory of Wages, London 1932, S. 125. Wie das Zitat zeigt, besteht allerdings insofern ein Unterschied, als Hicks von „inventions" spricht, während hier vorausgesetzt wurde, daß die „Erfindung" bekannt ist und nur ihre Anwendung entweder unabhängig oder abhängig von den Veränderungen der Preise erfolgt. Der Unterschied ist im Grund jedoch nur definitorisch. Er entfällt, wenn solche Fälle berücksichtigt werden, in denen es schwer ist, empirisch zwischen „Erfindung" und „Anwendung" zu unterscheiden. Vgl. dazu auch J. R. *Hicks*, Value and Capital, a. a. O., S. 299.

ternehmung möglich, eine neue Technik anzuwenden. Zweitens gehören hierhin die Anwendungsfälle eines neuen Prozesses, die aus einer Veränderung der relativen Faktorpreise resultieren. Ein Anstieg der Lohnkosten bewirkt, daß ältere, lohnintensivere Verfahren einem neuen, kapitalintensiveren gegenüber unrentabel werden. Ähnlich wird eine Senkung der Zinssätze Rationalisierungsinvestitionen ermöglichen, die bei den bisher gegebenen Zinssätzen nicht durchgeführt werden konnten. Die Frage ist, ob die in dieser Weise induzierten technischen Verbesserungen als technischer Fortschritt interpretiert werden dürfen.

Eine solche Interpretation steht im Widerspruch zu der üblichen Auffassung, die insbesondere in der Marginaltheorie der Unternehmung zum Ausdruck kommt. Für die analytische Zielsetzung dieser Theorie ist es, wie oben gezeigt, zweckmäßig, zwischen dem Fall einer veränderten Produktionsfunktion bei gegebenen Preisen und dem Fall einer Veränderung der Preisrelationen bei gegebener Produktionsfunktion zu unterscheiden. Nur der erste Fall erfüllt in dieser Darstellung den Tatbestand des technischen Fortschritts[15]. Auch *Schumpeter* hat zwischen den Veränderungen der Produktionsmethoden bei gegebener Produktionsfunktion und den Veränderungen der Produktionsfunktion unterschieden. Veränderungen der Produktionsmethoden, die z. B. eine Folge davon sind, daß gewisse technische Möglichkeiten erst bei größeren Ausbringungsmengen angewendet werden können, oder auch solche Verbesserungen der Produktionsmethoden, die durch eine Veränderung der relativen Faktorpreise hervorgerufen werden, sind nach Schumpeter Vorgänge, die, obwohl sie „may involve complete change of technological processes or principles ... may come about within one and the same production function[16]", so daß sie auch kein technischer Fortschritt im engeren Sinne sind. Das Kriterium für die Unterscheidung zwischen diesen Veränderungen der Produktionsmethoden und denen „which do imply changes in the production function" ist nach Schumpeter „whether or not the change occurs within the given horizon of businessmen[17]."

Diese Auffassung bietet für die analytische Erklärung des ökonomischen Prozesses Vorteile, andererseits kann aber auch die Einbeziehung der induzierten technischen Verbesserungen in den ökonomischen Tatbestand des technischen Fortschritts nicht grundsätzlich abgelehnt werden. Es handelt sich hier um den Fall, daß die zu einer bestimmten Wirtschaftseinheit gehörenden Unternehmungen, betrachtet man sie als

---

[15] Vgl. z. B. die Darstellung in *Cost Behavior,* a. a. O., S. 143: "In this discussion the therms 'technical change' or 'innovation' will be used to imply any change in input-output relations which is not to be attributed directly to changes in factor prices or variations in the rate or scale of production of the enterprise in question."

[16] J. A. *Schumpeter,* Business Cycles, vol. I, a. a. O., S. 39.

[17] ebenda, S. 40.

eine Einheit, zu Beginn einer Periode mit einer Produktionstechnik produzieren, die einem Durchschnitt aus der Produktionstechnik P_1 und der Produktionstechnik P_2 entspricht; am Ende der Periode wird in der gesamten Wirtschaftseinheit eine Produktionstechnik angewendet, die nunmehr gleich dem Durchschnitt aus den Produktionstechniken P'_1 und P'_2 ist. Für die einzelnen Unternehmungen war der Übergang von P_1 zu P'_1 sowie von P_2 zu P'_2 eine technische Verbesserung. Dementsprechend stellt auch die Verbesserung der durchschnittlichen Produktionstechnik einen technischen Fortschritt dar. Da allerdings in der Literatur der Begriff vorwiegend mit dem Tatbestand, der oben als autonomer Fortschritt bezeichnet wurde, in Verbindung gebracht wird, soll für den hier betrachteten Tatbestand auch nur der Ausdruck „Fortschritte der angewandten Produktionstechnik" verwendet werden.

In diesem Zusammenhang ist auch der in der wachstumstheoretischen Diskussion häufig unterstellte Fall zu erwähnen, daß in einer Wirtschaftseinheit bei vollbeschäftigten Produktionsfaktoren alle Unternehmungen die Produktionstechnik verwenden, die sie bei den gegebenen Preisen und Zinssätzen anwenden können, ohne daß der bei dem gegebenen Stand der Technik mögliche Rationalisierungsgrad von allen Unternehmungen erreicht ist. Unter dieser Voraussetzung kann die technische Entwicklung nur dann einen Einfluß auf den Wachstumsprozeß haben, d. h. eine weitere Steigerung der Produktion ermöglichen, wenn ein autonomer technischer Fortschritt eintritt. Aber auch hier besteht die Möglichkeit, daß durch die Bereitstellung weiterer „Rationalisierungskredite" durch die Banken — was analytisch als Zinssenkung interpretiert werden muß — die Produktionstechnik noch in denjenigen Unternehmungen verbessert wird, die noch nicht den neuesten Stand der Produktionstechnik verwirklicht haben. Die Zinssenkung wird folglich technische Verbesserungen „induzieren", die ebenfalls eine weitere Steigerung der Produktion möglich machen. Das Beispiel zeigt, wie die theoretisch unterschiedenen Fälle in einer empirischen Betrachtung ineinander übergehen. Die Knappheit der Produktionsfaktoren wird die Unternehmer veranlassen, nach weiteren Rationalisierungsmöglichkeiten zu suchen; die entsprechenden technischen Verbesserungen werden in einem Falle ohne weitere Kreditinanspruchnahme eingeführt werden können, in einem anderen Falle aber erst, wenn infolge einer Erleichterung der Kreditbedingungen (Zinssenkung) die Finanzierung der Rationalisierungsvorhaben möglich wird. In einer wachsenden Wirtschaft, in der sich die Preise fortlaufend verändern und in der insbesondere hinsichtlich der Veränderungen der relativen Faktorpreise ein eindeutiger Trend in Richtung einer Erhöhung des (realen) Lohnsatzes vorliegt, wird die Unterscheidung zwischen technischem Fortschritt bei gegebenen Preisen und Verbesserungen der Produktionstechnik infolge von Preisveränderungen weitgehend illusorisch[18].

Soll der Einfluß des technischen Fortschritts auf den ökonomischen Prozeß analysiert werden, kann jede der beiden Größen, der autonome Fortschritt oder die Fortschritte der Produktionstechnik, berücksichtigt werden, je nachdem, wie es die jeweilige Fragestellung erfordert. Der autonome technische Fortschritt muß dann berücksichtigt werden, wenn die Bestimmungsgründe für die Fortschritte der angewandten Produktionstechnik selbst untersucht werden sollen. Die Veränderungen der in den Unternehmungen angewandten Produktionstechnik ergeben sich als Resultante aus dem Zusammenwirken einer Vielzahl von Größen, unter denen der technische Fortschritt im Sinne der autonomen Verbesserungen nur eine Größe unter anderen ist. Soll der Einfluß dieser einzelnen Größen auf den ökonomischen Prozeß analysiert werden, müssen die Veränderungen der Produktionstechnik (oder die durchschnittliche Fortschrittsrate) auf ihre einzelnen Bestimmungsgründe zurückgeführt werden. Bei einer derartigen analytischen Fragestellung kann folglich der technische Fortschritt nicht anders als im Sinne des autonomen Fortschritts bzw. des potentiellen Fortschritts interpretiert werden. Kommt es andererseits nicht darauf an zu zeigen, ob eine Verbesserung der Produktionstechnik durch autonomen technischen Fortschritt oder durch die Bereitstellung von zusätzlichem Kapital infolge einer Zinssenkung induziert worden ist, sondern gilt die Fragestellung allein der durch eine Verbesserung der Produktionstechnik möglich gewordenen Produktionssteigerung, dann ist dies ein Fall, in dem nur das Ausmaß der tatsächlichen Verbesserungen und damit die Fortschritte der Produktionstechnik für die Analyse bedeutsam sind. Auch in diesem Fall handelt es sich im Prinzip darum, den Einfluß des technischen Fortschritts auf den ökonomischen Wachstumsprozeß zu analysieren.

Damit hat die Untersuchung der Frage, in welcher Weise der für eine ökonomische Analyse relevante Tatbestand des technischen Fortschritts exakt definiert werden kann, zu folgendem Ergebnis geführt. Es sind zu unterscheiden:

(a) die Erweiterung des technischen Horizonts der Unternehmungen einer Wirtschaftseinheit durch das Auftreten neuer Prozesse, unabhängig davon, ob und inwieweit die Prozesse in den Unternehmungen angewandt werden (potentieller Fortschritt);

(b) die Anwendung technisch überlegener Prozesse in den Unternehmungen (realisierter Fortschritt); hier sind zwei Unterfälle zu unterscheiden: (b_1) der autonome Fortschritt, d. h. die Anwendungsfälle, die

---

[18] "Such a (technological) change can clearly come from invention as well as from diffusion of technological knowledge." G. *Debreu*, Numerical Representations of Technological Change, a. a. O., S. 48.

bei gegebenen ökonomischen Daten möglich sind, und (b₂) der induzierte Fortschritt, d. h. die Anwendungsfälle, die infolge einer Veränderung der ökonomischen Daten zusätzlich möglich werden;

(c) der Fortschritt der angewandten Produktionstechnik bzw. die durchschnittliche Fortschrittsrate, die sich aus dem Umfang der autonomen und induzierten Anwendungsfälle während einer bestimmten Periode ergibt.

Die Frage nach der statistischen Meßbarkeit der einzelnen Tatbestände ist im Hinblick auf den potentiellen Fortschritt bereits verneint worden. Es bleibt noch zu prüfen, inwieweit der realisierte technische Fortschritt bzw. der Fortschritt der angewandten Produktionstechnik oder die durchschnittliche Fortschrittsrate gemessen werden können.

§ 4. Die Messung des realisierten Fortschritts

Die Frage, die hier beantwortet werden soll, ist schon an mehreren Stellen der bisherigen Ausführungen berührt worden. Die folgende Darstellung wird deshalb im wesentlichen nur zusammenfassen, was zur statistischen Meßbarkeit der einzelnen Tatbestände bereits angemerkt worden ist. So kann davon ausgegangen werden, daß sich die technischen Verbesserungen in den Unternehmungen nicht in der Weise statistisch ermitteln lassen, wie üblicherweise die Zähleinheiten einer statistischen Gesamtheit erfaßt werden, denn es gibt keine Möglichkeit, derartige konkrete Zähleinheiten zu definieren. Was ermittelt werden kann, sind allein die Veränderungen ökonomischer Größen, die von den technischen Verbesserungen bewirkt werden, so daß die Veränderungsrate der betreffenden ökonomischen Variablen mit der Fortschrittsrate der Produktionstechnik identifiziert werden muß. Aus der Analyse des einzelwirtschaftlichen Tatbestandes hatte sich dazu bereits ergeben, daß der unmittelbar quantifizierbare Ausdruck für eine technische Verbesserung die von ihr bewirkte Produktivitätssteigerung ist, so daß auch die statistische Ermittlung des (realisierten) technischen Fortschritts in größeren Wirtschaftseinheiten an den Indexzahlen für die Produktivitätssteigerung anknüpfen kann.

Dabei muß in Kauf genommen werden, daß mit der Produktionssteigerung nur eine der möglichen Auswirkungen des technischen Fortschritts auf ökonomische Größen erfaßt ist. Es ist jedoch nicht möglich, einen allgemeinen Index für das ökonomische Phänomen technischer Fortschritt zu bilden, mit dem sämtliche ökonomischen Auswirkungen des technischen Fortschritts erfaßt werden könnten. Für den technischen Fortschritt gilt in ähnlicher Weise, wie es *Burns* und *Mitchell* für den Begriff „Konjunktur" gezeigt haben[19], daß er nicht durch eine statisti-

---

[19] A. F. *Burns* u. W. C. *Mitchell,* Measuring Business Cycles, New York 1946.

sche Maßzahl vollständig beschrieben werden kann, sondern in einer Reihe von ökonomischen Größen Ausdruck findet, die von den technischen Verbesserungen in den Unternehmungen beeinflußt werden. Von derartigen Größen kann eine Vielzahl genannt werden. Zum Beispiel bewirkt der technische Fortschritt, indem er den Produktionsablauf durch die Verwendung von Maschinen und neuerdings besonders von Apparaten[20] mechanisiert, eine tendenzielle Zunahme des Verhältnisses von Anlage- und Umlaufvermögen. Eine andere vielfach hervorgehobene Begleiterscheinung der technischen Entwicklung ist der zunehmende Bedarf an technischen und kaufmännischen Angestellten. Da der vergrößerte technische Apparat mehr technisches Personal braucht und die mechanisierte Massenfabrikation einen größeren Planungs- und Organisationsaufwand verlangt, hat sich das Verhältnis von Angestellten zu Arbeitern unter dem Einfluß der technischen Entwicklung ständig vergrößert[21]. In noch näherer Beziehung zur technischen Entwicklung steht der Energieverbrauch, der z. B. in der westdeutschen Industrie[22] von 12,0 t Steinkohleneinheiten je Beschäftigten im Jahre 1950 auf 13,7 t im Jahre 1955, d. h. um 14 %, zugenommen hat[23]. Die frühere Reichsstatistik ermittelte nur die installierte Maschinenleistung (PS). Bezogen auf die Zahl der Beschäftigten ist sie in der gewerblichen Wirtschaft von 0,16 PS je Beschäftigten im Jahre 1875 auf 1,76 PS je Beschäftigten im Jahre 1936 gestiegen[24].

In einer umfassenden Analyse des Einflusses, den der technische Fortschritt auf den ökonomischen Wachstumsprozeß hat, wird es unter Umständen notwendig, alle diese Auswirkungen zu berücksichtigen[25].

---

[20] Vgl. W. G. *Waffenschmidt*, Technik und Wirtschaft der Gegenwart, Berlin-Göttingen-Heidelberg 1952, S. 25 f.

[21] Aus den Ergebnissen der Betriebs- und Arbeitsstättenzählungen (gewerbliche Wirtschaft, ohne Landwirtschaft) ergibt sich z. B., daß in Deutschland bzw. der Bundesrepublik einem Angestellten jeweils die folgende Zahl von Arbeitern (abgerundete Werte) gegenüberstand:

1895	1907	1925	1950
14	9	4	3

(Zahlen für das Reichsgebiet nach: *Deutsche Wirtschaftskunde,* bearb. im Statistischen Reichsamt, Berlin 1930; für die Bundesrepublik nach *Wirtschaftskunde der Bundesrepublik Deutschland* hsg. vom Statistischen Bundesamt, Stuttgart und Köln 1955).

[22] Ohne Kohlenbergbau, Bau, Energieversorgung.

[23] Nach R. *Krengel* u. K. *Koch,* Die Entwicklung des Energieverbrauchs der westdeutschen Industrie von 1950 bis 1955 und seine Rationalisierung, Vierteljahreshefte zur Wirtschaftsforschung, Jg. 1956, S. 240.

[24] Nach *Deutsche Wirtschaftskunde,* a. a. O., S. 102.

[25] Von Below werden als „quantitative Bezugsgrößen" für den technischen Fortschritt u. a. der Arbeitseffekt (Produktivitätssteigerung), das Bevölkerungswachstum, die Erzeugnisgliederung, sowie das preisbereinigte Produktionsvolumen (Produktionsindex) behandelt. „Auch soziale Auswirkungen, wie veränderte durchschnittliche wöchentliche Arbeitszeit, Lohnerhöhungen, Senkung der Lebenshaltungskosten und damit Vermehrung der Verbrauchs-

Ebenso könnte auch versucht werden, auf die Größe der Fortschrittsrate in einer Periode aus den Veränderungen mehrerer ökonomischer Größen zu schließen[26]. In der vorliegenden Untersuchung wird das Problem jedoch enger gefaßt und die statistische Aufgabe in der Ermittlung eines numerischen Ausdrucks für die Größe der Fortschrittsrate der angewandten Produktionstechnik gesehen, auch wenn dabei von vielen Aspekten des Problems abstrahiert werden muß. Dazu ist oben bereits ausgeführt worden, daß die Produktivitätssteigerung, die von den technischen Verbesserungen in den Unternehmungen bewirkt wird, unmittelbar einen meßbaren Ausdruck ergibt, so daß auch die statistischen Produktivitätsmeßzahlen diejenigen makroökonomischen Größen darstellen, die am engsten mit den technischen Verbesserungen korreliert sind. Die einzelnen Fälle von Produktivitätssteigerungen in den Unternehmungen sind im statistischen Sinne intensive Größen, die nicht addiert werden können und für die als Maßzahlen nicht Summen, sondern Durchschnittswerte in Betracht kommen[27]. Ein derartiger Durchschnittswert für eine aggregierte Wirtschaftseinheit kann deshalb nicht auf die Fälle von technischen Verbesserungen beschränkt werden, die unmittelbar eine Anpassung an die Erweiterung des technischen Horizonts darstellen. Infolgedessen kann aus einer Analyse der Produktivitätssteigerung in der gesamten Wirtschaftseinheit auch nicht auf die Fortschrittsrate geschlossen werden, die allein dem autonomen technischen Fortschritt entsprechen würde. Die meßbare Produktivitätssteigerung stellt einen Durchschnitt dar, in den alle Formen von Verbesserungen der Produktionstechnik eingehen, auch die, die durch eine Veränderung der ökonomischen Daten induziert sind. Das bedeutet, daß von den oben beschriebenen Tatbeständen (vgl. S. 70 f.) *nur die Fortschritte der angewandten Produktionstechnik für eine statistische Messung in Betracht kommen.*

Damit ist die Frage nach einer Maßzahl für die durchschnittliche Verbesserung der Produktionstechnik jedoch noch nicht endgültig beantwortet. Produktivitätsmeßzahlen lassen sich in der verschiedensten Weise definieren. Es muß folglich bestimmt werden, wie die Produktivitätsmeßzahl zu bilden ist, mit der die Fortschritte der Produktionstechnik gemessen werden sollen. Diese Frage läßt sich nicht durch eine einfache Übertragung der für einen einzelnen Prozeß definierten Produktivitätsmeßzahl auf eine größere Wirtschaftseinheit beantworten.

---

ansprüche u. a. sind Äußerungen des technischen Fortschritts in der industriellen Produktion ..." F. *Below*, Zur statistischen Messung des technischen Fortschritts in der industriellen Produktion, a. a. O., S. 75.

[26] Kuznets nennt die Methode, bei der eine Vielzahl von Maßzahlen herangezogen wird, um zu einer Aussage über die Wachstumsrate einer Größe zu kommen, den „statistical-compendium approach". Vgl. S. *Kuznets*, Measurement of Economic Growth, a. a. O., S. 18 ff.

[27] Vgl. P. *Flaskämper*, Allgemeine Statistik, Grundriß der Statistik, Teil I, Hamburg 1949, S. 45.

Denn bei der Analyse der Fortschrittsrate in einer aggregierten Wirtschaftseinheit kommt hinzu, daß sich die Veränderungen der entsprechenden makroökonomischen Größen nicht einfach wie die Summe der einzelwirtschaftlichen Vorgänge verhalten, wegen der Durchschnittsbildung und wegen des Einflusses von strukturellen Veränderungen sind die Produktivitätssteigerungen in einer aggregierten Wirtschaftseinheit keine den einzelwirtschaftlichen Produktivitätssteigerungen proportionale Größen. Daraus folgt, daß bei gesamtwirtschaftlicher Betrachtung entschieden werden muß, welche Produktivitätsmeßzahl für die Messung des technischen Fortschritts in einer aggregierten Wirtschaftseinheit benutzt werden soll. Das ist die Fragestellung, die im zweiten Teil der vorliegenden Untersuchung behandelt wird.

Zweiter Teil

Technischer Fortschritt und Produktivitätssteigerung

Viertes Kapitel

Die makroökonomischen Produktivitätsrelationen als Kriterien für den technischen Fortschritt

§ 1. Höherer Ertrag bei gegebenem Bestand an Produktionsfaktoren (Totalproduktivität)

Die Frage, welcher Tatbestand in der Analyse des ökonomischen Wachstumsprozesses als technischer Fortschritt zu bezeichnen ist, wurde im ersten Teil dieser Untersuchung mit den Definitionen „Erweiterung des technischen Horizonts der Unternehmungen" und „Anwendung technisch überlegener Prozesse in den Unternehmungen" beantwortet. Ferner wurde geklärt, daß von diesen beiden Phasen des technischen Fortschritts grundsätzlich nur die zweite mit statistischen Methoden analysiert werden kann, und zwar auch nur unter der Voraussetzung, daß die durchschnittliche Verbesserung der Produktionstechnik gemessen wird, unabhängig davon, ob sie „autonom" oder durch Preisveränderungen „induziert" erfolgt ist. Als Maß für den so definierten Tatbestand ergab sich die Produktivitätssteigerung, die bei einzelwirtschaftlicher Betrachtung ein eindeutiges Kriterium für die technischen Verbesserungen in den Unternehmungen bildet. In diesem Teil der Untersuchung soll geklärt werden, inwieweit auch bei einer gesamtwirtschaftlichen Betrachtung die makroökonomischen Produktivitätsquotienten[1] als Indikator für die technischen Verbesserungen in den Unternehmungen interpretiert werden können. In diesem Kapitel wird dazu eine Übersicht über die verschiedenen statistischen Produktivitätsrelationen gegeben und die Frage behandelt, ob die einzelnen Relationen als Maßzahlen für den technischen Fortschritt geignet sind.

Die Messung des technischen Fortschritts durch die Zunahme von Produktivitätsindices erfährt bei der gesamtwirtschaftlichen Betrach-

---

[1] Es ist zu beachten, daß der Terminus „Produktivität" in der folgenden Darstellung immer nur im Sinne des statistischen Produktivitätsbegriffes verwendet wird und nicht im Sinne des Grenzproduktivitätsbegriffes der Verteilungstheorie.

tung des Produktionsprozesses eine besondere Begründung[2]. Sie folgt aus dem Umstand, daß die in einer Volkswirtschaft vorhandenen Ressourcen oder Produktionsfaktoren nur in einem beschränkten Umfang vorhanden sind. Der (potentielle) Produktionsertrag einer Volkswirtschaft ist folglich durch den vorhandenen Bestand an Produktionsfaktoren begrenzt. Er kann bei gegebenen Produktionsfaktoren nur gesteigert werden, wenn die Produktivität der Kombinationen, in denen die Produktionsfaktoren in den einzelnen Unternehmungen verwendet werden, zunimmt. Da die Produktivität der Kombinationen von der angewendeten Produktionstechnik abhängt, ist es — unter gesamtwirtschaftlichen Aspekten — die Funktion der Technik, durch die Anwendung technischer Hilfsmittel im Produktionsprozeß eine Ausweitung der Grenzen zu ermöglichen, die dem (potentiellen) Produktionsertrag in einer Volkswirtschaft durch den in ihr verfügbaren Bestand an Ressourcen gesetzt sind. Technischer Fortschritt liegt, so gesehen, dann vor, wenn die technischen Hilfsmittel (im weitesten Sinn) vermehrt oder verbessert werden, so daß mit gleichem Aufwand an Produktionsfaktoren ein höherer Produktionsertrag erzielt werden kann.

Hier ergibt sich ein für die makroökonomische Analyse grundsätzliches Problem insofern, als dabei beachtet werden müßte, daß der Produktionsertrag, der bei quantitativer Betrachtung eine Summe von Gütern und Dienstleistungen umfaßt, eine qualitative Komponente hat, die sich aus den Nutzenschätzungen der Wirtschaftssubjekte ergibt. Es wäre dementsprechend richtiger zu sagen, technischer Fortschritt liegt dann vor, wenn mit gegebenem Bestand an Ressourcen ein höherer Grad der Bedürfnisbefriedigung erreicht werden kann, wozu sowohl eine sparsamere Verwendung der Ressourcen als auch die fortwährende Entwicklung neuer Verbrauchsgüter beitragen. Eine Berücksichtigung dieser qualitativen Komponente würde jedoch voraussetzen, daß für sie ein quantitativer Ausdruck definiert werden kann, wie es z. B. im Rahmen der sogenannten „welfare economics" mit dem Begriff „social optimum" versucht worden ist. Mit ihm wurde eine auf den Präferenzskalen von Personengruppen basierende genauere Bestimmung des wirtschaftlichen Fortschritts gegeben, doch ist es nicht möglich gewesen, dafür auch einen numerischen Indikator zu definieren[3]. Dementsprechend kann

---

[2] Allgemein gilt, daß die Zielsetzungen einer Produktivitätsanalyse auf betrieblicher und gesamtwirtschaftlicher Ebene jeweils andere sind. Vgl. dazu bes. G. *Fürst*, Die amtliche Statistik im Dienste der Produktivitätsmessung, Wirtschaft und Statistik, N. F., 5. Jg. (1953); und *derselbe*, Die Methoden der Produktivitätsmessung, in: G. Fürst und S. L. Gabriel, Produktivität und Lohn, Veröffentlichungen der Deutschen Volkswirtschaftlichen Gesellschaft e. V., Bd. 15, Darmstadt 1956, S. 7 ff.

[3] "The concept of a social optimum and the use of a preference function have clarified somewhat the meaning of 'economically better', which perhaps has certain advantages over the older concept of utility . . . When we come

diese Frage in der vorliegenden Arbeit, in der die gesamtwirtschaftlichen Kriterien für den technischen Fortschritt allein im Hinblick auf die Messung des technischen Fortschritts zu betrachten sind, übergangen und von dem Verhältnis des Produktionsertrages zu den gegebenen oder verbrauchten Ressourcen nur in einem quantitativen Sinne, der auch eine numerische Bestimmung zuläßt, gesprochen werden[4]. Dabei muß unterstellt werden, daß die qualitative Zusammensetzung des Sozialprodukts mit der gegebenen Verbrauchsstruktur übereinstimmt, was unter den Bedingungen der vollkommenen Konkurrenz einem Zustand mit optimaler individueller Bedürfnisbefriedigung entspricht.

Aus der Auffassung, daß für die Beurteilung des technischen Fortschritts bei gesamtwirtschaftlicher Betrachtung der Produktionsertrag entscheidend ist, der mit den gegebenen Ressourcen (Produktionsfaktoren) erzielt werden kann, ergibt sich unmittelbar ein erstes gesamtwirtschaftliches Kriterium für den technischen Fortschritt. Danach ist technischer Fortschritt dann gegeben, wenn mit einem gegebenen Bestand an Ressourcen (Arbeit, Boden und Kapital) ein höherer Produktionsertrag als bisher erzielt wird. Dieses Kriterium kann folgendermaßen definiert werden. Wird ein System interdependenter Prozesse betrachtet, wie es eine aggregierte Wirtschaftseinheit ist, dann lassen sich in diesem System drei Gruppen von Gütern unterscheiden: (a) Güter, die das System als Nettoproduktion verlassen (Endprodukte); (b) Güter, die innerhalb des Systems produziert und auch wieder verbraucht werden (Zwischenprodukte); und (c) Güter, die in dem System bei der Produktion verbraucht, jedoch nicht von ihm produziert werden (Ressourcen oder Produktionsfaktoren). Zu ihnen gehören in erster Linie Arbeitsleistungen und Rohstoffe (Bodenleistungen) aber auch die Leistungen der Kapitalgüter, die in früheren Perioden erzeugt worden sind und in der betrachteten Periode genutzt werden. Das Verhältnis der Endprodukte, die in einer Periode produziert worden sind, zu der Menge an Produktionsfaktoren, die bei der Herstellung der Endprodukte verbraucht worden sind, kann in einer Gesamtwirtschaft — analog zu dem einzelwirtschaftlichen Verhältnis zwischen Endgütern und Primärgütern (vgl. 2. Kap. § 3 d) — als „volkswirtschaftliche Produktivität" bezeichnet

---

to the measurement of the riches of groups, the advance seems even more dubious." K. E. *Boulding*, Welfare Economics, in: B. F. Haley (Ed.), A. Survey of Contemporary Economics, vol. II, Homewood (Ill.), 1952, S. 31.

[4] Das entspricht der in empirischen Untersuchungen üblichen Methode. Vgl. z. B. das folgende Zitat von Kuznets, der bei der Besprechung von Maßzahlen für die "magnitude of service that a nation's economy is assumed to perform in terms of needs which it is presumed to satisfy" zu dem Ergebnis kommt: "It is clear that any explicit and incisive definition of basic functions which the economic activity of nations presumably performs threatens to put us beyond the level of measurability." S. *Kuznets*, Measurement of Economic Growth, a. a. O., S. 23 f.

werden[5]. Da hier nicht nur Volkswirtschaften, sondern beliebig aggregierte Wirtschaftseinheiten (Sektoren oder Industrien) betrachtet werden, soll das Verhältnis von (a) zu (c) allgemeiner als „T o t a l p r o - d u k t i v i t ä t" bezeichnet werden.

Oben wurde gezeigt, daß der technische Fortschritt in einer einzelnen Unternehmung — sofern der Produktionsvorgang als ein Prozeß aufgefaßt wird — durch die Zunahme einer Produktivitätsmeßziffer

$$I_\lambda = \frac{\sum x_j p_j}{\sum x_i p_i}$$

definiert werden kann, in der x_j die Endgüter und x_i die Primärgüter bezeichnen. Interpretiert man die hier betrachtete aggregierte Wirtschaftseinheit ebenfalls als einen Prozeß, dann wird die Totalproduktivität formal mit $I\lambda$ identisch. Daraus folgt, daß die Steigerung der Totalproduktivität bei gesamtwirtschaftlicher Betrachtung das Kriterium für den technischen Fortschritt ist, das mit der oben abgeleiteten einzelwirtschaftlichen Definition übereinstimmt. Die Übereinstimmung ist jedoch nur formal, denn ein gesamtwirtschaftlicher Sektor ist im Zeitverlauf Strukturveränderungen unterworfen, die bei seiner Interpretation als ein Prozeß vernachlässigt werden, von denen aber die Totalproduktivität des Sektors ebenso beeinflußt wird wie von den technischen Verbesserungen in den einzelnen Unternehmungen.

Sieht man von dem Einfluß der strukturellen Veränderungen ab, dann würde trotz der formalen Übereinstimmung eine sachliche Übereinstimmung nur dann bestehen, wenn angenommen werden kann, daß das Preissystem immer ein Ausdruck für die bestehenden Knappheitsverhältnisse der Güter ist. Unter den Bedingungen der vollkommenen Konkurrenz erhöht jede neue Produktionsmethode, deren Einführung für eine einzelne Unternehmung gewinnbringend ist, auch den gesamtwirtschaftlichen Produktionsertrag[6]. Denn soll unter diesen Bedingungen eine neue Produktionsmethode den Gewinn einer Unternehmung erhöhen, muß sie eine Kostensenkung und damit eine Freisetzung von Produktionsmitteln ermöglichen; bei vollkommener Konkurrenz werden aber alle freigesetzten Produktionsmittel unmittelbar wieder genutzt, entweder um das Angebot an gleichen Erzeugnissen zu erhöhen oder um eine größere Menge anderer Güter herzustellen. Obwohl also unter den Bedingungen der vollkommenen Konkurrenz alle technischen Verbesserungen auch zu einer Zunahme der gesamtwirtschaftlichen Totalproduktivität führen, ist die Steigerungsrate der Totalproduktivität, wie unten

---

[5] Der Begriff „volkswirtschaftliche Produktivität" ist umstritten. In der neueren Literatur zur Produktivitätsmessung wird zumeist das Verhältnis von Sozialprodukt und Arbeitsaufwand als volkswirtschaftliche Produktivität definiert. Vgl. dazu W. *Huppert*, Volkswirtschaftliche Produktivität, Begriff und Messung, IFO-Studien, 1. Jg. (1955).

[6] Vgl. J. R. *Hicks*, The Theory of Wages, a. a. O., S. 121.

gezeigt wird[7], dennoch nicht die am besten geeignete Maßzahl für die technischen Verbesserungen in den Unternehmungen. Die formale — und unter bestimmten Bedingungen auch sachliche — Übereinstimmung zwischen dem einzelwirtschaftlichen Kriterium für eine technische Verbesserung und der Totalproduktivität bedeutet nicht, daß die Steigerung der Totalproduktivität in einer aggregierten Wirtschaftseinheit auch dem Umfang der einzelwirtschaftlichen Verbesserungen direkt proportional sein müßte.

§ 2. Produktivitätssteigerung ohne zusätzlichen Kapitalaufwand

An dieser Stelle ist auf eine Auffassung einzugehen, die aus der gesamtwirtschaftlichen Gleichsetzung von technischem Fortschritt und zunehmendem Ertrag bei g e g e b e n e n gesamtwirtschaftlichen Ressourcen die am weitesten gehende Konsequenz für die Konzeption des Begriffes „technischer Fortschritt" zieht. Technischer Fortschritt liegt danach nur dann vor, wenn eine Produktivitätssteigerung auf dem Wege der Reinvestition erreicht wird. Anders ausgedrückt: Der ökonomisch relevante Tatbestand des technischen Fortschritts besteht nach dieser Auffassung, die von den deutschen Nationalökonomen besonders *Gestrich*[8] vertreten hat, in einer Zunahme des Produktionsertrages, den eine Unternehmung mit den ihr zur Verfügung stehenden Produktionsmitteln erreichen kann, nur solche technischen Veränderungen stellen einen technischen Fortschritt dar, die ohne zusätzlichen Kapitalaufwand vorgenommen werden können. „Das Wesen der Produktivitätssteigerung durch technischen Fortschritt besteht darin, daß der technische Fortschritt die hierfür erforderliche Mehrerzeugung ohne größeren Kapitalaufwand sichergestellt hat, daß also nicht zu seiner Realisierung neue zusätzliche Investitionen gemacht werden müssen. Er hat sich vielmehr schon im Wege der Reinvestition durchgesetzt in der Weise, daß z. B. bei Ersatz abgenutzter Maschinen die an ihre Stelle tretenden neuen Maschinen zwar nicht mehr kosten als die alten, aber technisch leistungsfähiger sind[9]."

Eine derartige Definition des technischen Fortschritts enthält jedoch erstens nicht die Kriterien, die, wie oben dargelegt worden ist, bei einer einzelwirtschaftlichen Betrachtung der technischen Veränderungen ausschlaggebend sind. Für eine Unternehmung ist die wirtschaftliche Überlegenheit eines Produktionsverfahrens entscheidend, die an dem Nettoertrag gemessen wird, der mit ihm erzielt werden kann. Wirtschaftlich überlegen kann ein Verfahren aber auch dann sein, wenn bei seiner Anwendung von einem Produktionsmittel mehr als bisher verwendet

---

[7] Vgl. hierzu die Darstellung im 5. Kap. § 1.
[8] H. *Gestrich*, Kredit und Sparen, hsg. von W. Eucken, 3. Aufl., Düsseldorf und München 1957.
[9] Ebenda, S. 117.

werden muß und deshalb zu seiner Einführung in einer Unternehmung zusätzliche Investitionen erforderlich sind. Zweitens ist die Beschränkung des technischen Fortschritts auf die Produktivitätszunahme, die auf dem Wege der Reinvestition erreicht werden kann, besonders für eine wachstumstheoretische Konzeption des Begriffes zu eng, sie schließt gerade diejenigen technischen Veränderungen von der Betrachtung aus, von denen der Einfluß der technischen Entwicklung auf den Wachstumsprozeß in erster Linie ausgeht. Denn der Wachstumsprozeß einer Wirtschaft ist vom technischen Fortschritt in doppelter Weise abhängig, einmal wegen seines Einflusses auf die gesamtwirtschaftliche Investitionsrate, zum anderen wegen seines Einflusses auf die Produktivität der Produktionsfaktoren. Dementsprechend lassen sich die im einzelnen sehr unterschiedlichen Vorgänge in den Unternehmungen in zwei Gruppen einteilen: (a) in solche technischen Verbesserungen, die in der betrachteten Wirtschaftseinheit zusätzliche Investitionen veranlassen, und (b) in solche technischen Verbesserungen, die in der betrachteten Wirtschaftseinheit auf dem Wege der Reinvestition durchgeführt werden. In der wachstumstheoretischen Diskussion interessieren besonders die technischen Veränderungen der Gruppe (a); der Zusammenhang zwischen Investitionsrate und technischem Fortschritt steht im Mittelpunkt fast aller wachstumstheoretischen Betrachtungen[10]. Er erscheint deshalb wenig zweckmäßig, bei der Definition des technischen Fortschritts gerade diesen Zusammenhang zu vernachlässigen und den Begriff auf die Fälle der technischen Veränderungen ohne zusätzlichen Kapitalaufwand zu beschränken.

Mit dieser Feststellung soll die tatsächliche Bedeutung des Zusammenhangs zwischen Reinvestition und technischem Fortschritt nicht bestritten werden. In den Forschungs- und Entwicklungsabteilungen der Unternehmungen wird auch in den Perioden, in denen keine neuartigen Produktionsmethoden und Konsumgüter entwickelt werden, fortlaufend gearbeitet, um technisch vervollkommnete oder aber billigere Ausführungen der bisher benutzten Produktionsmittel auf den Markt zu bringen. Durch den höheren technischen Leistungsgrad der verbesserten Produktionsmittel oder durch ihre niedrigeren Angebotspreise wird die vorhandene Kapazität dementsprechend auch bei gleichbleibender Nominalinvestition erhöht. Ebenso wird die Herstellung neuartiger Produktionsmittel und Verbrauchsgüter in einem erheblichen Umfang auf dem Wege der Reinvestition finanziert. Zum Beispiel ist in den Vereinigten Staaten von Amerika der Reinvestitionsbedarf, der für die Aufrechterhaltung der bisherigen Kapazitäten notwendig war, auf nur 60 % der

---

[10] Soweit es sich nicht um rein organisatorische Umstellungen handelt, können auch die Vorgänge der zweiten Gruppe zu einer Erhöhung der gesamtwirtschaftlichen Investitionsrate führen, indem sie in anderen Wirtschaftseinheiten zusätzliche Investitionen induzieren.

tatsächlich zu den Reinvestitionsausgaben gerechneten Beträge geschätzt worden[11]. Gemessen an der Kapazität stellen die restlichen 40 % eine Nettoinvestition dar, die auch in den Statistiken zahlenmäßig zum Ausdruck käme, wenn es üblich wäre, die Kapitalgüter mit ihrem Ertragswert und nicht mit ihrem Kostenwert in die Rechnung einzustellen[12].

Ein statistischer Nachweis für die Ausweitung der Kapazitäten durch die Reinvestition ist schwer zu erbringen, wenn er auch in einzelnen Fällen möglich sein wird. Um den Zusammenhang statistisch zu belegen, wäre — bei entsprechender Definition — die Abnahme des Kapitalkoeffizienten, d. h. des Verhältnisses von Kapitalbestand zur Ausbringung, die adäquate Maßzahl, jedoch ist die Aussagefähigkeit von Kapitalkoeffizienten aus Gründen, auf die unten (vgl. § 5 dieses Kapitels) eingegangen wird, sehr begrenzt. Aber wie hoch die Kapazitätsausweitung ohne zusätzlichen Kapitalaufwand auch angenommen wird, sie ist nicht so beträchtlich, daß daneben der Einfluß, den der technische Fortschritt auf die Nettoinvestitionsrate und damit auf das Kapitalwachstum hat, vernachlässigt werden könnte, das beobachtete Ausmaß des technischen Fortschritts in den Unternehmungen kann nicht ohne zusätzlichen Kapitalaufwand erreicht worden sein[13]. Die Konzeption des technischen Fortschritts muß deshalb sowohl die technischen Veränderungen einschließen, die auf dem Wege der Reinvestition erfolgen, als auch die, die mit Nettoinvestitionen in den betrachteten Unternehmungen verbunden sind. Als gesamtwirtschaftliches Kriterium für den technischen Fortschritt, das sich aus dem Verhältnis von Produktionsertrag und gegebenen Ressourcen ergibt, wird deshalb besser die Steigerung der Totalproduktivität definiert, die auch das Ergebnis zusätzlicher Investitionen reflektiert, sofern die Ertragssteigerung den Kapitalaufwand übertrifft. Die Zunahme der Totalproduktivität ist aber nicht das einzige zutreffende Kriterium für den technischen Fortschritt in einer aggregierten Wirtschaftseinheit, wie im folgenden gezeigt wird, ist die Zunahme der Arbeitsproduktivität von zumindest gleicher Bedeutung.

---

[11] Vgl. H. *Sauermann*, Kapitalbildung und Kapitalverwendung im volkswirtschaftlichen Wachstumsprozeß, in: Kapitalbildung und Kapitalverwendung, Schriften des Vereins für Sozialpolitik, N. F., Bd. 5 (1953), S. 42.

[12] Zu den Problemen der statistischen Ermittlung des Kapitalbestandes, vgl. bes. E. F. *Denison*, Theoretical Aspects of Quality Change, Capital Consumption, and Net Capital Formation, in: Problems of Capital Formation, Concepts, Measurement, and Controlling Factors, Studies in Income and Wealth, vol. 19, Princeton 1957.

[13] In einer Untersuchung über die Kapitalbildung in der westdeutschen Industrie seit 1924 kommt Krengel zu dem Ergebnis, daß „organisatorische Maßnahmen zur Erhöhung der Leistung ... ohne gleichzeitige Steigerung der Kapitalintensität nur in seltenen Fällen möglich (sind)." R. *Krengel*, Die Entwicklung des Anlagevermögens der westdeutschen Industrie von 1924 bis 1955, in: Deutsches Institut für Wirtschaftsforschung (Hsg.), Wirtschaftsforschung und Wirtschaftsführung, Festgabe für Ferdinand Friedensburg, Berlin 1956, S. 134.

§ 3. Höherer Ertrag bei gegebenem Bestand an Arbeitskräften (Arbeitsproduktivität)

Für eine Unternehmung sind alle Produktionsmittel Kostenfaktoren. Die Veränderungen der einzelnen Produktionskoeffizienten, die durch technische Verbesserungen bewirkt werden, sind deshalb prinzipiell gleich bedeutsam, sofern infolge ihrer Veränderung der Nettoertrag v zunimmt. Dementsprechend kann der technische Fortschritt in einer Unternehmung — vorausgesetzt, daß ihre vertikale Struktur gleichbleibt — durch die Zunahme der Gesamtproduktivität, definiert als Verhältnis von Produktionsertrag und gesamtem Produktionsmittelaufwand, gemessen werden. Eine Zunahme der Kennziffer der betrieblichen „Gesamtproduktivität" ist der quantitative Ausdruck für die durch den technischen Fortschritt bewirkten Realkostensenkungen. Bei einer gesamtwirtschaftlichen Betrachtung, insbesondere aber bei der Analyse des Wachstumsprozesses, kommt der analog gebildeten Relation von Produktionsergebnis und gesamten Produktionsfaktoraufwand, der Totalproduktivität, jedoch nicht die gleiche Stellung zu. Der Grund dafür liegt in der unterschiedlichen Bedeutung, die die zu den Aggregaten Arbeit, Kapital und Boden zusammengefaßten Produktionsmittel für den Zusammenhang zwischen technischem Fortschritt und Wachstumsprozeß haben. Der entscheidende Punkt ist der, daß der Bestand an Anlagen und Kapitalgütern in einer wachsenden Wirtschaft nicht in einem absoluten Sinne knapp ist, sondern in Abhängigkeit von ökonomischen Dispositionen ebenfalls wächst. Deshalb ist es offenbar berechtigt, zu den Ressourcen, deren Ausnutzungsgrad bei gesamtwirtschaftlicher Betrachtung durch den technischen Fortschritt erhöht wird, nur die „natürlichen Ressourcen" zu rechnen — d. h. die vorhandenen Arbeitskräfte und alle die Faktoren, die üblicherweise zum Produktionsfaktor „Boden" zusammengefaßt werden —, nicht jedoch den vorhandenen Bestand an Kapital. Die Anlagen und Kapitalgüter, ohne die in entwickelten Volkswirtschaften keine Produktion durchgeführt werden kann, nehmen in diesem Zusammenhang vielmehr eine Sonderstellung ein, sie sind die technischen Hilfsmittel, die den Ausnutzungsgrad der natürlichen Ressourcen bestimmen. Welcher Produktionsertrag mit der vorhandenen Arbeit und den sachlichen Ressourcen jeweils erzielt wird, hängt von der Menge und der Art der vorhandenen Kapitalgüter ab. Die technische Entwicklung bietet immer leistungsfähigere Kapitalgüter und immer neue Möglichkeiten für die Verwendung von Kapitalgütern und macht es auf diese Weise möglich, im Zeitverlauf den Ertrag der Arbeitsleistungen zu steigern[14].

---

[14] "Technology is the principal means for enhancing the return from productive activity in relation to the ultimate cost, human labor time." W. D. *Evans*, Indexes of Labor Productivity as a Partial Measure of Technological Change, a. a. O., S. 34.

Dieser Feststellung steht nicht entgegen, daß auch eine verbesserte Ausbildung der Arbeitskräfte eine Zunahme der Relation zwischen Produktionsertrag und gegebenen Ressourcen bewirken kann. Denn im allgemeinen bedeuten die qualitativen Verbesserungen des Faktors Arbeit — verstanden im Sinne von ausführender Arbeit — eine Anpassung an die technische Entwicklung, die sich im Bereich der Kapitalgüter vollzieht[15]. Soweit andererseits die technische Entwicklung von der Leistungsfähigkeit desjenigen Teils der Arbeitskräfte (einschließlich der Unternehmer) abhängt, dem die planende Tätigkeit im wissenschaftlich-technischen wie im ökonomisch-technischen Bereich obliegt, findet diese Planungsarbeit ihre Konkretisierung ebenfalls im Umfang und in der „Qualität" des vorhandenen Kapitals. Der Bestand an Anlagen und Kapitalgütern bildet den technischen Apparat, an dessen Vergrößerung und Verbesserung der technische Fortschritt gebunden ist.

Wird die Bedeutung der Kapitalbildung in dieser Weise interpretiert und wird ferner berücksichtigt, daß ebenso wie vom Kapitalbestand unter den nötigen Vorbehalten auch von den „Bodenleistungen", insbesondere von den Rohstoffen und Energiequellen gesagt werden kann, daß ihr Bestand durch ökonomische Maßnahmen (im Zusammenhang mit der technischen Entwicklung) beeinflußbar ist, ist es letztlich die vorhandene Arbeitskraft, die der wirtschaftlichen Entwicklung ihre natürlichen Grenzen setzt[16]. Daraus folgt, daß als zweites wesentliches gesamtwirtschaftliches Kriterium für den technischen Fortschritt die Steigerung der statistischen A r b e i t s p r o d u k t i v i t ä t (das Verhältnis von gesamtem Produktionsertrag zum Arbeitsaufwand) definiert werden kann[17]. Die Steigerung der Arbeitsproduktivität ist auch das Kriterium, das beson-

---

[15] Zu einem abweichenden Ergebnis kommt Fabricant. Er schätzt, daß rund ein Drittel der beobachteten Einsparung an Arbeitsstunden pro Produkteinheit der „increased efficiency of labor itself" zugerechnet werden müsse. Fabricant führt diese Leistungssteigerung jedoch weitgehend auf die Verbesserungen der Arbeitsbedingungen, d. h. auf die qualitative Ausstattung der Arbeitsplätze zurück („raffinements of factor building and design"), so daß auch hiernach letztlich der technische Produktionsapparat im weitesten Sinn ausschlaggebend ist. Vgl. F. *Fabricant*, Employment in Manufacturing, 1899 to 1939: An Analysis of its Relation to the Volume of Production, Washington 1942, S. 25.

[16] "In the national economy it is only the labor force which is an unalterable quantity, while capital equipment and raw materials can be secured and augmented by the productive use of labor force without sacrifices in real income per head." L. *Rostas*, Comparative Productivity in British and American Industry, The National Institute of Economic and Research Occasional Papers, No. 13, Cambridge 1948, S. 4.

[17] "In a very broad sense, then, if the effects of technological change are measurable, we might expect a relation with labor productivity." W. D. *Evans*, Indexes of Labor Productivity as a Partial Measure of Technological Change, a. a. O., S. 34. — Ebenso L. *Rostas*, Alternative Productivity Concepts, in: European Productivity Agency (Ed.), Productivity Measurement, vol. I: Concepts, Paris 1955, S. 33; I. H. *Siegel*, Technological Change and Long-Run Forecasting, a. a. O., S. 143.

ders in empirischen Untersuchungen als quantitativer Ausdruck für den technischen Fortschritt interpretiert worden ist. Dafür war nicht nur die dargestellte besondere Bewertung des Faktors Arbeit im Sinne eines „letzten" Kostenfaktors bei gesamtwirtschaftlicher Betrachtung bestimmend, sondern offenbar auch der, daß die ökonomische Problematik des technischen Fortschritts in der Zeit der Weltwirtschaftskrise, in der erstmalig quantitative Bestimmungen des technischen Fortschritts vorgenommen wurden, fast ausschließlich als Frage der Substitution von Arbeitskräften durch Maschinenleistung behandelt worden ist[18]. Die adäquate statistische Maßzahl für den so definierten technischen Fortschritt ist aber (mit den nötigen Einschränkungen hinsichtlich der anderen Einflußfaktoren[19]) die statistische Arbeitsproduktivität.

Es ist nunmehr zu fragen, welches Verhältnis zwischen der Zunahme der Arbeitsproduktivität in einer aggregierten Wirtschaftseinheit und dem oben definierten einzelwirtschaftlichen Tatbestand des technischen Fortschritts besteht. Es ist offensichtlich, daß hier nur ein mittelbarer Zusammenhang gegeben sein kann. Die technischen Verbesserungen in den Unternehmungen sind nicht auf die Fälle beschränkt, in denen, auf die Einheitsmenge der Ausbringung bezogen, eine Einsparung an Arbeitskräften erzielt wird, sondern bestehen auch in der Anwendung von Prozessen, die im Vergleich zu anderen weniger Kapital, Material oder Energie verbrauchen[20]. Für einzelne, besonders kapitalintensive Unternehmungen und ebenso für solche, die besonders hochwertige Rohstoffe verarbeiten, wird deshalb auch die Arbeitsproduktivität keine besonders ausgezeichnete Kennzahl sein. Werden jedoch nicht einzelne Unternehmungen, sondern alle zu einer aggregierten Wirtschaftseinheit gehörenden Unternehmungen betrachtet, dann läßt sich andererseits sagen, daß unter allen technischen Verbesserungen, die in den Unternehmungen

---

[18] Vgl. z. B. St. *Varga,* Über die Messung der Erfolge des technischen Fortschritts und der Rationalisierung in der Industrie, a. a. O.; W. *Bauer,* Technischer Fortschritt und Produktivität, a. a. O.; ferner E. *Lederer,* Technischer Fortschritt und Arbeitslosigkeit, Tübingen 1931; A. H. *Hansen,* Institutional Frictions and Technological Unemployment, The Quarterly Journal of Economics, vol. 45 (1930/31); M. *Bouniatian,* Technical Progress and Employment, International Labor Review, vol. 27 (1933); N. *Neisser,* „Permanent" Technological Unemployment, The American Economic Review, vol. 32 (1942).

[19] Zu den Einschränkungen, die bei einer Messung des technischen Fortschritts durch Indexzahlen der Arbeitsproduktivität gemacht werden müssen, vgl. Kap. 5.

[20] "From the viewpoint of an enterprise... it would be equally reasonable to estimate production per ton of raw materials or per kilowatt-hour of electrical energy and so on." E. *Ruist,* Productivity, Efficiency, and Wages, in: EPA (Ed.), Productivity Measurement, a. a. O., S. 82. Dieser Punkt wird auch von H. *Kienzl,* Das Problem des zwischenbetrieblichen Vergleichs der „Arbeitsproduktivität" in der industriellen Massenfertigung, Zeitschrift für Betriebswirtschaft, 22. Jg. (1952), betont.

unter dem Gesichtspunkt der Gewinnmaximierung vorgenommen werden, diejenigen bei weitem überwiegen, die zu einer Verbesserung des Verhältnisses von Ertrag zu Arbeitsaufwand führen.

Das wird von den vorliegenden empirischen Ermittlungen vollauf bestätigt. So haben z. B. die durchschnittlichen jährlichen Wachstumsraten der verschiedenen Produktivitätsrelationen in 33 amerikanischen Industriezweigen von 1899 bis 1953 betragen (in Prozent)[21]:

Produktionsertrag (Output) je Einheit des
- Arbeitsaufwandes (a)   2,4
- Kapitalaufwandes (b)   1,3
- Gesamtaufwandes (a + b)   2,0

Für die Gesamtwirtschaft der USA sind die entsprechenden Wachstumsraten für die Ausbringung je Einheit des Arbeitsaufwandes mit 1,9 und je Einheit des Kapitalaufwandes mit 1,1 Prozent jährlicher Steigerung berechnet worden. Das gleiche Ergebnis zeigt eine Untersuchung, die von *Leontief* anhand der von ihm aufgestellten Input-Output-Tabellen der Jahre 1919, 1929 und 1939 für die Vereinigten Staaten durchgeführt worden ist[22]. Leontief vergleicht insbesondere die Veränderungen der Koeffizienten für den Arbeitsaufwand pro Ausbringungseinheit (= labor coefficients) mit denen für die übrigen Aufwendungen an Material, Energie, Transportleistungen (= non-labor coefficients)[23]. Werden die prozentualen Veränderungen der einzelnen Koeffizienten nach der relativen Bedeutung der jeweiligen Input-Faktoren gewichtet, dann beträgt der Durchschnittswert der prozentualen Veränderungen für:

	1919—29	1929—39
alle Koeffizienten	— 14	— 11
alle „non-labor coefficients"	6	3
alle „labor-coefficients	— 36	— 16

Das Beispiel zeigt deutlich, daß bei der Betrachtung aggregierter Wirtschaftseinheiten die technischen Verbesserungen, die eine Zunahme der Arbeitsproduktivität bewirken, auch verglichen mit denen, die sich in einer Veränderung der „Sachproduktivität" zeigen, bei weitem überwiegen. Insofern besteht also auch zwischen der Steigerung der gesamtwirtschaftlichen Arbeitsproduktivität und den technischen Verbesserungen in den Unternehmungen, die den ökonomisch bedeutsamen Tatbestand des technischen Fortschritts bilden, ein zwar nicht unmittelbarer, aber doch sehr enger Zusammenhang.

Das starke Überwiegen der sog. „arbeitssparenden Erfindungen" findet seine Begründung in einem Umstand, der mit der technischen Entwicklung selbst aufs engste verknüpft ist. Indem diese Entwicklung

---

[21] Nach J. W. *Kendrick*, Productivity Trends: Capital and Labor, a. a. O., S. 251. Die Zahlen sind als gewogene Durchschnitte berechnet.
[22] W. *Leontief*, Structural Change, a. a. O., S. 17 ff.
[23] W. *Leontief*, ebenda, S. 28 ff. (die Tabellen enthalten keine Angaben über den Kapitalaufwand).

die Ergiebigkeit des Produktionsprozesses steigert, besteht eine Tendenz zur fortlaufenden Erhöhung des Reallohnsatzes. Da bei wachsendem Gesamteinkommen und langfristig annähernd konstanter Sparquote[24] die absolute Sparrate ebenfalls ständig wächst, bleibt der Zinssatz relativ konstant. Die daraus resultierende langfristige Entwicklung der relativen Faktorpreise veranlaßt die Anwendung immer kapitalintensiverer Verfahren, was wiederum die Grenzproduktivität der Arbeit und damit den Reallohn erhöht. In Übereinstimmung mit dieser Entwicklung sind die technischen Neuerungen in den Unternehmungen in überwiegendem Maß solche gewesen, die auf eine Verringerung des Arbeitsaufwandes pro Produkteinheit bei gleichbleibendem oder erhöhtem Kapitaleinsatz hinzielten. Diese Tendenz der langfristigen Entwicklung ist von verschiedenen Autoren, u. a. von *Pigou* und *Hicks,* betont worden[25]. Hicks hat sie damit begründet, daß die sogenannten autonomen Erfindungen sowohl arbeitssparend als auch kapitalsparend sein können, ohne daß über den Anteil der beiden Arten von Erfindungen genauere Angaben gemacht werden könnten. Geht man, nach Hicks, von der Annahme einer Normalverteilung zwischen arbeitssparenden und kapitalsparenden autonomen Erfindungen aus und berücksichtigt, daß die durch die langfristige Preisentwicklung induzierten Erfindungen, wie oben dargelegt, fast durchweg arbeitssparend sind, kommt man zu dem Ergebnis, daß der größte Teil aller Erfindungen arbeitssparend sein muß[26].

Sieht man von der besonderen Stellung des gesamtwirtschaftlichen Produktionsfaktors Arbeit im Verhältnis zu den anderen Produktionsfaktoren ab, dann ist die Arbeitsproduktivität nur eine von den möglichen statistischen „Teilproduktivitäten", die man erhält, wenn der Produktionsertrag einer Wirtschaftseinheit nicht auf den gesamten Pro-

---

[24] Die Annahme, daß die Sparquote, d. h. der prozentuale Anteil der gesamtwirtschaftlichen Ersparnis am Volkseinkommen, langfristig wenig Veränderungen zeigt, ist für die Vereinigten Staaten von Amerika durch die Berechnungen von Kuznets nachgewiesen worden. Nach seinen Angaben (vgl. S. *Kuznets,* National Product Since 1869, New York 1946, S. 119) hat die Sparquote in den Vereinigten Staaten zwischen 1875 und 1918 bei einem durchschnittlichen Wert von 14 % zwischen 16 % und 13 % geschwankt. Vgl. G. *Bombach,* Zur Theorie des wirtschaftlichen Wachstums, Weltwirtschaftliches Archiv, Bd. 70 (1953 I), S. 149.

[25] "The general tendency to a more rapid increase of capital than labour which has marked European history during the last four centuries has naturally provided a stimulus to labour-saving invention." *Hicks,* The Theory of Wages, a. a. O., S. 123; A. C. *Pigou,* The Economics of Welfare, 2. Aufl. London 1924, S. 632 ff.

[26] Der hier behandelten Problemstellung entsprechend ist in diesem Zusammenhang allerdings von der Entwicklung neuartiger Konsumgüter abgesehen worden. Nach einer Untersuchung von *Gilfillan* (zit. bei *Douglas,* The Theory of Wages, New York 1934, S. 214) sollen von den 120 „most important inventions" bis 1934 45 % „development of consumers goods" und 33 % „labor saving" gewesen sein.

duktionsfaktoraufwand sondern auf den Aufwand der einzelnen Produktionsfaktoren Arbeit, Kapital und Bodenleistungen bezogen wird. Neben der Arbeitsproduktivität läßt sich in dieser Weise die Kapitalproduktivität (gesamter Ertrag zu Kapitalaufwand) und die Sachproduktivität (gesamter Ertrag zu Material- und/oder Energieaufwand) definieren[27]. Werden die „Teilproduktivitäten" empirisch ermittelt — die statistischen Erhebungsprobleme brauchen hier nicht zu interessieren —, dann besagt die Zunahme einer jeden dieser Produktivitätsmeßzahlen, daß für die Produktion einer Einheit des Produktionsertrages von dem jeweils betrachteten Faktor im Durchschnitt weniger aufgewendet worden ist. Die Zunahme drückt also einen in bestimmter Richtung erreichten Rationalisierungseffekt aus — Rationalisierung hier im Sinne von Faktorersparnis verstanden —, so daß die in dieser Weise gebildeten Produktivitätsindices als partielle Maßzahlen für den technischen Fortschritt interpretiert werden können. Jede kommt als Maßzahl für einen bestimmten Teilaspekt der technischen Entwicklung in Betracht. Dabei nimmt jedoch die Arbeitsproduktivität eine Sonderstellung ein, ihre Steigerungsraten sind, wie die oben angeführten Zahlen zeigen, durchweg am größten. Die Bedeutung der beiden anderen Teilproduktivitäten als Kriterien und Maßzahlen für den in einer aggregierten Wirtschaftseinheit erfolgten technischen Fortschritt ist dagegen, wie in den folgenden Paragraphen gezeigt wird, weitaus geringer.

§ 4. Höherer Ertrag bei gegebenem Bestand an sachlichen Produktionsmitteln (Sachproduktivität)

Das Verhältnis von Produktionsertrag und sachlichem Produktionsmittelaufwand wird im allgemeinen nur als betriebliche Kennziffer für die Zwecke von inner- und zwischenbetrieblichen Kostenvergleichen ermittelt, für makroökonomische Analysen kommt es hingegen — von speziellen Fragestellungen, z. B. im Zusammenhang mit den Problemen des Außenhandels, abgesehen — weniger in Betracht. Dementsprechend wird die sogenannte „Sachproduktivität" im Vergleich zu den anderen Produktivitätsrelationen in gesamtwirtschaftlichen Untersuchungen auch weniger beachtet.

---

[27] Produktivität ist hier wieder nur im Sinne des statistischen Produktivitätsbegriffes, d. h. als bloße Verhältniszahl und nicht im Sinne einer Eigenschaft des Produktionsfaktors zu verstehen. Die Veränderungen einer statistischen Produktivitätsrelation besagen nichts über die Leistungsfähigkeit des im Nenner erfaßten Produktionsfaktors. Der gesamte Produktionsertrag im Zähler ist das Ergebnis des Zusammenwirkens aller Produktionsfaktoren, und zwar einschließlich der Leistung des Unternehmers, die in der üblichen Produktivitätsberechnung grundsätzlich nicht berücksichtigt wird, hier aber besonders betont werden muß. Eine Veränderung des Produktionsertrages im Verhältnis zu einem Produktionsfaktor kann von jedem der einzelnen Produktionsfaktoren bewirkt sein.

Einer der Gründe dafür ist offenbar der, daß spürbare Rohstoff- und Energieverknappungen nur in Krisenzeiten bzw. infolge exogen bestimmter Störungen, wie z. B. infolge von Einfuhrbeschränkungen, auftreten[28]. Unter den Bedingungen einer normalen wirtschaftlichen Entwicklung ist die Menge der verbrauchten Rohstoffe ebenso wie die genutzte Energiemenge eine Größe, die in Abhängigkeit von der Ausbringungsmenge wächst. Oben wurde bereits erwähnt, daß der Bestand an „Bodenleistungen", insbesondere der Bestand an Rohstoffen und Energienutzungen, durch ökonomische Maßnahmen insofern beeinflußbar ist, als laufend neue Rohstofflager oder Energiequellen erschlossen werden. Außerdem ist es eine der wesentlichen Komponenten der technischen Entwicklung, daß sie die Menge der verfügbaren sachlichen Ressourcen durch die Entwicklung neuartiger Werkstoffe, vor allem aber durch die Entwicklung neuer Energieformen ständig vergrößert[29]. Daraus folgt aber, daß Indexzahlen, die die Steigerung der Sachproduktivität messen, als Maßzahlen für den in einer aggregierten Wirtschaftseinheit insgesamt ermittelten technischen Fortschritt nicht verwendet werden können.

Hinzu kommt, daß sich für aggregierte Wirtschaftseinheiten wegen der Heterogenität der Bezugsgrößen auch nur schwer ein allgemeiner Index der Sachproduktivität berechnen läßt, so augenfällig Material- und Energieeinsparungen in einzelnen Fällen auch sind, und obwohl gerade derartige Größen — es handelt sich zumeist um technische Leistungsangaben — für einzelne Aggregate sehr exakt berechnet werden können. Gesamtwirtschaftliche Angaben dieser Art liegen hauptsächlich nur für den Energieverbrauch vor, der neuerdings einheitlich in Steinkohleneinheiten ausgedrückt wird. So hat sich z. B. nach Berechnungen des Deutschen Instituts für Wirtschaftsforschung in der Industrie der Bundesrepublik der in Tonnen Steinkohleneinheiten gemessene Energieverbrauch je 1 Mill. DM Nettoproduktionswert von 1950 bis 1955 um 11,6 Prozent verringert[30]. Daraus kann auf ein erhebliches Ausmaß von

---

[28] Z. B. wird von Fourastié betont, daß von Ausnahmezeiten abgesehen, „zwischen 1800 und 1940... nirgendwo der Mangel an Rohstoffen die Produktivität begrenzt" hat. Vgl. J. *Fourastié*, Die große Hoffnung des zwanzigsten Jahrhunderts, a. a. O., S. 45.

[29] Zur Würdigung dieser Entwicklung vgl. E. *Salin,* Die neue Etappe der industriellen Revolution, in: H. W. Zimmermann (Hsg.), Zur Ökonomik und Technik der Atomzeit, Veröffentlichungen der List Gesellschaft e. V., Bd. 3, Tübingen 1957, S. 97, bes. S. 103 ff.

Die Entwicklung neuartiger sachlicher Ressourcen durch technischen Fortschritt ist von der ökonomischen Verwertung bisher ungenutzter Bodenschätze und Energiequellen zu unterscheiden, die von einigen Autoren, wie von Hansen und Schumpeter, als selbständiger Bestimmungsgrund des wirtschaftlichen Wachstums neben der technischen Entwicklung behandelt wird. Vgl. A. H. *Hansen,* Fiscal Policy and Business Cycles, a. a. O., bes. S. 352; J. A. *Schumpeter,* Business Cycles, vol. I, a.a. O., S. 6 ff. und S. 72 ff.

[30] R.*Krengel* u. K. *Koch,* Die Entwicklung des Energieverbrauchs der westdeutschen Industrie, a. a. O., S. 238.

spezifischen technischen Verbesserungen in den Unternehmungen geschlossen werden. Im gleichen Zeitraum ist aber das Verhältnis des Arbeitsaufwandes, gemessen in Arbeitsstunden, zum Nettoproduktionswert um 28,6 Prozent gesunken[31], was offenbar ein wesentlich größeres Ausmaß an arbeitssparenden technischen Verbesserungen anzeigt und deshalb auch mehr über die Größe des allgemeinen Fortschritts der Produktionstechnik in dem betrachteten Zeitraum aussagt.

Einsparungen an Material und Einsparungen an Arbeitskraft stehen überdies oft in einem Konkurrenzverhältnis, d. h. Einsparungen bei einem Faktor sind in solchen Fällen nur bei einem erhöhten Verbrauch von Leistungen des anderen möglich[32]. Auch das beeinträchtigt die Aussagemöglichkeiten eines Index der Sachproduktivität hinsichtlich des in einer Wirtschaftseinheit erreichten Fortschritts, denn unter gesamtwirtschaftlichen Gesichtspunkten wird das größere Gewicht auf die Einsparungen an Arbeitskraft gelegt werden müssen. Die Sachproduktivität als makroökonomische Relation ist deshalb weniger bedeutsam als die Arbeitsproduktivität, ebenso hat sie auch nicht die gleiche Bedeutung wie die Kapitalproduktivität, die im nächsten Paragraphen behandelt wird.

§ 5. Der Kapitalkoeffizient (Kapitalproduktivität)

Mit den Arbeiten von *Harrod* und *Domar*[33] hat eine Entwicklung der wachstumstheoretischen Diskussion begonnen, in der es üblich geworden ist, den technischen Fortschritt fast nur noch im Zusammenhang mit dem sogenannten Kapitalkoeffizienten zu sehen. Der Kapitalkoeffizient ist definiert als das Verhältnis des Kapitalbestandes oder Kapitalstocks, der notwendig ist, um eine bestimmte Ausbringung zu produzieren, zu dieser Ausbringung[34]. Unter der Annahme eines konstanten Ausnutzungsgrades der Anlagen und bei unveränderter Produktionstechnik ist die Kapitalnutzung (= Kapitalaufwand) einer Periode dem Kapitalbestand proportional, so daß auch der Kapitalkoeffizient als Produk-

---

[31] Vgl. 6. Kap. § 2.
[32] Vgl. hierzu L. *Rostas*, Comparative Productivity in British and American Industry, a. a. O., S. 2.
[33] R. F. *Harrod*, An Essay in Dynamic Theory, The Economic Journal, vol. 49 (1939); sowie *derselbe*, Towards a Dynamic Economics, Some Recent Developments of Economic Theory and Their Application to Policy, London 1954 (Neudruck); E. D. *Domar*, Capital Expansion, Rate of Growth, and Employment, Econometrica, vol. 14 (1946); *derselbe*, Expansion and Employment, The American Economic Review, vol. 37 (1947); *derselbe*, The Problem of Capital Accumulation, The American Economic Review, vol. 38 (1948).
[34] Eine umfassende Darstellung aller mit dem Kapitalkoeffizienten zusammenhängenden Probleme unter sowohl theoretischen als auch empirischen Aspekten gibt W. *Fellner*, Long-Term Tendency in Private Capital Formation: The Rate of Growth and Capital Coefficients, in: Long-Range Economic Projection, Studies in Income and Wealth, vol. 16, Princeton 1954.

tivitätsmaßzahl interpretiert werden kann³⁵. Veränderungen des Kapitalkoeffizienten und Veränderungen der oben definierten **Kapitalproduktivität** sind unter diesen Voraussetzungen übereinstimmende Größen, die allerdings in einem reziproken Verhältnis zueinander stehen.

Zwischen dem Kapitalkoeffizienten und dem technischen Fortschritt besteht zweifellos ein enger Zusammenhang. Die technische Entwicklung vollzieht sich vornehmlich im Bereich des Anlagekapitals, der technische Fortschritt ist deshalb weitgehend mit der Vergrößerung und Verbesserung des Kapitalbestandes verbunden, was sich in Einzelfällen auch in einer erhöhten Kapitalproduktivität zeigen muß. Dennoch ist der Zusammenhang zwischen dem technischen Fortschritt und dem Kapitalkoeffizienten keineswegs eindeutig oder leicht zu übersehen, so daß es auch nicht möglich ist, den Kapitalkoeffizienten als eine Maßzahl für den technischen Fortschritt in einer aggregierten Wirtschaftseinheit zu interpretieren. Es wäre zwar naheliegend, den Tatbestand des technischen Fortschritts definitorisch auf den Fall einer Steigerung der Kapitalproduktivität zu beschränken, so daß die prozentuale Verringerung des Kapitalkoeffizienten als Maßzahl für den so definierten technischen Fortschritt in Betracht käme. Eine solche definitorische Beschränkung ist aber mit den üblichen Definitionen des technischen Fortschritts nicht ohne weiteres in Einklang zu bringen und außerdem für die Analyse der empirischen Wachstumsvorgänge unzweckmäßig. Verbesserungen der Produktionstechnik und damit technischer Fortschritt können auch dann vorliegen, wenn mehr Kapital pro Ausbringungseinheit gebraucht wird, sofern die Totalproduktivität (oder auch nur die Arbeitsproduktivität) gleichzeitig zunimmt. Das kommt in dem von *Harrod* eingeführten Klassifikationsschema der „Erfindungen" deutlich zum Ausdruck³⁶. Danach wird zwischen kapitalverwendendem („capital using"), kapitalsparendem („capital saving") und neutralem technischem Fortschritt unterschieden, je nachdem, ob der Kapitalstock in einer Periode (bei konstantem Zinsfuß) zunimmt, abnimmt oder gleichbleibt³⁷. Schon die Tatsache, daß diese drei Fälle unterschieden werden

---

[35] Daß der Kapitalkoeffizient zugleich eine Produktivitätsrelation darstellt, ist besonders von Domar betont worden, der den reziproken Wert des Koeffizienten als die „potential social average productivity of investment" bezeichnet. Dabei ist berücksichtigt, daß neue Kapitalgüter möglicherweise die Ausbringungsrate der bisherigen Kapitalausstattung reduzieren. Vgl. E. D. *Domar,* Expansion and Employment, a. a. O., S. 39.

[36] Harrod benutzt den Terminus „inventions", womit aber, wie seine Argumentation zeigt, tatsächlich „innovations" gemeint sind.

[37] R. F. *Harrod,* Towards a Dynamic Economics, a. a. O., S. 22 ff., bes. S. 26.

[38] Harrod unterstellt, daß die Summe aller „Erfindungen" einer Periode im Sinne der obigen Definition neutral ist, so daß der Kapitalkoeffizient als konstant angenommen werden darf (vgl. R. F. *Harrod,* Towards a Dynamic Economics, a. a. O., bes. S. 28). Im Grunde handelt es sich hierbei jedoch nur um eine Annahme, die die „klassische" Hypothese von der abnehmenden Grenzproduktivität der Investitionen für die Zwecke der langfristigen Gleich-

können, macht deutlich, daß die Veränderungen des Kapitalkoeffizienten bzw. der Kapitalproduktivität zwar als Klassifikationsmerkmal für den vorherrschenden Charakter der Erfindungen einer Periode verwendet werden können, daß sie aber keinesfalls als Maß für den technischen Fortschritt in Betracht kommen, solange angenommen werden muß, daß alle Arten von „Erfindungen" in einer Periode auftreten[38].

Kapitalkoeffizienten sind empirisch nur schwer zu bestimmen. Soweit derartige Berechnungen vorliegen, lassen sie — besonders wenn der unumgänglich hohe Fehlergehalt der Berechnung berücksichtigt wird — keine eindeutigen Schlüsse zu. In der neueren Literatur wird allerdings allgemein angenommen, daß der Wert des Kapitalkoeffizienten langfristig konstant bleibt, wie es die Entwicklung des für die Wirtschaft der Vereinigten Staaten berechneten Kapitalkoeffizienten auch zeigt (vgl. die folgende Tabelle).

Die Veränderungen, die die Werte der Tabelle zeigen, werden von *Goldsmith* auf die zyklischen Schwankungen des Nationalprodukts zurückgeführt (wie überhaupt der Aussagewert aller empirischen Kapitalkoeffizienten durch die fehlende Berücksichtigung der unterschiedlichen Kapazitätsausnutzung beeinträchtigt wird). Das gilt besonders für die Werte der Dekade von 1930—1939. Auch die offensichtliche Abnahme nach 1940 wird, so z. B. von *Domar*[39], mit einer intensiveren Ausnutzung der Produktionsanlagen in Verbindung gebracht. So ungenau alle diese Feststellungen auch sind, auf keinen Fall zeigt sich in den Zahlen (zumindest bis 1939) ein eindeutiger Trend. Eine gleichmäßige Zunahme von Kapitalbestand und Einkommen steht aber im Widerspruch zu der

---

gewichtsanalyse durch die Hypothese einer konstanten Grenzproduktivität ersetzt. Wenn Harrods Annahme anscheinend auch durch die beobachtete relative Konstanz des empirisch ermittelten Kapitalkoeffizienten bestätigt wird, so dürfen aber aus den empirisch ermittelten Werten für den Kapitalkoeffizienten keine zu weitgehenden Schlüsse gezogen werden. Ex post ist der Zuwachs zum Kapitalstock gleich der Ersparnis. Folglich könnte ein konstantes Verhältnis zwischen Kapitalstock und Ausbringung auch die Folge einer im allgemeinen konstanten gesamtwirtschaftlichen Sparrate sein und eine Entwicklung überdecken, die in ihren einzelnen Phasen durchaus nicht störungsfrei verlaufen sein muß. Deshalb kann mit gleicher Berechtigung angenommen werden, daß der technische Fortschritt an sich a n e u t r a l ist, daß aber die konjunkturellen Schwankungen des Wirtschaftsablaufs die Ausnutzung neuer technischer Möglichkeiten in der Weise steuern, daß ein zeitlicher Ausgleich der unregelmäßig auftretenden Erfindungen und ihres unterschiedlichen Einflusses auf die Kapitalbildung erfolgt. Die Behandlung des technischen Fortschritts durch Harrod ist deshalb auch vielfach als unbefriedigend kritisiert worden. "We shall not learn much about business cycles by treating technological change as a random disturbance, as does Tinbergen, by ignoring it, as (in effect) does Harrod,..." R. A. *Gordon*, Discussion to A. H. Hansen: Toward a Dynamic Theory of the Cycle, The American Economic Review, vol. 42 (1952), S. 100.
[39] E. D. *Domar*, Die gegenseitigen Beziehungen zwischen Kapital und Ausstoß in der amerikanischen Wirtschaft, Zeitschrift für Nationalökonomie, Bd. 15 (1955), S. 118.

Entwicklung des Kapitalkoeffizienten in den Vereinigten Staaten von Amerika

Jahr	Anlagekapitala) zu Netto-Nationalprodukt (gleitende Dekadendurchschnitte)	Abweichungen der Dekadenwerte v. arithmetischen Mittel
1899	2,52	+ 0,14
1904	2,46	+ 0,08
1909	2,64	+ 0,26
1914	2,53	+ 0,15
1919	2,48	+ 0,10
1924	2,50	+ 0,12
1929	2,84	+ 0,46
1934	2,88	+ 0,50
1939	2,15	— 0,23
1944	1,71	— 0,67
1949	1,53	— 0,85

a) Structures and Producers Equipment.
Quelle: R. Goldsmith, The Growth of Reproducible Wealth of the United States of America from 1805 to 1950, in: Income and Wealth of the United States, Trends and Structures, Cambridge (Mass.) 1952, S. 297.

augenfälligen Tatsache, daß der Leistungsgrad der e i n z e l n e n Kapitalgüter während der letzten 50 Jahre durchweg erheblich verbessert werden konnte.

Hieraus ergibt sich eine Frage, deren vollständige Klärung bisher noch aussteht. Im vorliegenden Zusammenhang ist besonders auf einen Punkt hinzuweisen, der möglicherweise zur Erklärung herangezogen werden kann, daß nämlich auch die im Ergebnis „kapitalsparenden Erfindungen" zu ihrer Entwicklung und Einführung in den meisten Fällen zusätzliche Investitionen benötigen[40]. Entscheidend aber ist, und das muß im Hinblick auf die hier behandelte Problemstellung betont werden, daß die technische Entwicklung in den wirtschaftlichen Wachstumsprozeß eingebettet ist und daß deshalb die Anwendung leistungsfähigerer und somit pro Ausbringungseinheit kapitalsparender „Erfindungen" in den Unternehmungen nicht isoliert von dem Gesamtprozeß der Kapitalbildung betrachtet werden kann. Das empirisch beobachtete Verhältnis von Kapitalbestand und Produktionsertrag ist das Ergebnis des Wachstumsprozesses und des Zusammenwirkens aller seiner verschiedenen Komponenten. So steht im Wachstumsprozeß der Entwicklung neuer Produktionsmethoden auf der einen Seite die Entwicklung neuer

---

[40] "An invention may be capital-saving once in place, but the innovation based on it may nevertheless be capital-absorbing during the gestation period." B. *Higgins,* Towards a Dynamic Economics (Review Article), The Economic Records, vol. 24 (1948), S. 177.

Produkte und die Ausweitung der Produktion auf der anderen Seite gegenüber; die laufend bei einzelnen Produktionsverfahren erzielte Kapitaleinsparung wird durch die gleichzeitige Expansion der gesamten Kapitalbildung überdeckt[41]. Der Kapitalbedarf pro Ausbringungseinheit ist, gesamtwirtschaftlich gesehen, nicht nur von den technischen Bedingungen der einzelnen Prozesse, sondern auch von der Struktur der Ausbringung und damit von einer Verhaltensrelation abhängig[42].

Es bleibt zu fragen, ob sich der behauptete Zusammenhang zwischen der ständigen Verbesserung des Kapitalbestandes und dem dementsprechend niedrigeren Kapitalbedarf pro Ausbringungseinheit nicht nachweisen läßt, wenn an Stelle der sehr globalen Werte für die gesamte Wirtschaft (wie in der obigen Tabelle) Kapitalkoeffizienten für den industriellen Sektor allein berechnet werden. Von dem gesamten Kapitalbestand einer Volkswirtschaft ist der weitaus überwiegende Teil außerhalb des industriellen Sektors gebunden, nämlich im Wohnungsbau, in den Verkehrsmitteln (Eisenbahnen), in der Landwirtschaft, im Handel und in der Energieerzeugung[43]. Offensichtlich sind das aber größtenteils Wirtschaftszweige, an die im allgemeinen nicht gedacht ist, wenn von der Verbesserung des gegebenen Kapitalbestandes gesprochen wird. Zeitreihen zur langfristigen Entwicklung von Kapitalkoeffizienten für den industriellen Sektor allein sind nicht verfügbar. Für die Zeit von 1899 bis 1922 hat *Douglas* geschätzt, daß der Index für das Verhältnis des industriellen Anlagevermögens zum Produktionswert der verarbeitenden Industrie („manufacturing") in den Vereinigten Staaten von Amerika von 100 auf 180 gestiegen ist[44]. Neuerdings hat *Krengel* für die Industrie der Bundesrepublik das Verhältnis von Anlagevermögen und Netto-Produktionswert aus der Zeit nach 1948 mit dem von 1936 verglichen (vgl. die folgende Tabelle). Er zieht aus den von ihm berechneten Zahlen ebenfalls den Schluß, daß die beobachteten Schwankungen vollständig durch die unterschiedliche Anlageausnutzung im Konjunkturverlauf erklärt werden können. „Die ... theoretisch denk-

---

[41] Mit einem ähnlichen Argument begründet Krengel die beobachtete Konstanz des empirischen Kapitalkoeffizienten. Nach seiner Darstellung wird die durch den technischen Fortschritt gesteigerte Produktivität des Anlagevermögens durch die Entwicklung neuer Produkte an den „Käufer" weitergegeben. Vgl. R. *Krengel*, Die Entwicklung des Anlagevermögens, a. a. O., S. 127.
[42] Allgemein wird die Ansicht vertreten, daß der Kapitalbedarf pro Ausbringungseinheit zu Beginn der Industrialisierungsperiode wesentlich größer war, so daß die Wachstumsrate des Kapitals zunächst die des Einkommens überstieg. Vgl. S. *Kuznets*, Bevölkerung, Einkommen und Kapital, Zeitschrift für Nationalökonomie, Bd. 15 (1955), S. 18.
[43] Vgl. z. B. R. N. *Grosse*, The Structure of Capital, in: W. Leontief (Ed.), Studies in the Structure of the American Economy, a. a. O., S. 185 ff. bes. S. 225. Danach entfielen in den U. S. A. 1939 auf die genannten Wirtschaftszweige über 60 % des gesamten fixen Kapitals ("fixed capital stock").
[44] P. *Douglas*, The Theory of Wages, a. a. O., S. 130.

Anlagevermögen, Kapitalkoeffizient und Ausnutzungsgrad des Anlagevermögens in der westdeutschen Industrie 1936 und 1948 bis 1955

Jahr	Anlagevermögen Mrd. DM zu Preisen von 1950	Kapitalkoeffizient	Ausnutzungsgrad des Anlagevermögens in v. H. der jeweiligen Anlagen
1936	26,3	0,729	85
1949	29,8	0,911	68
1950	31,9	0,784	79
1951	34,8	0,720	86
1952	38,0	0,739	84
1953	41,6	0,736	84
1954	45,9	0,726	85
1955	51,2	0,704	88

Quelle: R. Krengel, Die Entwicklung des Anlagevermögens der westdeutschen Industrie von 1924 bis 1955, a. a. O., S. 129/130.

bare Annahme, der Produktionseffekt der Anlagen nehme dank des technischen Fortschritts langfristig zu, kann jedenfalls empirisch nicht bewiesen werden[45]." Daraus folgt, daß sich aus den Veränderungen des Kapitalkoeffizienten allein keine Aussage über die Fortschrittsrate der Produktionstechnik ableiten läßt. Damit verbietet es sich zugleich, den Kapitalkoeffizienten bzw. seinen reziproken Wert, die (statistische) Kapitalproduktivität, als Maßzahl für den technischen Fortschritt zu benutzen.

Die Betrachtung der einzelnen Produktivitätsrelationen führt folglich zu dem Ergebnis, daß als mögliche Maßzahlen für den technischen Fortschritt in aggregierten Wirtschaftseinheiten im wesentlichen nur die Totalproduktivität und die Arbeitsproduktivität in Betracht kommen. Diese beiden Produktivitätsrelationen werden dementsprechend im folgenden Kapitel eingehender behandelt.

---

[45] R. *Krengel,* Die Entwicklung des Anlagevermögens, a. a. O., S. 132.

Fünftes Kapitel

Der Einfluß des technischen Fortschritts auf das Verhältnis von Produktionsertrag und Arbeitsaufwand

§ 1. „Arbeitsproduktivität" und „Totalproduktivität"

Von den makroökonomischen Kriterien für den technischen Fortschritt, die im vierten Kapitel behandelt worden sind, waren die Totalproduktivität und die Arbeitsproduktivität diejenigen, die, wie gezeigt wurde, für die Definition einer Maßzahl für die Fortschrittsrate in einer aggregierten Wirtschaftseinheit in Betracht kommen. Die Steigerung der Totalproduktivität wird durch eine Verhältniszahl (im folgenden als λ_T bezeichnet) gemessen, die — im Prinzip — den Produktionsertrag auf die Summe des Aufwandes an allen Produktionsfaktoren bezieht. Wird also der Arbeitsaufwand mit A, der Kapitalaufwand mit K und der Material- und Energieaufwand mit B bezeichnet, dann ist

$$\lambda_T = \frac{P}{A + K + B}$$

Da in makroökonomischen Untersuchungen der Boden zum Kapital hinzugerechnet (oder aber vernachlässigt) wird[1], kann die Verhältniszahl für die Totalproduktivität auch in der Form

$$\lambda_T = \frac{P}{A + K}$$

gebildet werden. Für die folgende Betrachtung, in der die praktische Berechnung der Totalproduktivität nicht weiter diskutiert wird, wird der zuletzt genannte Ausdruck zugrunde gelegt. Die Arbeitsproduktivität (im folgenden als λ_A bezeichnet) ist gleich dem Verhältnis von Produktionsertrag und Arbeitsaufwand bzw.

$$\lambda_A = \frac{P}{A}.$$

Die Veränderungen von λ_T und λ_A sind quantitative und numerisch bestimmbare Ausdrücke für die makroökonomischen Wirkungen der technischen Verbesserungen in den Unternehmungen, d. h. für die Phase des technischen Fortschritts, die den ökonomischen Prozeß unmittelbar be-

---

[1] Vgl. z. B. die entsprechenden Berechnungen von J. *Tinbergen*, Zur Theorie der langfristigen Wirtschaftsentwicklung, Weltwirtschaftliches Archiv, Bd. 55 (1942 I), S. 540 ff., sowie die von P. *Douglas*, The Theory of Wages, a. a. O., angewandte Methode.

einflußt. Die beiden Produktivitätsrelationen messen jedoch verschiedene Komponenten der technischen Entwicklung oder, anders ausgedrückt, bei ihrer Verwendung in der ökonomischen Analyse werden verschiedene Aspekte des technischen Fortschritts berücksichtigt, so daß sie jeweils im Zusammenhang mit unterschiedlichen Fragestellungen in die Betrachtung einbezogen werden müssen. In makroökonomischen Untersuchungen ist es üblich, die Veränderungen der Produktivitätsrelationen λ_T bzw. λ_A unmittelbar als technischen Fortschritt zu definieren, hier werden sie dagegen nur als Maßzahlen für die einzelwirtschaftlichen Vorgänge aufgefaßt, die den eigentlichen Tatbestand des technischen Fortschritts ausmachen. Die Frage, die nunmehr behandelt werden muß, ist, welcher Zusammenhang zwischen den Steigerungen der beiden makroökonomischen Produktivitätsrelationen und den einzelwirtschaftlichen Verbesserungen der Produktionstechnik besteht, bzw. inwieweit die einzelwirtschaftlichen Vorgänge von den Veränderungen der beiden Produktivitätsrelationen reflektiert werden und wie folglich die in einer aggregierten Wirtschaftseinheit beobachteten Steigerungen der Totalproduktivität oder Arbeitsproduktivität zu interpretieren sind. Bei der Behandlung dieser Frage wird zunächst vorausgesetzt, daß der Einfluß der strukturellen Veränderungen auf die beiden Größen vernachlässigt werden kann, d. h. es wird vorausgesetzt, daß ihre Veränderungen eindeutig als die Folge von technischen Verbesserungen in den Unternehmungen interpretiert werden können (die weitere Frage, in welcher Weise der Einfluß der strukturellen Veränderungen auf die Produktivitätsrelationen eliminiert werden kann, soll im nächsten Paragraphen erörtert werden).

Wie bereits erwähnt wurde, ist die Totalproduktivität λ_T formal gleich gebildet wie die Produktivitätsmeßzahl für einen einzelnen Prozeß[2]; in beiden Fällen bildet der gesamte Produktionsmittel- bzw. Produktionsfaktoraufwand die Bezugsgröße, an der der Produktionsertrag gemessen wird. Diese formale Übereinstimmung ist unmittelbar zu sehen, wenn die betrachtete Wirtschaftseinheit als ein Prozeß bzw. — nach der Terminologie der Input-Output-Analyse — als eine „Industrie" aufgefaßt wird. Ebenso wird von der Steigerung der Totalproduktivität im Prinzip auch die gleiche Wirkung des technischen Fortschritts gemessen wie von der einzelwirtschaftlichen Produktivitätsmeßzahl (die sich unmittelbar aus der Definition des technischen Fortschritts als Anwendung eines technisch überlegenen Prozesses ergibt): Der Anstieg beider Größen zeigt eine Erhöhung des Produktionsertrages im Verhältnis zum gesamten Produktionsfaktoraufwand an. Bezeichnet man diesen Aufwand als die Realkosten der Produktion, dann mißt die Steigerung der Totalproduktivität λ_T, vom Produktionsertrag her gesehen,

---

[2] Vgl. 2. Kap. § 3 d, Gleichung (17).

die Realkostensenkung je Produkteinheit, vom Produktionsfaktoraufwand her gesehen, die Ertragssteigerung je Realkosteneinheit. *Tinbergen* hat deshalb den von den Veränderungen der Totalproduktivität reflektierten Effekt des technischen Fortschritts als „Rationalisierung" bzw. als „Rationalisierungsgeschwindigkeit" bezeichnet, andere Autoren sprechen in diesem Zusammenhang von der gestiegenen „Effizienz" des Produktionsfaktoraufwandes[3]. Aus der Übereinstimmung zwischen der gesamtwirtschaftlichen und der einzelwirtschaftlichen Produktivitätsrelation im Hinblick auf ihre Interpretation als Indikatoren für eine Realkostensenkung je Produkteinheit folgt aber nicht, daß die Steigerungsrate von λ_T auch in jedem Fall die adäquate Maßzahl für die technischen Verbesserungen in den Unternehmungen einer aggregierten Wirtschaftseinheit sein müßte.

Die Aussagefähigkeit eines Index für den Anstieg der Totalproduktivität wird durch den Umstand beeinträchtigt, daß ein solcher Index infolge der statistischen Probleme, die sich bei der Ermittlung der Zähler- und Nennergrößen ergeben, nur annäherungsweise berechnet werden kann. Die größten Schwierigkeiten bereitet die Ermittlung des Produktionsfaktoraufwandes, weil dazu die Kapitalnutzung und die „Bodenleistungen" einer Periode bestimmt werden müssen. Die verschiedenen Produktionsfaktoren können außerdem nur als Wertgrößen zusammengefaßt bzw. ermittelt werden (die Indices der Arbeitsproduktivität haben demgegenüber den Vorzug, daß bei ihnen zumindest im Nenner eine Mengenangabe steht, so daß sie eher als „technische" Maßgrößen interpretiert werden können); das hat zur Folge, daß, da bei der Berechnung der Totalproduktivität auch der Produktionsertrag grundsätzlich nur als Wertsumme ermittelt werden kann, die Interpretation der konkret berechneten Zahlen Schwierigkeiten macht. Das wird besonders deutlich, wenn man einen für eine Gesamtwirtschaft berechneten Index der Totalproduktivität betrachtet. Dann differieren die Wertsummen in Zähler und Nenner um den Betrag, um den der Wert der produzierten Güter die Gesamtkosten des Produktionsfaktoraufwandes übersteigt. In einer Gesamtwirtschaft entspricht dieser Differenz die Summe aus dem Residualeinkommen der Unternehmer und den indirekten Steuern, d. h. würde die Unternehmertätigkeit und der „Staatsbeitrag" ebenfalls als Produktionsfaktoraufwand interpretiert und bei der Berechnung berücksichtigt, müßte die Totalproduktivität immer den Wert 1 haben. Eine solche Interpretation ist allerdings nicht üblich und auch nicht zweckmäßig, aber der Hinweis zeigt, daß der Wert von λ_T im Prinzip ein Rentabilitätsfaktor ist, dessen Steigerungen im Zeit-

---

[3] Vgl. J. *Tinbergen*, Zur Theorie der langfristigen Wirtschaftsentwicklung, a. a. O., S. 522 und 543; ferner E. *Ruist*, Productivity, Efficiency, and Wages, a. a. O., S. 81.

verlauf eine Art von — in konstanten Preisen berechneter — gesamtwirtschaftlicher Rentabilität messen. Anders ausgedrückt: die Steigerungsraten von λ_T messen den Anstieg des Realeinkommens, soweit der Einkommenszuwachs in der betrachteten Periode nicht den Arbeitern zugeflossen ist oder zu einer Ausweitung des Kapitalbestandes geführt hat. Der damit angedeutete Zusammenhang soll hier nicht weiter verfolgt werden, im folgenden wird vielmehr von der zuerst erwähnten Interpretation der Totalproduktivität ausgegangen, wonach der Anstieg der für einen Industriezweig berechneten Totalproduktivität den R a tionalisierungseffekt bzw. die steigende Effizienz des Produktionsmittelaufwandes in diesem Industriezweig mißt.

Im Unterschied zum Index der Totalproduktivität mißt ein Index der Arbeitsproduktivität, λ_A, die Zunahme des Produktionsergebnisses nur an dem jeweiligen Arbeitsaufwand. Dementsprechend reflektiert ein Index der Arbeitsproduktivität die Wirkungen des technischen Fortschritts, die sich im Hinblick auf die Einsparungen an Arbeitskosten pro Produkteinheit ergeben bzw. eine Steigerung des Ertrags je Einheit des Arbeitsaufwandes zur Folge haben. Diese Maßzahl hat gegenüber dem Index der Totalproduktivität den Vorzug, daß die statistischen Erhebungsprobleme leichter zu lösen sind. Als Bezugsgröße erscheint hier nur der Arbeitsaufwand, der, obwohl dies angesichts der qualitativen Unterschiede in den einzelnen Arbeitsleistungen auch noch eine grobe Vereinfachung darstellt, prinzipiell in Mengeneinheiten (Arbeiterstunden oder Arbeitsjahre) gemessen werden kann. Ferner kann bei gesamtwirtschaftlicher Betrachtung die Zunahme der Arbeitsproduktivität leichter als die der Totalproduktivität interpretiert werden. Ein Anstieg der Arbeitsproduktivität bringt, gesamtwirtschaftlich gesehen, den elementaren Tatbestand zum Ausdruck, daß das Realeinkommen pro Kopf der werktätigen Bevölkerung gestiegen ist, und zwar unabhängig davon, ob und inwieweit der Einkommenszuwachs zur Erhöhung des Arbeitseinkommens oder zur Ausweitung des Kapitalstocks benutzt worden ist.

Wie empirische Beobachtungen zeigen, ist die Steigerungsrate der Arbeitsproduktivität im allgemeinen größer als die der Totalproduktivität[4], folglich gibt der Anstieg von λ_A eine höhere Fortschrittsrate der Produktionstechnik an als der Anstieg von λ_T. Die unterschiedliche Höhe der beiden Fortschrittsraten ist für die statistische Analyse insofern von Bedeutung, als dadurch auch der Einfluß des technischen Fortschritts auf den ökonomischen Prozeß unterschiedlich groß ausgewiesen wird. Der Grund für die Differenz zwischen den beiden Fortschrittsraten ist, daß die Arbeitsproduktivität auch die — im Wachstumsprozeß zunehmende — Kapitalintensität der Produktion, das Verhältnis von

---

[4] Vgl. die entsprechenden Angaben im 4. Kap., § 3.

Kapitalleistung zum Arbeitsaufwand, reflektiert. Das bedeutet, daß immer, wenn λ_A zur Messung des technischen Fortschritts verwendet wird, diejenigen technischen Verbesserungen ein größeres Gewicht bekommen, die eine Substitution von Arbeit durch Kapital einschließen und somit die Kapitalintensität der Produktion erhöhen[5]. Umgekehrt werden durch den Anstieg von λ_T diese technischen Verbesserungen nur ungenügend angezeigt, da derartige Substitutionsvorgänge in einer aggregierten Wirtschaftseinheit vorkommen können, ohne daß die Totalproduktivität in entsprechendem Ausmaß steigt — im Extremfall kann sie sogar konstant bleiben. Durch die größere Steigerung der Arbeitsproduktivität, die die Zunahme der Kapitalintensität in jedem Fall reflektiert, wird dementsprechend ein größeres Ausmaß an technischen Verbesserungen angezeigt. Dieser Tatbestand kann auch so formuliert werden, daß die Steigerungsrate der Arbeitsproduktivität im Unterschied zur Steigerungsrate der Totalproduktivität außer dem R a t i o n a l i s i e r u n g s e f f e k t auch den M e c h a n i s i e r u n g s e f f e k t des technischen Fortschritts mißt. Gerade diese Eigenschaft der Arbeitsproduktivität ist aber der Ansatzpunkt für einen schwerwiegenden Einwand, der in neuerer Zeit gegen die Messung des technischen Fortschritts durch Indexzahlen der Arbeitsproduktivität erhoben worden ist. Im folgenden wird dieser Einwand an den entsprechenden makroökonomischen Relationen demonstriert und untersucht, inwieweit er berechtigt ist.

In empirischen Untersuchungen des Wachstumsprozesses werden in neuerer Zeit Produktionsfunktionen benutzt, wie sie erstmalig von *Douglas* und *Cobb* für die Industrie der Vereinigten Staaten empirisch bestimmt worden sind[6]. Die „Cobb-Douglas-Funktion" hat die Form

$$P = b A^m K^n \quad (m + n = 1),$$

wobei die Symbole P, A und K wieder für Produkt, Arbeit und Kapital stehen und b, m, n konstante Koeffizienten bedeuten. Die Funktion hat die Eigenschaft, daß, wenn die beiden Produktionsfaktoren um den gleichen relativen Betrag vermehrt werden, auch das Produktionsergebnis um den gleichen Betrag wächst. Das ist gleichbedeutend mit der Annahme eines „neutralen" technischen Fortschritts, der die Grenzproduktivitäten der beiden Produktionsfaktoren unverändert läßt[7]. Ein demgegenüber nicht neutraler Fortschritt würde eine Veränderung der Funktion bedingen[8]. Da Douglas für die von ihm untersuchten Perioden eine konstante Produktionsfunktion angenommen hat, ist der technische

---

[5] Hier wird vorausgesetzt, daß nur solche Erhöhungen der Kapitalintensität betrachtet werden, die zugleich den Tatbestand des technischen Fortschritts erfüllen, d. h. die aus der Anwendung von technisch überlegenen Prozessen resultieren. Daß die Zunahme der Kapitalintensität auch infolge einer Senkung des Zinssatzes eintreten kann, wird erst später (vgl. § 3 dieses Kapitels) berücksichtigt.

Fortschritt als bestimmende Größe für den Produktionsertrag in seinen Untersuchungen unberücksichtigt geblieben (vgl. aber Fußnote 16 d. Kap.). Von anderen Autoren, so z. B. von *Tinbergen*[9] und *Ruttan*[10], sind deshalb Cobb-Douglas-Funktionen in einer Form verwendet worden, in der der technische Fortschritt durch die Einfügung eines zusätzlichen Koeffizienten explizit berücksichtigt wird. Dies geschieht in der Weise, daß ein multiplikativer Trendfaktor in die Funktion eingefügt wird, der das wachsende Verhältnis von P zu A+K zum Ausdruck bringt. Zum Beispiel benutzt *Tinbergen* eine Funktion

$$P = \varepsilon^t A^m K^n \quad (m+n=1),$$

in der ε den Fortschrittsfaktor darstellt. Während Tinbergen diesen Faktor aber zutreffend nur als „Rationalisierungsgeschwindigkeit" bezeichnet — eine Zunahme der Kapitalintensität K/A wird von ihm als „Mechanisierung" bezeichnet und ebenfalls in die Definition des technischen Fortschritts einbezogen —, schließen andere Autoren in diesem Zusammenhang die Zunahme der Kapitalintensität K/A ausdrücklich aus der Definition des technischen Fortschritts aus. Sie definieren den technischen Fortschritt als „improvements in the quality of capital, labor, and the industrial arts[11]", als „changes in the over-all productive efficiency[12]", oder als „technological progress, which enables us to produce a greater output with the expenditure of a given quantity of resources[13]", so daß die adäquate Meßziffer für den in dieser Weise definierten technischen Fortschritt die Totalproduktivität („total input per unit of output") und nicht die Arbeitsproduktivität ist[14]. Mit an-

---

[6] P. *Douglas*, The Theory of Wages, a. a. O.

[7] Diese Definition des „neutralen" technischen Fortschritts findet sich bei J. R. *Hicks*, The Theory of Wages, a. a. O., S. 121 f.

[8] "Similarly, if new inventions and appliances are being rapidly introduced, then a change in the exponents and perhaps also in the form of the equation will necessarily result." P. *Douglas*, The Theory of Wages, a. a. O., S. 203.

[9] J. *Tinbergen*, Zur Theorie der langfristigen Wirtschaftsentwicklung, a. a. O., S. 519 ff.

[10] V. W. *Ruttan*, The Contribution of Technological Progress to Farm Output: 1950—1975, a. a. O.

[11] P. *Douglas*, The Theory of Wages, a. a. O., S. 210.

[12] J. W. *Kendrick*, Productivity Trends: Capital and Labor, a. a. O., S. 248.

[13] V. W. *Ruttan*, The Contribution of Technological Progress to Farm Output, a. a. O., S. 62.

[14] So schreibt z. B. Douglas: "... but while the standard of output per capita or per worker still tends to be the measure of progress most commonly used by economists, it in turn is inadequate. For the increase in output per worker may have been attributable not to better technique and efficiency but solely to an increase in the quantity of capital with which the laborers worked." Vgl. The Theory of Wages, a. a. O., S. 210. Und Ruttan fügt (1956) hinzu: "It seems rather unlikely that many economists actually view change in labor productivity as an adequate indicator of technological change." Vgl. The Contribution of Technological Progress to Farm Output, a. a. O., S. 62.

deren Worten: Nach dieser Auffassung liegt technischer Fortschritt nur in dem Umfang vor, in dem die Relation

$$\lambda_T = \frac{P}{A+K}$$

zunimmt. Bleibt λ_T im Zeitverlauf konstant, erfolgt der Wachstumsprozeß o h n e technischen Fortschritt, unabhängig davon, wie groß die Wachstumsraten von Arbeit und Kapital im einzelnen sind.

Darin liegt aber offenbar eine Beschränkung des ökonomischen Tatbestands des technischen Fortschritts, denn der Zusammenhang zwischen dem technischen Fortschritt und der Steigerungsrate der Arbeitsproduktivität kann nicht einfach vernachlässigt werden,, zumindest kommt es auch hier auf die analytische Fragestellung an. Soll z. B. der Einfluß des wachsenden Kapitalbestandes auf den Wachstumsprozeß getrennt von dem Einfluß des technischen Fortschritts dargestellt werden, dann ist es zweckmäßig, eine Produktionsfunktion zu verwenden, die neben dem Arbeitsaufwand auch die Kapitalleistung berücksichtigt und in der der Einfluß des technischen Fortschritts auf den Produktionsertrag durch die Steigerung der Totalproduktivität gemessen wird. Dabei darf aber nicht übersehen werden, daß mit diesem Ansatz nur ein Teil des Einflusses erfaßt wird, den der technische Fortschritt insgesamt auf das Wachstum von P hat. Es ist deshalb nicht berechtigt, wenn *Ruttan,* der die Cobb-Douglas-Funktion um den Faktor $T = 1 + rt$ zu

$$P = (1 + rt) A^m K^n$$

erweitert, wobei r als „the average annual change in output per unit of total input" definiert wird, folgert, daß T „the total contribution of technological change to output during a given period" darstellt[15]. Denn hier wird übersehen, daß nicht nur die Zunahme der Relation

$$\lambda_T = \frac{P}{A+K}$$

eine Wirkung des technischen Fortschritts ist, sondern daß auch die Vergrößerung des Kapitalaufwandes K — zumindest wenn sie die Kapitalintensität A/K vergrößert — vom technischen Fortschritt bewirkt wird. P ist also in doppelter Weise vom technischen Fortschritt abhängig, was in der verwendeten Produktionsfunktion nicht explizit zum Ausdruck kommt, und der „t o t a l e" Beitrag des technischen Fortschritts zum Produktionsertrag der betrachteten Periode ist größer, als es durch Zunahme der Totalproduktivität angegeben wird[16]. Daraus folgt, daß,

---

[15] Vgl. V. W. *Ruttan,* The Contribution of Technological Progress to Farm Output, a. a. O., S. 66 (Ruttan berücksichtigt in der von ihm verwendeten Produktionsfunktion allerdings vier Produktionsfaktoren).

[16] Auch *Douglas* hat z. B. durch die Annahme einer konstanten Produktionsfunktion für die Zeit von 1899 bis 1922 die während dieses Zeitraums erreichten technischen Fortschritte mit der Erhöhung der Kapitalintensität der Produktion identifiziert. Er selbst räumt ein, daß zunehmende Arbeitsproduktivität bei gleichbleibender Kapitalproduktivität — immer im Sinne

da der Anstieg von λ_T die in einer Periode erreichte Fortschrittsrate der Produktionstechnik zu niedrig ausweist, die größere Steigerungsrate der Arbeitsproduktivität, die auch die Zunahme der Kapitalintensität reflektiert, eine für die Ermittlung des Einflusses des technischen Fortschritts auf den Wachstumsprozeß zweckmäßigere Maßzahl ist. Ob das richtig ist, hängt (a) davon ab, ob die Steigerungsraten von λ_A unter dem Einfluß der zunehmenden Kapitalintensität wesentlich größer sind als die von λ_T, und (b) davon, wie groß die Abhängigkeit der Kapitalintensität vom technischen Fortschritt angenommen wird. Diese Fragen werden in den beiden folgenden Paragraphen erörtert.

§ 2. Der Einfluß der Kapitalintensität auf die Arbeitsproduktivität

Oben ist am Beispiel der amerikanischen Wirtschaft und der westdeutschen Industrie gezeigt worden, daß das Verhältnis von Kapital zur Ausbringung im Zeitverlauf konstant zu bleiben tendiert. Daraus folgt, daß auch von der Kapitalproduktivität

$$\lambda_K = \frac{P}{K}$$

(die unter der Voraussetzung einer langfristig gleichbleibenden Ausnutzungsrate des Kapitalstocks gleich dem reziproken Wert des Kapitalkoeffizienten ist) angenommen werden kann, daß sie relativ konstant ist. Auf der anderen Seite läßt sich zeigen, daß der ökonomische Wachstumsprozeß von einer starken Zunahme des Kapitalaufwands je Beschäftigten bzw. der Kapitalintensität[17] gekennzeichnet ist (vgl. z. B. die in der folgenden Tabelle zusammengestellten Angaben).

Da die Arbeitsproduktivität ($\lambda_A = P/A$) so definiert ist, daß sie gleich dem Produkt aus Kapitalintensität (m = K/A) und der Kapitalproduktivität ($\lambda_K = P/K$) ist, d. h.

$$\lambda_A = m \cdot \lambda_K,$$

folgt daraus, daß λ_A bei konstantem λ_K und wachsendem m ebenfalls wachsen muß. Auf die einzelwirtschaftlichen Vorgänge übertragen heißt das, daß alle technischen Verbesserungen in den Unternehmungen, die im Ergebnis zu einer Substitution von Arbeit durch Kapital führen, zugleich eine Zunahme des Produktionsertrages pro Einheit des Arbeits-

---

des statistischen Produktivitätsbegriffes — "also could be classed as progress" (vgl. Theory of Wages, a. a. O., S. 164). Vgl. hierzu auch J. *Tinbergen*, Zur Theorie der langfristigen Wirtschaftsentwicklung, a. a. O., S. 516 u. S. 521.

[17] Hier ist zu beachten, daß die in einer Makroanalyse benutzten Variablen aggregierte Größen sind; die Relationen zwischen ihnen bilden demzufolge Durchschnittswerte, so daß ihre Veränderungen den Nettoeffekt aller Veränderungen wiedergeben, die in den einzelnen Mikroeinheiten erfolgen. Unter „Zunahme des Kapitalaufwandes pro Beschäftigten" ist deshalb in einer makroökonomischen Untersuchung zu verstehen, daß die Relation zwischen dem in bestimmter Weise ermittelten Kapitalbestand und der Zahl der Beschäftigten zugenommen hat.

Die Entwicklung von Beschäftigung, Kapitalbestand und Kapitalintensität
Indexzahlen

Jahr	Beschäftigte (1)	Kapitalbestand a) (2)	Kapitalintensität (2) : (1)
	1. In den Vereinigten Staaten von Amerika		
1879	100	100	100
1944	339	894	246
1899	100	100	100
1944	176	344	160
	2. In der Bundesrepublik Deutschland		
1936	100	100	100
1955	168	195	116
1950	100	100	100
1955	138	160	130.5

a) Vereinigte Staaten von Amerika: Gesamtkapital ohne Land; Bundesrepublik: Industrielles Anlagevermögen (Bauten und Ausrüstung).

Quelle: Berechnet nach den Angaben von S. K u z n e t s, Long-Term Changes in the National Income of the United States of America, in: Income and Wealth of the United States, Cambridge (Mass.), 1952, S. 72 u. 78; und R. K r e n g e l, Die Entwicklung des Anlagevermögens der westdeutschen Industrie, a. a. O., S. 129 ff.

aufwandes bewirken. Über den Charakter des Zusammenhangs zwischen Kapitalintensität und Arbeitsproduktivität bestehen bei einzelwirtschaftlicher Betrachtung allerdings unterschiedliche Auffassungen. Während einerseits die Kapitalintensität der Produktion für den Faktor gehalten wird, der langfristig für die Zunahme der Arbeitsproduktivität bestimmend ist[18], wird von anderen Autoren der verbesserten Leistungsfähigkeit der neu zum Einsatz kommenden Kapitalgüter die größere Bedeutung beigemessen[19]. Im Grunde ist das kein Widerspruch, die makroökonomische Produktivitätsrelation λ_A wird in beiden Fällen in der dargestellten Weise beeinflußt.

Inwieweit diese einzelwirtschaftlichen Vorgänge auch zu einer Erhöhung der Totalproduktivität λ_T führen, ist schwer zu bestimmen. Wenn

---
[18] „Auf lange Frist ist jedoch die Entwicklung der Kapitalintensität von ausschlaggebender Bedeutung für die Erhöhung der Effizienz der Beschäftigten." R. *Krengel*, Die Entwicklung des Anlagevermögens, a. a. O., S. 134.
[19] "It is obvious that in such a case the total capital investment would be increasing relatively to labor; but it remains true that it is the increase in the average efficiency of capital that has increased man-hour output." S. *Bell*, Productivity, Wages, and National Income, Washington 1940, S. 201.

$\frac{P}{K}$, wie oben dargelegt wurde, konstant bleibt und $\frac{P}{A}$ wächst, muß die Steigerungsrate von λ_T notwendigerweise kleiner als die von λ_A sein, da

$$\lambda_T = \frac{P}{A+K}$$

ist. Das wird von den wenigen empirischen Untersuchungen, in denen Arbeitsproduktivität und Totalproduktivität nebeneinander berechnet worden sind, auch bestätigt. Sie zeigen, daß die Steigerungsraten der Arbeitsproduktivität immer beträchtlich über denen der Totalproduktivität liegen. Zum Beispiel wurde bereits erwähnt, daß nach den Untersuchungen von *Kendrick*[20] das Verhältnis von Produktionsertrag zu Arbeitsaufwand in der amerikanischen Industrie von 1899 bis 1953 im Durchschnitt jährlich um 2,4 % gewachsen ist, die Totalproduktivität hingegen nur um 2,0 %. Die folgende Tabelle, die die entsprechenden Relationen für die Gesamtwirtschaft der Vereinigten Staaten enthält,

Netto-Nationalprodukt je Beschäftigten und je Einheit des gesamten Faktoraufwands in den Vereinigten Staaten von Amerika, 1869—1948
Gleitende Dekadendurchschnitte
1869—78 = 100

Dekade	Netto-Nationalprodukt[a]	
	je Beschäftigten[b]	je Einheit des gesamten Faktoraufwandes[b]
1869—78	100	100
1879—88	144	131
1889—98	154	136
1899—08	194	155
1909—18	227	172
1919—28	300	201
1929—38	290	225
1939—48	378	.

a) in Preisen von 1929. — b) Veränderungen der wöchentlichen Arbeitszeit berücksichtigt.

Quelle: Berechnet nach den Angaben von S. K u z n e t s, Long-Term Changes in the National Income, a. a. O., S. 71, und J. S c h m o o k l e r, The Changing Efficiency of the American Economy, 1869—1938, a. a. O., S. 226.

zeigt das gleiche Ergebnis. Der Grund für die schnellere Zunahme der Arbeitsproduktivitätsziffer muß offenbar darin gesehen werden, daß die Arbeitsproduktivität auch die Substitution von Arbeit durch Kapital

---

[20] W. *Kendrick*, Productivity Trends: Capital and Labor, a. a. O., S. 251.

reflektiert[21]. Im gleichen Sinne kommentiert auch Kendrick das Ergebnis seiner Berechnungen[22].

Andererseits kann grundsätzlich angenommen werden, daß alle technischen Verbesserungen, die die Totalproduktivität erhöhen, im allgemeinen auch zu einer Erhöhung der Meßziffer für die Arbeitsproduktivität führen. Arbeit ist das Produktionsmittel, das in jedem Produktionsprozeß gebraucht wird und dessen Anteil an den gesamten Realkosten in den meisten Prozessen überwiegt. Das gilt, vergleicht man das Verhältnis von Arbeitskosten und verbrauchsbedingten Abschreibungen, selbst in den anlageintensivsten Industriezweigen[23]. Jede Zunahme der Ausbringung im Verhältnis zum Gesamtaufwand wird folglich auch zu einer Zunahme des Verhältnisses von Ausbringung und Arbeitsaufwand führen. Die wenigen Fälle, in denen ein anderes Produktionsmittel durch Arbeit ersetzt wird, so daß bei steigender Totalproduktivität die Arbeitsproduktivität tendenziell sinken müßte, dürften demgegenüber insgesamt vernachlässigbar sein.

Da demnach erstens angenommen werden kann, daß alle produktivitätssteigernden technischen Verbesserungen in der Relation zwischen Produktionsertrag und Arbeitsaufwand zum Ausdruck kommen, und da zweitens diese Relation auch von den technischen Verbesserungen beeinflußt wird, die eine Substitution von Arbeit durch Kapital darstellen, folgt aus der vorstehenden Untersuchung, daß *die Arbeitsproduktivität diejenige makroökonomische Produktivitätsrelation ist, die vom technischen Fortschritt am stärksten beeinflußt wird,* sie spiegelt sowohl den Rationalisierungseffekt als auch den Mechanisierungseffekt der technischen Entwicklung wider. Die Steigerungsrate der Arbeitsproduktivität läßt dementsprechend die höchste Korrelation zu dem tatsächlichen Umfang, d. h. zu der Zahl und der Intensität a l l e r technischen Verbesserungen in den Unternehmungen erwarten. Das gilt, wie oben

---

[21] Zwischen den von Kuznets als gleitende Durchschnitte errechneten Dekadenwerten für das Nationalprodukt je Beschäftigten (in 1000 Dollar; Spalte 1 in der vorstehenden Tabelle zeigt die entsprechenden Indexwerte) und den von ihm für die jeweilige Periodenmitte angegebenen Kapitalbestand je Beschäftigten (ebenfalls in 1000 Dollar) ergibt sich unter Benutzung einer linearen Regressionsgleichung ein Korrelationskoeffizient von 0,93.

[22] "This suggests that among subperiods, as well as among industries, relative changes in capital per man hour are positively correlated with relative changes in output per man hour." J. W. *Kendrick,* Productivity Trends: Capital and Labor, a. a. O., S. 253.

[23] Mit Ausnahme der Erzeugung von elektrischer Energie. Im Bergbau, in der Zementindustrie, Schwerchemie, Mühlenindustrie, sowie in der Eisen- und Stahlerzeugung beträgt der Anteil der Abschreibungen nur zwischen 15 und 50 Prozent der Arbeitskosten. Vgl. L. *Wolkersdorf,* Die mittelbare Bestimmung des Mechanisierungsgrades der industriellen Fertigung mit Hilfe von Meßziffern der Vermögens-, Kapital-, Kosten- und Beschäftigungsstruktur und des Energieverbrauchs. Mitteilungen des Wirtschaftswissenschaftlichen Instituts der Gewerkschaften, 10. Jg. (1957), S. 116 f.

dargelegt wurde, unter der Voraussetzung, daß die „Mechanisierung" der Produktion ebenfalls den Tatbestand des technischen Fortschritts erfüllt. Daß auch diese Voraussetzung zutrifft, wird im folgenden Paragraphen gezeigt.

§ 3. Der Einfluß des technischen Fortschritts auf die Kapitalintensität

Die nunmehr zu behandelnde Frage betrifft die allgemein als „Mechanisierung" bezeichnete Komponente der technischen Entwicklung, in der lange Zeit hindurch der ökonomische Tatbestand des technischen Fortschritts schlechthin gesehen worden ist. Bekanntlich ist dieser Aspekt des technischen Fortschritts erstmalig von David *Ricardo* betont worden[24]. Der Gegensatz zwischen der „Freisetzungstheorie" und der „Kompensationstheorie", der sich von hier aus durch die Dogmengeschichte der Nationalökonomie zieht, ist in der gegenwärtigen Diskussion um die sogenannte „Zweite industrielle Revolution" teilweise wieder aufgelebt. Im vorliegenden Zusammenhang ist von dieser Auseinandersetzung nur von Bedeutung, daß der technische Fortschritt noch bis in die Zeit der Weltwirtschaftskrise hinein vornehmlich mit der Substitution von Arbeit durch Kapital identifiziert worden ist und daß dementsprechend auch vorwiegend Indices der Arbeitsproduktivität als statistische Maßzahlen für den technischen Fortschritt verwendet worden sind[25]. Wie oben gezeigt wurde, wird aber in neueren empirischen Untersuchungen eine dazu gegensätzliche Auffassung vertreten, und zwar sollen Indices der Arbeitsproduktivität gerade deshalb keine geeigneten Maßzahlen für den technischen Fortschritt sein, weil ihr Anstieg auch von der Substitution von Arbeit durch Kapital, d. h. von der Steigerung der Kapitalintensität, abhängig ist[26].

Wie bei der Analyse des einzelwirtschaftlichen Tatbestandes dargelegt wurde, ist jedoch die Zunahme der Kapitalintensität ein numerischer

---

[24] In dem der 3. Auflage seiner „Principles" hinzugefügten Kapitel "On Machinery", vgl. David *Ricardo,* On the Principles of Political Economy, and Taxation, ed. by P. Sraffa, Cambridge 1953, S. 386 ff. Vgl. dazu B. S. *Keirstead,* The Theory of Economic Change, a. a. O., S. 83: "Indeed, Ricardo treated all innovations as consisting of the substitution of machinery for labour."

[25] „Der technische Fortschritt im weitesten Sinn des Wortes ist, populär gesprochen, um so größer, je mehr der Mensch durch die Maschine ersetzt wird." Wochenberichte des *Instituts für Konjunkturforschung,* Jg. 7 (1934), S. 210. — Vgl. auch die zitierten Arbeiten von St. *Varga,* W. *Bauer,* S. *Bell,* J. *Fourastié,* G. *Colm* und W. D. *Evans;* ferner F. C. *Mills,* Industrial Productivity and Prices, Journal of the American Statistical Association, vol. 32 (1937).

[26] "When proportions (in which factors are combined usually) have varied, changes in the ratio of output to one input or class of inputs reflect interfactor substitution as well as changes in over-all productive efficiency. This is the chief objection to output per manhour as an indicator of productivity change." J. W. *Kendrick,* Productivity Trends: Capital and Labor, a. a. O., S. 248.

Ausdruck für die Anwendung von verbesserten Produktionsmethoden, die entweder infolge eines technischen Fortschritts bei gegebenem Zinssatz oder infolge einer Zinssenkung bei gegebenem technischen Horizont eingeführt werden. Demzufolge ist die dargelegte Auffassung, nach der die Steigerungsrate der Arbeitsproduktivität wegen ihrer Abhängigkeit von der Kapitalintensität keine Maßzahl für den technischen Fortschritt sein könne, zu eng; denn wenn die Arbeitsproduktivität infolge einer Zunahme der Kapitalintensität steigt, nimmt sie mittelbar auch infolge des technischen Fortschritts zu, der — bei gegebenem Zinssatz — den Übergang zu kapitalintensiveren Prozessen in den Unternehmungen bewirkt hat.

Diese Auffassung wird durch die in der neueren Makrotheorie übliche Behandlung der Realkapitalbildung bestätigt. Bei der ex post-Betrachtung der Realkapitalbildung wird zwischen den Formen des „c a p i t a l - d e e p e n i n g" und des „c a p i t a l - w i d e n i n g" unterschieden, je nachdem, ob im Ergebnis mehr Kapital pro Beschäftigten verwendet wird oder der Zuwachs von Arbeit und Kapital proportional verlaufen ist[27]. Im allgemeinen wird „capital-widening" zugleich mit der Vorstellung einer gleichbleibenden Produktionstechnik verbunden, was nicht im vollen Umfang berechtigt ist (vgl. Fußnote 39 d. Kap.), hier aber dahingestellt bleiben soll[28]. „Capital deepening" wird demgegenüber mit dem technischen Fortschritt in Verbindung gebracht: „Deepening of capital means to equip each worker with more capital. This requires a change in technique, if we assume the rate of interest to

---

[27] Die Unterscheidung geht auf entsprechende Definitionen von Hansen und Hawtrey zurück. "In earlier writing I have used 'deepening of capital' (following Hawtrey) to mean more capital per unit of output. But I have since concluded that 'depening of capital' is a perculiarly convenient phrase with which to discribe the process of supplying each w o r k e r with more capital." A. H. *Hansen*, Business Cycles and National Income, New York 1951, S. 190 (Sp. i. O.). — Ebenso neuerdings Hawtrey: "The process by which the capital equipment of a community is increased may take two forms, a 'widening' and a 'deepening'. The widening of the capital equipment means the extension of productive capacity by the flotation of new enterprises, or the expansion of existing enterprises, without any change in the amount of capital employed for each unit of labour. The deepening means an increase in the amount of capital employed for each unit of labour." R. G. *Hawtrey*, Capital and Employment, 2. Aufl., London, New York, Toronto 1952, S. 31.

Davon abweichend werden die Begriffe in der neueren Literatur auch im Zusammenhang mit den Veränderungen des Kapitalkoeffizienten verwendet und bedeuten dann im Gegensatz zu der Definition von Hawtrey und Hansen größeren oder gleichbleibenden Kapitalverbrauch pro Einheit des Nettosozialprodukts. Vgl. z. B. G. *Bombach*, Zur Theorie des wirtschaftlichen Wachstums, a. a. O.

[28] "Widening" of capital means in these terms simply equipping the net additions to the labor force with standard capital equipment. This requires no change in technique, only a growth of population." A. H. *Hansen*, Business Cycles and National Income, a. a. O., S. 477.

be constant[29]". Da eine Zunahme der Kapitalintensität gleichbedeutend mit der Substitution von Arbeit durch Kapital, bezogen auf die Produkteinheit ist, sind nach dieser Argumentation die Substitutionsvorgänge, im Gegensatz zu der oben zitierten Auffassung, in die Definition des technischen Fortschritts einbezogen. Allerdings trifft dies nur auf eine bestimmte Art von Substitutionsvorgängen zu, nämlich auf die, die bei gegebenem Zinssatz erfolgt sind. Aus der Einschränkung, daß eine Erhöhung der Kapitalintensität nur dann als technischer Fortschritt zu bezeichnen ist, wenn keine Veränderung des Zinssatzes stattgefunden hat, folgt, daß die Lösung des hier behandelten Problems letztlich von der Beantwortung der Frage abhängig ist, ob bei der Zunahme der Kapitalintensität der Einfluß des Zinsfußes oder der des technischen Fortschritts überwiegt.

In der Kapitaltheorie wird die Kapitalintensität der Produktion allgemein als eine Funktion des Marktzinses dargestellt[30]. Die übliche Argumentation setzt voraus, daß die Verwendung von Kapital dem Gesetz des abnehmenden Ertragszuwachses unterliegt. Unter dieser Voraussetzung nimmt der reale Grenzertrag der Investitionen mit zunehmendem Kapitaleinsatz pro Beschäftigten ab. Der Marktzins, der das Angebot und die Nachfrage nach Ersparnissen zum Ausgleich bringt, der sogenannte „natürliche Zins" von *Wicksell*, bestimmt, welche Menge Kapital pro Beschäftigten aufgewendet wird: Die Kapitalintensität wird solange ausgedehnt, bis Marktzins und „natürlicher Zins" gleich sind[31].

---

[29] A. H. *Hansen*, ebenda, S. 478.
[30] Der Einfluß des technischen Fortschritts auf die Kapitalstruktur hat in den älteren kapital- und zinstheoretischen Untersuchungen wenig Beachtung gefunden. Erst in neuerer Zeit wird auch in kapitaltheoretischen Untersuchungen dem technischen Fortschritt eine zentrale Stelle eingeräumt. Vgl. z. B. J. *Robinson*, The Accumulation of Capital, a. a. O., bes. Kap. 7 bis 18.
[31] Aus der Möglichkeit der Nichtübereinstimmung beider Zinssätze im Falle eines autonomen Verhaltens der Geldinstitute hat Wicksell seine Theorie der kumulativen Prozesse abgeleitet. (K. *Wicksell*, Geldzins und Güterpreise, Jena 1898, sowie *derselbe*, Vorlesungen über Nationalökonomie auf der Grundlage des Marginalprinzips, Bd. II: Geld und Kredit, Jena 1928, bes. S. 216 ff.). Sie bildet den Ausgangspunkt der Diskussion um die Neutralität des Geldes. Im vorliegenden Zusammenhang können diese dynamischen Aspekte des Problems jedoch vernachlässigt werden. Die „reine" Kapital- und Zinstheorie ist eine statische Theorie. Ihr entspricht das oben angeführte Argument.
Seit *Keynes* ist es allerdings üblich, die Kurve des realen Grenzertrages durch die der **Grenzleistungsfähigkeit des Kapitals** zu ersetzen, die anstelle des realen Grenzertrages der Investitionen die erwarteten monetären Erträge als Funktion des Kapitalbestandes darstellt. Wenn Kosten und Ertrag als monetäre Größen betrachtet werden, ergibt sich aus der Knappheit der Produktionsfaktoren und aus der begrenzten Aufnahmefähigkeit der Märkte für einzelne Produkte, daß von einem bestimmten Punkt an der Grenzertrag der Investitionen sinken muß. Die Konstruktion der Grenzleistungsfähigkeit des Kapitals trägt diesem Umstand Rechnung (ebenso wie der Tatsache, daß der Umfang der Investitionen nicht von den erzielten, sondern letztlich von den erwarteten Erträgen abhängig ist). Die Annahme einer sinkenden Grenzleistungsfähigkeit des Kapitals ist deshalb besser zu

Diese Argumentation gilt „bei gegebenem Stand des technischen Wissens", da die Kurve der realen Grenzerträge nur unter der Annahme eines gegebenen technischen Horizonts dargestellt werden kann. Der technische Fortschritt läßt sich aber ohne weiteres in die Darstellung einfügen. Infolge des technischen Fortschritts verschiebt sich die Kurve der realen Grenzerträge nach rechts, folglich kann bei gegebenem Marktzins und einem elastischen Angebot an investierbaren Mitteln bei diesem Zins die Kapitalintensität der Produktion ebenfalls erhöht werden[32]. Die dargestellte Unterscheidung zwischen einer Erhöhung der Kapitalintensität infolge einer Zinssenkung und einer Erhöhung der Kapitalintensität infolge des technischen Fortschritts bietet nun zwar „eine einfache Handhabe, den elementaren Zusammenhang zwischen Zinsänderungen und Kapitalstruktur aufzudecken[33]", für die Wachstumsanalyse ist dieser Zusammenhang aber — ebenso wie für die moderne Theorie der Kapitalbildung[34] — von geringerer Bedeutung. Langfristig gesehen ist in einer wachsenden Wirtschaft, wie im folgenden gezeigt wird, weniger der Zins, als vielmehr der technische Fortschritt für die Kapitalbildung bestimmend, zumindest dann, wenn der Realkapitalbestand in einer Volkswirtschaft relativ zur Bevölkerung eine bestimmte Höhe

---

begründen als die Annahme, daß der reale Grenzertrag der Investitionen bei Zunehmen des Kapitaleinsatzes und gleichbleibendem Arbeitsaufwand sinken muß.

[32] In Abb. 3 sei rr die Kurve der realen Grenzerträge dO/dK, die bei gegebener Technik und gegebenem Arbeitsaufwand (A) mit zunehmendem Kapitalaufwand (K) erzielt werden können.

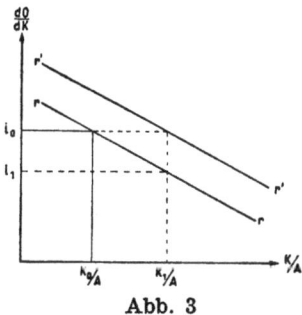

Abb. 3

Dem Gleichgewichtsmarktzins i_0 entspricht bei gegebener Beschäftigung ein Kapitalbestand K_0 je Beschäftigten. Eine Zunahme der Kapitalintensität kann, wie dargestellt, auf zwei Wegen eintreten: (a) Sinkt der Marktzins auf i_1, wird der Kapitalbestand pro Beschäftigten auf K_1 ausgedehnt; (b) zum gleichen Ergebnis führt bei gegebenem Zins i_0 eine Verschiebung der rr-Kurve infolge des technischen Fortschritts nach rechts (r'r').

[33] W. *Kraus,* Wirtschaftswachstum und Gleichgewicht, Frankfurt a. M., 1955, S. 143.

erreicht hat und das durchschnittliche Zinsniveau entsprechend niedrig ist[35].

Sieht man in diesem Zusammenhang von der Abhängigkeit der Investitionen von der Veränderungsrate der Nachfrage, wie sie die Theorie des Akzelerationsprinzips unterstellt, ab, so bleibt auch im Rahmen der „klassischen" Argumentation für den Einfluß des Zinssatzes auf die Kapitalintensität der Produktion wenig Spielraum. Seit dem Ende der Napoleonischen Kriege — praktisch also seit dem Beginn der Industrialisierungsepoche — bis 1914 hat z. B. der langfristige Zinsfuß in Deutschland (Effektivverzinsung der festverzinslichen Wertpapiere) zwar abwechselnd Perioden mit fallender (bis 1845, 1871 bis 1895) und steigender Tendenz (1845—1871, 1896—1914) durchlaufen, aber seine Höhe hat während der ganzen Zeit in der engen Spanne zwischen 3 und 5 % gelegen[36]. Selbst unter der Annahme einer durchweg zinselastischen Investitionsneigung wäre demnach das Wachstum des Kapitalbestandes pro Beschäftigten infolge von Zinssenkungen ohne technische Weiterentwicklung relativ eng begrenzt gewesen. Die tatsächlich zu beobachtende Entwicklung kann nur durch das Auftreten immer neuer technischer Möglichkeiten erklärt werden, die die Kurve des realen Ertrages der Investitionen laufend angehoben haben[37]. In

---

[34] Vgl. H. *Sauermann,* Kapitalbildung und Kapitalverwendung im volkswirtschaftlichen Wachstumsprozeß, a. a. O., bes. S. 39.

[35] Schon Wicksell hat betont, daß den Bewegungen des „natürlichen Zinses" die größere Bedeutung zukommt. Nach Wicksell steigt er u. a. „durch technische Erfindungen . . ., welche eine vorher nicht gekannte gewinnbringende Kapitalanwendung erlauben, während sie zugleich gewöhnlich vermehrtes Kapital zu ihrer Realisierung verlangen". Vgl. K. *Wicksell,* Vorlesungen über Nationalökonomie, Bd. II, a. a. O., S. 234 f.

[36] Nach A. *Spiethoff,* Die wirtschaftlichen Wechsellagen, Aufschwung, Krise, Stockung, Bd. II: Lange statistische Reihen über die Merkmale der wirtschaftlichen Wechsellagen, Tübingen-Zürich 1955, Tafel 11. — Vgl. auch H. *Albert,* Die geschichtliche Entwicklung des Zinsfußes in Deutschland von 1895 bis 1908, Leipzig 1910, S.17 ff.; G. *Schulte,* Die Entwicklung des Zinsfußes in Deutschland von 1924—1928 mit einem Vergleich zur Vorkriegszeit, Diss., Münster 1930, S. 40 ff.

[37] Nimmt man — mit den nötigen Vorbehalten — die in der gewerblichen Wirtschaft pro Beschäftigten installierten PS als Indikator für die Kapitalintensität der Produktion, so zeigt die Entwicklung der Kapitalintensität in der Zeit zwischen 1875 und 1933, in der der **Effektivzins** festverzinslicher Wertpapiere **zwischen 3 % und 5 %** schwankte (mit Ausnahme der Jahre nach der Reichsmarkstabilisierung), folgende Entwicklung:

Jahr	PS pro Beschäftigten
1875	0,16
1895	0,34
1907	0,72
1925	1,11
1933	1,76

Quelle: Deutsche Wirtschaftskunde, bearbeitet im Stat. Reichsamt. a. a. O., S. 102, und Stat. Jahrbuch 1937, S. 150 ff. Schon diese globale Gegenüberstellung läßt erkennen, daß die Veränderungen des Zinssatzes nicht die für die Kapitalintensität bestimmende Größe gewesen sein können.

der neueren Kapitaldiskussion wird dementsprechend auch allgemein eine nur geringe Zinselastizität der Investitionsneigung angenommen. Diese Annahme wird unter anderem mit der Unsicherheit begründet, mit der alle Ertragserwartungen behaftet sind und die durch den technischen Fortschritt noch höher wird. „The result is to make the deepening process all the more insensitive to the rate of interest[38]." Die Funktion des Zinses ist danach nur die, in jeder Periode den Umfang der Investitionen nach oben zu begrenzen und sie den jeweils verfügbaren Finanzierungsmitteln anzupassen. Aus alledem folgt, daß die Zunahme der Kapitalintensität weit mehr eine Funktion des technischen Fortschritts als des Zinses ist, d. h. daß insbesondere die langfristig im Wachstumsprozeß beobachtete Zunahme der Kapitalintensität im überwiegenden Maß auf den technischen Fortschritt zurückgeführt werden kann. Das bedeutet aber, daß auch die durch die Zunahme der Kapitalintensität bewirkte Steigerung der Arbeitsproduktivität im gleichen Umfang eine Wirkung des technischen Fortschritts ist[39].

Die Feststellung, daß die Zunahme der Kapitalintensität im wesentlichen als eine Wirkung des technischen Fortschritts interpretiert werden kann, besagt nicht, daß das Angebot von Geldkapital bzw. Ersparnissen für den wirtschaftlichen Wachstumsprozeß ohne Bedeutung wäre[40]. Denn während die Realkapitalbildung und die Fortschritte der

---

[38] R. G. *Hawtrey*, Capital and Employment, a. a. O., S. 40. "Thus the deepening process does not depend exclusively on the inducement offered by a falling rate of interest for the installation of instruments with lower and lower yield. It requires to be regulated by a fluctuating rate of interest, rising when the deepending process is going too fast and falling when it is not going fast enough." R. G. *Hawtrey*, ebenda, S. 38.

[39] In diesem Zusammenhang sei darauf hingewiesen, daß auch die Kapitalbildung auf dem Wege des "c a p i t a l   w i d e n i n g" in bestimmtem Umfang mit technischem Fortschritt verbunden ist. Die übliche Annahme, daß, solange Kapital und Arbeit gleichmäßig wachsen, kein technischer Fortschritt vorliegt, sondern daß in diesem Falle die hinzukommenden Arbeitskräfte mit den Kapitalgütern der gleichen Art ausgestattet werden (vgl. das Zitat von A. H. Hansen in Fußnote 28 d. Kap.), stellt eine theoretische Konstruktion dar, die von den empirischen Tatbeständen abstrahiert. Die Kapitalgüter sind einer ständigen Fortentwicklung unterworfen. Dementsprechend werden Unternehmungen, die im Zeitverlauf nacheinander entstehen bzw. von arbeitsintensiven zu kapitalintensiven Fertigungsverfahren übergehen, nicht die qualitativ gleichen Kapitalgüter wie die bisher verwendeten benutzen. Allerdings kann in einer makroökonomischen Untersuchung von diesem Prozeß der fortlaufenden technologischen Verbesserungen nur seine Wirkung auf die statistischen Produktivitätsrelationen ermittelt werden. Dementsprechend dürfte aber von „capital widening bei gleichbleibender Technik" nur gesprochen werden, solange keine Erhöhung der statistischen Produktivitätsrelationen vorliegt.

[40] In der wachstumstheoretischen Literatur wird allgemein die Zunahme des Kapitalangebots als ein selbständiger Bestimmungsgrund für das wirtschaftliche Wachstum genannt. Eine Ausnahme bildet — neben Schumpeter — Hansen, der als wachstumsbestimmende Größe nur Erfindungen, die Ent-

angewandten Produktionstechnik simultane Vorgänge sind, ist die Geldkapitalbildung (Sparen) ebenso wie die Erweiterung des technischen Horizonts der Unternehmungen eine der Determinanten der Realkapitalbildung und damit des wirtschaftlichen Wachstums. Zwar ist die Geldkapitalbildung zumindest zum Teil auch von dem Wachstumsprozeß selbst abhängig — das gilt, wie besonders *Schumpeter* betont, vor allem für das Sparen in den Unternehmungen („accumulation")[41] —, es schließt jedoch nicht aus, daß bei der Analyse der Bestimmungsgründe für die Realkapitalbildung nach dem getrennten Einfluß der beiden Determinanten „neue technische Kenntnisse" und „Angebot von Ersparnissen" gefragt wird.

Die Frage, in welchem Umfang die Realkapitalbildung durch technischen Fortschritt und in welchem sie durch das Angebot von Geldkapital bewirkt wurde, läßt sich allerdings nicht allgemein beantworten. „The relative importance of these cases varies, of course, and is extremely difficult to estimate.. [42]". Oben wurde bereits darauf hingewiesen, daß die Realisierung des technischen Fortschritts, soweit sie nicht auf dem Wege der Reinvestition erfolgt, von dem Umfang der Mittel abhängig ist, die während einer Periode für Investitionsausgaben zur Verfügung stehen; ihr Umfang begrenzt die Ausnutzung der gegebenen technischen Möglichkeiten. Ist eine ausreichende Rate des potentiellen technischen Fortschritts gegeben, das Angebot an investierbaren Mitteln jedoch relativ begrenzt — dieser Fall wird in fortgeschrittenen Expansionsperioden unter der Voraussetzung gegeben sein, daß eine stabilisierende Geldpolitik betrieben wird —, dann kann gesagt werden, daß letztlich das Angebot an Geldkapital für die Höhe der Kapitalbildung bestimmend ist[43]. Umgekehrt wird in Perioden, in denen das Angebot an investierbaren Mitteln groß ist, die Investitionsmöglichkeiten jedoch gering — der Fall, den die Autoren der Stagnationsthese unterstellen, der aber, mit den nötigen Modifikationen hinsichtlich der Investitions-

---

deckung und Entwicklung neuer Gebiete und Ressourcen, sowie das Bevölkerungswachstum behandelt. Vgl. A. H. *Hansen,* Fiscal Policy and Business Cycles, a. a. O., S. 352 f.

[41] Schumpeter folgert allerdings daraus, "that, if we included savings as a major factor initiating economic change, we would be including in our premises part of what we are attempted to explain". J. A. *Schumpeter,* Business Cycles, vol. I, a. a. O., S. 83.

[42] J. A. *Schumpeter,* ebenda, S. 94.

[43] "Of course, when a shrinking demand for investment goods is produced by a drying up of the supply of capital, technological change can do nothing to stem the downturn (unless it reacts on the supply of capital). Improvements in technology may offset the factors causing a decline in the marginal efficiency (profitability) of investment, but they cannot offset the factors that, in the past, have limited capital supply." *Y. Brozen,* The Role of Technological Change in Regularizing Private Investment, in: National Bureau of Economic Research (Ed.), Regularization of Business Investment, Princeton 1954, S. 103.

neigung, auch auf Depressionsperioden zutrifft —, der technische Fortschritt zum bestimmenden Faktor. Der Umstand, daß die Realkapitalbildung von beiden Größen abhängt, ist jedoch kein Grund, um den Tatbestand des technischen Fortschritts auf die Fälle von Produktivitätszunahme ohne zusätzliche Kapitalbildung zu beschränken. Wenn in einer Wirtschaftseinheit der Kapitalbestand über die Zunahme der Arbeitskräfte ausgedehnt wird, ist dies auf jeden Fall ein Zeichen dafür, daß in den Unternehmungen verbesserte Produktionsmethoden verwendet werden, die, auch wenn sie nur zum Teil autonom eingeführt und zum anderen Teil durch Zinssenkungen induziert worden sind, aus der Analyse des Zusammenhangs zwischen technischem Fortschritt und Wachstumsprozeß nicht ausgeschlossen werden dürfen[44].

Die Untersuchung führt somit zu dem Ergebnis, daß die Kapitalintensität langfristig als eine Funktion des technischen Fortschritts angesehen werden muß und daß folglich das Wachstum des Produktionsertrags vom technischen Fortschritt auch über die von ihm bewirkte Zunahme der Kapitalintensität beeinflußt wird. Es hängt von der jeweiligen Fragestellung ab, ob auch dieser Einfluß in der Maßzahl für den technischen Fortschritt erfaßt werden soll. Ist das der Fall, dann ist die adäquate Maßzahl für die Fortschritte der Produktionstechnik, die in einer Wirtschaftseinheit im Vergleich zur Ausgangsperiode erreicht worden sind, der Anstieg der Arbeitsproduktivität. Davon ausgehend, wird im folgenden Kapitel bei der Diskussion der Frage, welche Maßzahlen für die Fortschrittsrate der Produktionstechnik konkret gebildet werden können, grundsätzlich der Arbeitsproduktivitätsquotient zugrunde gelegt.

§ 4. Arbeitsproduktivität und strukturelle Veränderungen

Das Verhältnis von Produktionsertrag zum Arbeitsaufwand in einer aggregierten Wirtschaftseinheit ist aber nicht nur von der in den Unternehmungen angewandten Produktionstechnik abhängig, wie es bei der bisherigen Betrachtung unterstellt wurde. Neben den technischen Verbesserungen in den Unternehmungen, die entweder bei gegebenem Kapitalaufwand möglich werden oder mit einer Vergrößerung der Kapitalintensität verbunden sind, gibt es andere Faktoren, die ebenfalls zu einem Anstieg der Indexzahl für den Produktionsertrag je Arbeitseinheit führen können. Das ist in der Diskussion um die Frage der statistischen Messung des technischen Fortschritts durch Indexzahlen der

---

[44] "In a system in which the process of evolution goes on strongly, it is presumably not very far from the truth to say that practically all new plant that is being constructed beyond replacement, and much of what is being constructed by way of replacement, either embodies some innovation or is a response to situations traceable to some innovation." I. A. *Schumpeter*, Business Cycles vol. I, a. a. O., S. 94.

Arbeitsproduktivität ausführlich erörtert und bei der Interpretation der Ergebnisse durch entsprechende Einschränkungen berücksichtigt worden[45]. Einige der diskutierten Einflußgrößen sind in der vorliegenden Arbeit ebenfalls schon erwähnt worden, so z. B. die Abhängigkeit der induzierten technischen Verbesserungen von den Preisveränderungen, ferner die Abhängigkeit der Produktivitätsquotienten von der Kapazitätsausnutzung (die allerdings bei der Annahme linearer Produktionsfunktionen nicht besteht, solange nur ein Prozeß und nicht die unterschiedliche Kapazitätsausnutzung innerhalb einer Prozeßkombination betrachtet wird). Auf diese und die weiteren Einflußfaktoren braucht hier jedoch nicht im einzelnen eingegangen zu werden[46]. Sieht man von dem Einfluß der konjunkturellen Schwankungen ab, der vor allem bei kurzfristigen Betrachtungen berücksichtigt werden muß, dann läßt sich der Einfluß aller anderen Faktoren auf die allgemeine Formel bringen, daß das Verhältnis von Produktionsertrag zu Arbeitsaufwand außer von technischen Verbesserungen auch von strukturellen Veränderungen abhängig ist. Dabei ist zwischen (a) den Verschiebungen von Produktionsleistungen bzw. der Übertragung von Prozessen zwischen den Unternehmungen (Veränderungen in der vertikalen Struktur des Produktionsablaufs) und (b) den strukturellen Veränderungen der Nachfrage, die eine Verschiebung von Produktionsfaktoren zwischen den einzelnen Prozessen zur Folge haben, zu unterscheiden. Strukturelle Veränderungen der Gruppe (a) erfolgen sowohl in den Unternehmungen als auch zwischen den Unternehmungen; die Veränderungen der Gruppe (b) sind demgegenüber im wesentlichen als ein makroökonomisches Phänomen aufzufassen.

Beide Arten von Veränderungen, die Verschiebungen in der vertikalen Struktur der Produktionsprozesse und die Verschiebungen von Produktionsfaktoren zwischen den Prozessen, sind häufig miteinander verbunden und lassen sich in empirischen Untersuchungen nicht immer voneinander trennen. Die ökonomische Bedeutung der beiden Arten von Veränderungen läßt sich aber deutlich unterscheiden, wenn das Modell einer Gesamtwirtschaft analog zu dem im 2. Kap. § 3 d dargestellten Modell einer Prozeßkombination in einer Unternehmung als System linearer Gleichungen mit k Sektoren oder Industrien dargestellt wird. Es sei

---

[45] Eine erste übersichtliche Zusammenstellung der wichtigsten Faktoren, von denen die Entwicklung der Arbeitsproduktivität abhängt, findet sich bereits in der Arbeit von W. *Bauer,* Technischer Fortschritt und Produktivität, a. a. O., S. 134.

[46] Zur eingehenderen Unterrichtung sei auf die zitierten Arbeiten von L. *Rostas* und S. *Bell* verwiesen, ferner: I n t e r n a t i o n a l L a b o r O f f i c e, Methods of Labor Productivity Statistics, Genf 1951.

$$\mathfrak{C} = \begin{bmatrix} 1 & -c_{12} & \cdots & -c_{1k} \\ -c_{21} & 1 & \cdots & -c_{2k} \\ \cdot & \cdot & & \cdot \\ \cdot & \cdot & & \cdot \\ \cdot & \cdot & & \cdot \\ -c_{m1} & -c_{m2} & & 1 \\ -c_{m+1,1} & -c_{m+1,2} & \cdots & -c_{m+1,k} \\ \cdot & \cdot & & \cdot \\ \cdot & \cdot & & \cdot \\ \cdot & \cdot & & \cdot \\ -c_{n1} & -c_{n2} & \cdots & -c_{nk} \end{bmatrix} \qquad (1)$$

die Matrix der von den Industrien 1, ..., k pro Ausbringungseinheit verbrauchten Mengen der Güter 1, ..., n, wobei die Güter m + 1, ..., n die nicht in dem System produzierten Primärgüter oder Produktionsfaktoren darstellen (m = k). Bezeichnet y_i die Ausbringungsmenge des Gutes i (i = 1, ..., m), die nicht im Produktionssektor verbraucht wird, dann ist

$$\mathfrak{y} = \begin{bmatrix} y_1 \\ \cdot \\ \cdot \\ \cdot \\ y_n \end{bmatrix} \quad (y_i \geqq 0) \qquad (2)$$

der Spaltenvektor der Endprodukte (final output), die in dem betrachteten Wirtschaftssystem an den Endverbrauchssektor abgegeben, d. h. konsumiert (oder investiert) werden. Weiter ist

$$\mathfrak{x} = \begin{bmatrix} x_1 \\ \cdot \\ \cdot \\ \cdot \\ x_k \end{bmatrix} \quad x_i > 0 \qquad (3)$$

der Spaltenvektor der Intensitäten (= Zahl der Einheitsprozesse), mit denen die m Industrien arbeiten müssen, um die vorgegebenen Mengen an Endprodukten zu produzieren. Das Modell einer aggregierten Wirtschaftseinheit kann folglich, ebenso wie die Prozeßkombination in einer Unternehmung (vgl. Gleichung 22 im 2. Kap.), durch das Gleichungssystem

$$\mathfrak{C}\mathfrak{x} = \mathfrak{y} \qquad (4)$$

beschrieben werden. Die beiden Arten von strukturellen Veränderungen lassen sich an diesem Modell folgendermaßen erklären. Die Veränderungen in der vertikalen Struktur des Produktionsablaufs ergeben Veränderungen der Koeffizientenmatrix $\mathfrak{C}$ in der Weise, daß einzelne Prozesse ganz oder teilweise miteinander vereint werden oder ein Prozeß in mehrere aufgespalten wird. Veränderungen der Nachfragestruktur hingegen bedeuten eine Veränderung des Vektors der Endprodukte und damit eine Veränderung des Intensitätsvektors $\mathfrak{x}$. Das heißt, die Veränderungen der Nachfrage haben Veränderungen der Kapazitätsausnutzung der einzelnen Prozesse zur Folge, sie bewirken auf diese Weise eine Verschiebung der Produktionsfaktoren zwischen den Industrien oder Sektoren.

Der ersten Gruppe von strukturellen Veränderungen entsprechen bei empirischer Betrachtung die Fälle, in denen eine Unternehmung ihre Produktionstiefe verändert, z. B. die Eigenproduktion eines von ihr benötigten Zwischenprodukts aufgibt und stattdessen das Produkt von anderen Unternehmungen kauft. Damit ist ein bisher von einer bestimmten Unternehmung betriebener Prozeß einer anderen Unternehmung übertragen worden. Dementsprechend verändert sich in der betrachteten Unternehmung das Verhältnis von Endprodukten und Primärgütern, insbesondere vergrößert sich das Verhältnis zwischen Produktionsertrag und (nunmehr geringerem) Arbeitsaufwand. Das heißt, die Arbeitsproduktivität ist gestiegen, obwohl die technischen Bedingungen in den bei der Unternehmung verbliebenen Produktionsabteilungen die gleichen wie bisher geblieben sind. Das gilt auch für aggregierte Wirtschaftseinheiten; immer wenn ein Prozeß betrachtet wird, der eigentlich eine Kombination von Prozessen darstellt, ist deshalb der Schluß von veränderten Produktivitätskoeffizienten auf eine veränderte Produktionstechnik nur unter der Voraussetzung zulässig, daß sich die vertikale Integration in der betrachteten Wirtschaftseinheit, d. h. die Zahl der Produktionsstufen, die sie umfaßt, nicht geändert hat. Liegen solche Veränderungen vor, dann ergibt sich für die statistische Produktivitätsmessung das Problem, sie aus der Berechnung der Produktivitätsindices auszuschalten. *Evans* hat gezeigt, daß ein derartiger Index gebildet werden kann, wenn für die betrachtete Wirtschaftseinheit eine Input-Output-Matrix vorliegt, die es ermöglicht, die in a l l e n Prozessen für die Herstellung eines bestimmten Endproduktes während einer Periode angewendete Arbeit zu ermitteln („total embodied labor") [47]. Im allgemeinen sind Input-Output-Tabellen jedoch nicht verfügbar, außerdem müßte für die empirische Anwendung vorausgesetzt werden können, daß mit jedem Prozeß nur ein Gut hergestellt wird. Die praktische Produktivitätsmessung bleibt deshalb auf die Anwendung von Indices beschränkt, die den Produktionsertrag einer einzelnen Wirtschaftseinheit (Industriezweig, Unternehmung) unmittelbar auf die in der gleichen Wirtschaftseinheit geleisteten „direkten" Arbeitsstunden beziehen. Auch hier könnte allerdings noch versucht werden, den betrieblichen Fertigungsprozeß in einer einzelwirtschaftlichen empirischen Analyse in Teilprozesse gleicher Produktionstiefe aufzuspalten und nur die Veränderungen der für die Teilprozesse

---

[47] Vgl. W. D. *Evans*, Indexes of Labor Productivity as a Partial Measure of Technological Change, a. a. O., S. 46.

gebildeten Produktivitätskoeffizienten zu ermitteln[48]. In vielen Fällen kann eine solche Aufspaltung des betrieblichen Produktionsprozesses jedoch nicht oder nur sehr schwer durchgeführt werden (bei einer Untersuchung von aggregierten Wirtschaftseinheiten ist es ohnehin nicht möglich, auf die betrieblichen Teilprozesse zurückzugreifen).

Hier bietet sich jedoch eine andere Lösung des Problems, wenn das Produktionsergebnis einer Unternehmung oder eines Sektors nicht in Mengeneinheiten oder Bruttoumsatzwerten sondern als Wertschöpfung, d. h. als der den Gütern in dem jeweiligen Prozeß hinzugefügten Wert („net value added by manufacture") berechnet werden kann, denn das Verhältnis von Wertschöpfung zu Arbeitsaufwand ist von vertikalen Strukturverschiebungen unabhängig. Die Wertschöpfung kann allerdings für statistische Zwecke nicht exakt ermittelt werden, stattdessen werden von den statistischen Ämtern die sogenannten Nettoproduktionswerte, und zwar durch die Subtraktion des Materialverbrauchs von den Bruttoproduktionswerten berechnet[49]. Sie umfassen neben der eigentlichen Wertschöpfung noch Werte für Vorleistungen anderer Wirtschaftseinheiten, z. B. Transportkosten, sowie die Abschreibungen und Kostensteuern[50], so daß bei ihrer Verwendung zur Berechnung von Indices der Arbeitsproduktivität auch noch keine vollständige Elimination der vertikalen Übertragung von Prozessen, z. B. von Transportleistungen, erreicht wird.

Die bisher betrachtete Art von strukturellen Veränderungen ist zumindest prinzipiell noch mit der Aussage, daß der für einen gesamtwirtschaftlichen Sektor gemessene Anstieg der Arbeitsproduktivität von den technischen Verbesserungen in den Unternehmungen bewirkt wird, vereinbar, weil diese Vorgänge, von der Gesamtwirtschaft aus gesehen, auch noch als organisatorische Verbesserungen interpretiert werden können, die den technischen Verbesserungen im engeren Sinne gleichzustellen wären. Im Vergleich dazu bedeuten die strukturellen Veränderungen der Gruppe (b) — veränderte Intensitäten — einen noch schwerwiegen-

---

[48] Eine solche Aufspaltung der Produktionsvorgänge in einer Unternehmung für die Zwecke der Produktivitätsmessung ist von Siegel unter der Bezeichnung "subproduct approach" diskutiert worden. Vgl. I. H. *Siegel*, Aspects of Productivity Measurement and Meaning, in: EPA (Ed.), Productivity Measurement, vol. I: Concepts, a. a. O., S. 50 f.
[49] Diese Methode ist im Prinzip schon bei den Berechnungen des *Instituts für Konjunkturforschung* (heute Institut für Wirtschaftsforschung) angewendet worden, das 1928 mit den Indexberechnungen für die Produktion der deutschen Industrie begonnen hat. Vgl. aus den Veröffentlichungen des Instituts: „Zur Neuberechnung der Indexziffer der industriellen Produktion", Vierteljahreshefte zur Konjunkturforschung, 4. Jg. (1929), Heft 4 Teil A; „Zur Neuberechnung der Indexziffer der gewerblichen Gütererzeugung", Anhang zu Vierteljahreshefte zur Konjunkturforschung, 7. Jg. (1932), Heft 4 Teil A.
[50] Vgl. W. *Rüdiger*, Neuberechnung des Index der industriellen Nettoproduktion, Wirtschaft und Statistik, 8. Jg. N. F. (1956), S. 132.

deren Einwand gegen die Identifizierung der Steigerungsrate der Arbeitsproduktivität (oder auch eines jeden anderen Produktivitätsquotienten) mit der Fortschrittsrate der Produktionstechnik. Denn hierbei tritt der Fall ein, daß in einer aggregierten Wirtschaftseinheit Produktivitätssteigerungen vorliegen können, ohne daß sich an den technischen Kombinationen in den Unternehmungen etwas geändert hat. Ebenso ist der Fall denkbar, daß die Produktivität in allen einzelnen Sektoren einer Wirtschaftseinheit steigt, für die Wirtschaftseinheit insgesamt aber fällt, weil sich die Sektoren, in denen die Produktivität niedrig ist, verhältnismäßig stärker ausgedehnt haben.

Diese Wirkung der zweiten Gruppe von strukturellen Veränderungen läßt sich an dem durch das Gleichungssystem (4) beschriebenen Modell einer aggregierten Wirtschaftseinheit zeigen. In dieser Wirtschaftseinheit wird mit den von der Matrix $\mathfrak{C}$ beschriebenen technischen Bedingungen ein „final output" $\mathfrak{y}$ produziert, der der gegebenen Nachfragestruktur entspricht. Um $\mathfrak{y}$ zu produzieren, müssen die einzelnen Prozesse mit den Intensitäten $\mathfrak{x}$ angewandt werden, die bei gegebenem $\mathfrak{C}$ eine Funktion des Endgütersektors und damit der Nachfrage sind. Angenommen das Gut x_n sei die in Stunden gemessene Arbeit, dann ist

$$X_n = (x_{n1}, \ldots, x_{nk}) \cdot \mathfrak{x} \qquad (5)$$

der Arbeitsaufwand, der in allen Prozessen zusammen zur Herstellung von $\mathfrak{y}$ benötigt wird. Das Verhältnis von X_n zu $\mathfrak{y}$ stellt die pro Einheit des „final output" benötigte Arbeitsmenge, sein reziproker Wert die statistische Arbeitsproduktivität dar. Wie Gleichung (5) zeigt, ist der gesamte Arbeitsaufwand in der betrachteten Wirtschaftseinheit erstens durch die Matrix der Einheitsaufwände $\mathfrak{C}$, d. h. durch die angewandte Produktionstechnik, und zweitens durch den Vektor der Intensitäten $\mathfrak{x}$, d. h. durch die Kapazitätsausnutzung in den einzelnen Sektoren bestimmt. Veränderungen der Nachfragestruktur, die, da sie eine Veränderung des „final output" $\mathfrak{y}$ bewirken, auch eine Veränderung von $\mathfrak{x}$ zur Folge haben, beeinflussen folglich die Arbeitsproduktivität auch bei gegebener Matrix $\mathfrak{C}$, d. h. bei gegebener und unveränderter Produktionstechnik. Das bedeutet, daß in einer aggregierten Wirtschaftseinheit auch bei gleichbleibender Produktionstechnik ein Anstieg der Arbeitsproduktivität eintreten kann, nämlich dann, wenn eine Veränderung der Nachfragestruktur eine Verschiebung der Arbeitskräfte zu Industrien mit relativ hoher Arbeitsproduktivität zur Folge hat, wie es insbesondere in einer wachsenden Wirtschaft der Fall ist. Das bezeichnende Beispiel dafür ist der historische Prozeß der Verschiebung von der landwirtschaftlichen zur industriellen Produktion (der allerdings, was seine Auswirkungen auf die gesamtwirtschaftliche Arbeitsproduktivität anbelangt, von der ständigen technischen Weiterentwicklung in der Industrie überlagert wurde). In neuerer Zeit ist eine ähnliche säkulare Verschiebung mit umgekehrtem Resultat zwischen der industriellen Produktion und den Dienstleistungssektoren zu beobachten, die tendenziell auf eine Abnahme des realen Produktionsertrages pro Kopf je Beschäftigten hinwirkt[51].

Aus alledem folgt, daß Indexzahlen für die Steigerung der Arbeitsproduktivität in aggregierten Wirtschaftseinheiten, sofern bei ihrer Berechnung der Einfluß der Strukturveränderungen nicht eliminiert wird, nur unter starken Einschränkungen als Maßzahlen für die Fortschritte der Produktionstechnik bzw. für den technischen Fortschritt interpretiert werden können. Solche Indexzahlen sind auch von den Veränderungen der Nachfragestruktur abhängig, die zwar zum Teil selbst eine Folge der technischen Entwicklung (neue Verbrauchsgüter) sind, aber ebenso auch infolge der Veränderungen aller anderen ökonomischen und außerökonomischen Parameter eines ökonomischen Systems, wie z. B. infolge von Veränderungen der Bevölkerungsstruktur, des Lohnsatzes oder der Preisrelationen, eintreten kann (der Einwand gilt gegen alle Arten von Produktivitätsindices, nicht nur gegen die Indexzahlen der Arbeitsproduktivität).

Um die Steigerungsrate der Arbeitsproduktivität ohne Einschränkung als Maßzahl für die Fortschritte der Produktionstechnik interpretieren zu können, muß folglich vorausgesetzt werden, daß sich der Einfluß der strukturellen Veränderungen bei der Indexberechnung ausschalten läßt. In welchem Umfang dies möglich ist, soll im folgenden Kapitel erörtert werden. An dieser Stelle ist abschließend zu den Betrachtungen dieses Kapitels nur zu erwähnen, daß die Einschränkungen, die sich aus der Abhängigkeit der Produktivitätsindices von den strukturellen Veränderungen ergeben, stark an Bedeutung verlieren, wenn bei der Indexberechnung von kleinen Aggregaten ausgegangen werden kann bzw. wenn nur kleinere Wirtschaftseinheiten betrachtet werden[52].

---

[51] Mit diesem Entwicklungstrend hat sich besonders J. Fourastié befaßt, der sie als Verschiebung zwischen „sekundärem" und „tertiärem" Sektor bezeichnet. Der „tertiäre" Sektor, der „den Handel, die Verwaltung, das Unterrichtswesen, die freien Berufe und eine große Zahl von Handwerksberufen" umfaßt, ist nach Fourastié dadurch charakterisiert, daß er, im Gegensatz zum „sekundären Sektor" mit großem technischen Fortschritt (Industrie) und dem „primären Sektor" mit mittelmäßig starkem Fortschritt (Landwirtschaft), nur einen geringen oder gar keinen technischen Fortschritt aufweist. Vgl. J. *Fourastié*, Die große Hoffnung des Zwanzigsten Jahrhunderts, a. a. O., S. 77 ff. — Die Unterscheidung zwischen den drei Sektoren ist zuvor — allerdings ohne ausdrückliche Bezugnahme auf den technischen Fortschritt — von C. *Clark*, Conditions of Economic Progress, a. a. O., gebraucht worden.

[52] Vgl. z. B. die Behandlung des Problems durch Colm, der als Bestimmungsgründe für die Arbeitsproduktivität unterscheidet erstens "a shift in employment from industry to industry" und zweitens "the increase in output per man-hour within particular branches of industry" infolge von "technological and managerial advances". G. *Colm*, The American Economy in 1960, a. a. O., S. 20.

Sechstes Kapitel

Statistische Maßzahlen für die Fortschrittsrate der Produktionstechnik

§ 1. Indexzahlen des Produktionsergebnisses je Einheit des Arbeitsaufwandes und ihre durchschnittlichen Steigerungskoeffizienten

In diesem Kapitel werden einige Maßzahlen beschrieben, mit denen die Fortschrittsrate der Produktionstechnik und der Beitrag der technischen Entwicklung zur Wachstumsrate des Produktionsertrages numerisch bestimmt werden können. Diesen Maßzahlen liegt das Verhältnis von Produktionsertrag und Arbeitsaufwand zugrunde, von dem im vorangegangenen Kapitel gezeigt wurde, daß es — unter bestimmten Einschränkungen hinsichtlich seiner Abhängigkeit von strukturellen Veränderungen — als zweckmäßigster numerischer Indikator für die technischen Verbesserungen in den Unternehmungen bzw. die Fortschritte der Produktionstechnik interpretiert werden kann. Aus diesem Verhältnis werden folgende Maßzahlen abgeleitet:

a) Indexzahlen des Produktionsergebnisses je Einheit des Arbeitsaufwandes,

b) durchschnittliche Wachstumsraten des Produktionsergebnisses je Einheit des Arbeitsaufwandes,

c) die von der Produktivitätssteigerung abhängige Zuwachsrate des Produktionsergebnisses, und

d) der Quotient aus dieser Zuwachsrate und dem gesamten Produktionszuwachs einer Periode, der als Produktivitätsquote bezeichnet wird.

Im vorliegenden Paragraphen werden die Indexzahlen des Produktionsergebnisses je Einheit des Arbeitsaufwandes oder, kurz, der Arbeitsproduktivität und ihre Steigerungsraten bzw. Steigerungskoeffizienten behandelt, und zwar sind in diesem Zusammenhang grundsätzlich nur die positiven Veränderungen der Indexzahlen von Interesse, die unabhängig von konjunkturellen und saisonalen Schwankungen ermittelt werden können. Die Aussagen, die sich aus den Indexzahlen hinsichtlich der Fortschritte der Produktionstechnik ableiten lassen, beziehen sich grundsätzlich auf die zeitlichen oder räumlichen Niveauunterschiede im Stande der angewandten Produktionstechnik. Zum Beispiel betrug die vom Statistischen Bundesamt auf der Basis 1950 = 100 für die gesamte Industrie[1] der Bundesrepublik errechnete Indexzahl des Produktionsergebnisses je Arbeiterstunde für 1957 = 150. Werden die strukturellen Veränderungen vernachlässigt, besagt diese Zahl, daß die im Jahre 1957 angewandte Produktionstechnik im Durchschnitt um soviel leistungsfähiger als die 1950 angewandte Produktionstechnik war, daß mit einer Arbeitsstunde ein um die Hälfte höheres Produktionsergebnis erzielt werden konnte. Mit dieser Angabe ist zugleich zum Ausdruck gebracht, daß in der betrachteten Periode technische Verbesserungen in den Unternehmungen in einem entsprechenden Ausmaß erfolgt sein müssen. Damit erhebt sich die Frage, in welcher Weise die Indexzahl berechnet sein muß, damit diese Aussage auch zutrifft.

Der jeweiligen theoretischen Fragestellung entsprechend können Indices der Arbeitsproduktivität in der verschiedensten Weise gebildet werden[2]. Die grundsätzlichen Probleme, die sich dabei ergeben, sind im Zusammenhang mit den in den letzten Jahren besonders von den Vereinigten Staaten von Amerika angeregten Bemühungen um eine Steigerung des Produktivitätsniveaus in den europäischen Volkswirtschaften eingehend erörtert worden[3]. Es handelt sich dabei einmal um statistische Erhebungsprobleme, die sich bei der Ermittlung des Produktionsergebnisses sowie bei der Messung des Arbeitsaufwandes ergeben, zum anderen geht es um die Frage, welche Indexformel für die jeweils behandelte analytische Fragestellung zweckmäßig ist. Auf diese Fragen wird im folgenden soweit eingegangen, wie es das hier behandelte Problem, die Messung des technischen Fortschritts, erfordert[4].

a) Statistische Erhebungsprobleme

(a) Die wichtigsten erhebungstechnischen Fragen bei der Ermittlung des Produktionsergebnisses betreffen die Definition der Güter (einschließl. Dienstleistungen) und die Abgrenzung der Wirtschaftseinheiten. Der Umstand, daß im allgemeinen in jeder Unternehmung mehrere Güter produziert werden und daß ferner bestimmte Güter zu einem erheblichen Teil in „branchenfremden" Unternehmungen hergestellt werden[5], macht es unmöglich, Produktivitätsindices für einzelne Güter zu berechnen.

---

[1] ohne Bauwirtschaft und Energieversorgung.
[2] "The individual character of the various types of productivity measurements cannot be over-emphasized ... There is no master formula applicable to all cases and all situations." G. *Deurinck*, in: EPA (Ed.), Productivity Measurement, vol. I: Concepts, a. a. O., S. 19.
[3] Die Literatur zu diesen Fragen ist in der letzten Zeit in einem nicht mehr zu übersehenden Umfang angewachsen. Vgl. European Productivity Agency (Ed.), Bibliography on Productivity, Paris 1956. In dieser Veröffentlichung werden mehr als 1000 Titel angeführt.
[4] Zur eingehenderen Unterrichtung vgl. bes. International Labor Office, Methods of Labor Productivity Statistics, a. a. O.
[5] Vgl. dazu die Übersicht bei W. *Rüdiger*, Neuberechnung des Index der industriellen Nettoproduktion, a. a. O., S. 131.

Wäre dies möglich und könnten dabei die gesamten für die Herstellung eines bestimmten Gutes aufgewendeten Arbeitsleistungen — also auch die in den Vorleistungen anderer Wirtschaftseinheiten und in den Kapitalgütern enthaltene „indirekte" Arbeit — berücksichtigt werden, dann würden derartige „Warenproduktivitäten" sehr genaue Aussagen über die technischen Fortschritte, die bei der Produktion des betreffenden Gutes erzielt worden sind, ermöglichen. Es handelt sich hier um Aussagen der Art, daß — nach einem Beispiel von Fourastié[6] — zur Erzeugung eines Zentners Getreide im Jahre 1800 drei Arbeitsstunden, im Jahre 1950 hingegen weniger als zehn Minuten benötigt wurden, und zwar „einschließlich Bau und Transport des Mähdreschers". Angaben dieser Art sind besonders in internationalen Produktivitätsvergleichen beliebt; sie lassen sich aber weder exakt ermitteln noch für die Bildung einer allgemein zutreffenden Maßzahl verwenden. Deshalb werden von den statistischen Ämtern stattdessen „institutionelle" Produktivitätsberechnungen durchgeführt, bei denen die in einer Unternehmung oder größeren Wirtschaftseinheit während einer Zeitperiode erbrachte Produktionsleistung mit dem zurechenbaren Arbeitsaufwand in der gleichen Wirtschaftseinheit verglichen wird.

Als „bestes" Maß für die Produktionsleistung wird allgemein die Wertschöpfung angesehen[7], die aber, wie bereits erwähnt wurde, nur annäherungsweise durch die Berechnung der sogenannten Nettoproduktionswerte erfaßt werden kann. Um die Verbesserungen in den technischen Bedingungen der Produktion zu ermitteln, wäre es allerdings im Prinzip richtiger, wenn dazu Mengenangaben verwendet würden[8]. Da aber — abgesehen von dem offenbar äußerst seltenen Fall, daß nur ein einzelnes im Zeitverlauf homogenes Gut produziert wird — auch „Mengenindices" eine Bewertung der Güter mit ihren Preisen erfordern, so daß praktisch bei der Berechnung der Bruttoproduktionswert (in konstanten Preisen) benutzt werden müßte, ist der Nettoproduktionswert vorzuziehen, weil dieser dem Bruttoproduktionswert gegenüber den großen Vorteil hat, unabhängig von der Produktionstiefe zu sein.

(b) Der Arbeitsaufwand wird in den meisten Fällen in Arbeiterstunden gemessen, doch kann es für bestimmte Zwecke sinnvoll sein, auch die Zahl der Beschäftigten (Arbeitsjahre), Arbeitstage (Schichtleistungen) oder Arbeitswochen zugrunde zu legen. Für die Ermittlung der

---

[6] Vgl. J. *Fourastié*, Die große Hoffnung des Zwanzigsten Jahrhunderts, a. a. O., S. 30.

[7] Vgl. bes. G. *Fürst*, Die amtliche Statistik im Dienste der Produktivitätsmessung, a. a. O.

[8] Rostas vergleicht für 31 Industrien die Ergebnisse von Berechnungen des "physical output per worker" und des "value of net output per head". Beide Berechnungsmethoden führen danach zu ungefähr gleichen Ergebnissen. Vgl. L. *Rostas*, Comparative Productivity in British and American Industry, a. a. O.

technischen Verbesserungen ist es angebracht, einen Index der Arbeiterstunden zu verwenden. Unter den notwendigen Einschränkungen kann das Verhältnis von Produktionsertrag zu Arbeiterstunden als allein von den technischen Bedingungen eines Produktionsprozesses abhängig angesehen werden. Das gilt aber nicht für das Produktionsergebnis je Beschäftigten, da hierbei auch solche Bereiche einer Unternehmung (wie z. B. Einkaufs- und Verkaufsabteilungen oder Verwaltungs- und Revisionsabteilungen) in die Betrachtung einbezogen werden, deren Arbeitsaufwand in keinerlei technisch bestimmtem Zusammenhang zu der Ausbringung in den Produktionsabteilungen der Unternehmung steht.

In der Diskussion um die Produktivitätsmessung ist vielfach gefordert worden, daß das Produktionsergebnis einer Unternehmung nicht nur auf die in der Unternehmung aufgewendeten „direkten" Arbeitsleistungen bezogen werden dürfte, sondern daß auch die in den Vorleistungen anderer Unternehmungen sowie in den Kapitalgütern enthaltenen „indirekten" Arbeitsleistungen berücksichtigt werden müßten[9]. Das Verhältnis von Produktionsertrag zu direktem und indirektem Arbeitsaufwand wird als „Totale Arbeitsproduktivität" bezeichnet[10]. Begründet wird diese Forderung damit, daß die Produktivitätszunahme allgemein durch den erhöhten Einsatz von Kapitalgütern erreicht wird, zu deren Herstellung (oder deren Ersatz) aber ebenfalls Arbeitsleistungen in anderen Wirtschaftseinheiten notwendig sind. Da es (abgesehen von den Möglichkeiten, die bei Verwendung von Input-Output-Tabellen für die Ermittlung des totalen Arbeitsaufwandes in der jeweils betrachteten Periode gegeben sind) praktisch nicht möglich ist, den in den einzelnen Gütern „gebundenen" Arbeitsaufwand zu ermitteln, ist verschiedentlich vorgeschlagen worden, den gesamten Produktionsmittelaufwand durch Division mit einem entsprechend gewählten durchschnittlichen Lohnsatz in Arbeitsstunden umzurechnen[11]. Auf die Frage, ob ein solches Verfahren zweckmäßig ist[12], braucht an dieser Stelle nicht eingegangen zu werden, denn bei der Messung des technischen Fortschritts im Sinne der Anwendung technisch überlegener Prozesse in den einzelnen Unternehmungen wäre eine Berücksichtigung der „indirekten" Arbeit keinesfalls angebracht. Wie oben dargelegt wurde, bestehen die meisten technischen Verbesserungen gerade in der Verwendung von sachlichen Produktionsmitteln anstelle von Arbeit. Der Umfang der Substitution von Arbeit

---

[9] Vgl. z. B. die Diskussion dieser Frage bei *Rostas*, ebenda. S. 14 ff.
[10] J. *Dayre*, Productivité, Mesure du Progrès, Paris 1952, S. 43.
[11] Vgl. J. *Robinson*, The Production Function and the Theory of Capital, The Review of Economic Studies, vol. 21 (1953/54); sowie D. G. *Champernowne*, The Production Function and the Theory of Capital: A Comment, ebenda.
[12] Zur Kritik vgl. bes. I n t e r n a t i o n a l   L a b o r   O f f i c e (Hsg.), Methods of Labor Productivity Statistics, a. a. O., S. 32 ff.

durch Kapital in einer Wirtschaftseinheit kann aber offenbar nur durch Produktivitätsindices gemessen werden, die den Produktionsertrag auf die direkten Arbeitsaufwendungen in der betrachteten Wirtschaftseinheit beziehen.

b) Die Elimination des Einflusses der strukturellen Veränderungen

Von den Fragen, die die Bildung einer zweckmäßigen Indexformel betreffen, ist in dem hier untersuchten Zusammenhang besonders die Frage einer möglichen Elimination der strukturellen Veränderungen von Interesse, die zunächst am Beispiel eines Prozesses bzw. einer Unternehmung erläutert werden soll. Um die Produktivitätszunahme $\pi_{0,1}$ zwischen den Perioden $t = 0$ und $t = 1$ zu ermitteln, sind die Produktivitätsquotienten

$$\lambda_0 = \frac{\sum x_0 p_0}{\sum h_0} \quad \text{und} \quad \lambda_1 = \frac{\sum x_1 p_0}{\sum h_1} \qquad (1)$$

für die beiden Perioden zu bilden, in denen h die Arbeitseinheit, x die produzierten Gütermengen und p die Preise der Güter bezeichnet (summiert wird über die Zahl der Güter bzw. der Arbeitseinheiten, der Summenindex ist zur Vereinfachung weggelassen worden). Damit auch bei veränderten Preisen die Vergleichbarkeit gewährleistet ist, müssen in beiden Perioden die Preise $t = 0$ verwendet werden. Wie oben ausgeführt wurde, ist es ferner vorteilhaft, anstelle des Bruttoproduktionswertes, $\sum x_i p_i$, die im folgenden mit w_i bezeichneten Nettoproduktionswerte zu verwenden, die ebenfalls zu konstanten Preisen berechnet werden. Für eine einzelne Unternehmung (einen Prozeß) ergibt sich folglich die Produktivitätsmeßzahl

$$\pi_{0,1} = \frac{\lambda_1}{\lambda_0} 100 = \left(\frac{w_1}{\sum h_1} : \frac{w_0}{\sum h_0} \right) 100. \qquad (2)$$

Bei der praktischen Berechnung kann nicht berücksichtigt werden, daß sich das Produktionsprogramm einer Unternehmung im Zeitverlauf ändert und daß insbesondere neue Güter auftreten können. Daraus ergeben sich Einschränkungen für die Aussagefähigkeit der Produktivitätsmeßzahl, wenn die beiden miteinander verglichenen Perioden einen längeren Zeitraum einschließen. Ausgehend von den Produktivitätsmeßzahlen π_i für die einzelnen Unternehmungen (Prozesse) wird in einer aggregierten Wirtschaftseinheit die Produktivitätssteigerung durch eine Indexzahl

$$I\pi_{0,1} = \frac{\sum \pi_{0,1} h_0}{\sum h_0} \qquad (3)$$

(summiert über die Zahl der Unternehmungen) gemessen. Die Indexzahl stellt einen gewogenen Mittelwert der Produktivitätssteigerungen in den einzelnen Unternehmungen dar, die mit dem Arbeitsaufwand in den einzelnen Unternehmungen in der Basisperiode gewichtet sind[13]. Der Index mißt folglich die Produktivitätssteigerung zwischen den Perioden $t = 0$ und $t = 1$, die eingetreten wäre, wenn sich das Verhältnis der Arbeitsaufwendungen in den einzelnen Unternehmungen zum Gesamtarbeitsaufwand gegenüber der Basisperiode nicht verändert hätte.

Die Gewichtung der einzelnen Veränderungen mit konstanten Strukturkoeffizienten hat im allgemeinen für die Indexberechnung den Nachteil, daß im Ergebnis nicht die tatsächlichen Veränderungen, sondern die Veränderungen einer hypothetischen Größe gemessen werden, die von dem eigentlich zu messenden Tatbestand um so weiter abweicht, je länger der Zeitraum ist, für den die Indexzahl berechnet wird. Um diesen Nachteil zu vermeiden, sind in den Untersuchungen zur Indextheorie schon mehrfach Indexzahlen vorgeschlagen worden, die es gestatten sollen, mit veränderlichen Gewichtszahlen zu rechnen[14]. Für die Messung der Produktivitätssteigerung ist jedoch umgekehrt das Rechnen mit den Strukturkoeffizienten der Basisperiode gerade ein Mittel, um den Einfluß der strukturellen Veränderungen auf die Arbeitsproduktivität aus der Rechnung zu eliminieren. Wie oben gezeigt wurde, ist die Produktivitätszunahme erstens von den technischen Verbesserungen in den Unternehmungen und zweitens von den strukturellen Verschiebungen der Produktionsfaktoren abhängig. Vorausgesetzt, daß die Veränderung der Beschäftigtenzahlen ein hinreichend genaues Kriterium für die strukturellen Veränderungen bietet, hat eine Gewichtung der Produktivitätssteigerung in den einzelnen Unternehmungen mit den Beschäftigtenzahlen der Basisperiode den Effekt, die Wirkungen zu eliminieren, die von der Veränderung der relativen Beschäftigungszahlen auf das Verhältnis von Produktionsergebnis zu Arbeitsaufwand ausgehen. Das soll an einem Beispiel demonstriert werden.

Dazu wird angenommen, daß eine Wirtschaftseinheit aus zwei Sektoren besteht, von denen der eine Investitionsgüter, der andere Konsumgüter herstellt. Die folgende Übersicht zeigt die für die Berechnung notwendigen Daten und die aus ihnen ermittelten Indexzahlen:

---

[13] Das Symbol h_0 kann dabei entweder den Arbeitsaufwand in konkreten Größen oder aber den prozentualen Anteil der einzelnen Unternehmungen an dem gesamten Arbeitsaufwand aller Unternehmungen in der Basisperiode bezeichnen.
[14] Vgl. z. B. G. *Haberler*, Der Sinn der Indexzahlen. Eine Untersuchung über den Begriff des Preisniveaus und die Methoden seiner Messung, Tübingen 1927. — R. *Frisch*, Annual Survey of General Economic Theory: The Problem of Index Numbers, Econometrica, vol. 4 (1936).

Periode	Investitionsgütersektor	Konsumgütersektor	Gesamte Industrie
Periode $t=0$:			
w_0	1 800	3 000	4 800
h_0	900	2 700	3 600
λ_0	2,0	1,11	1,33
Periode $t=1$:			
w_1	1 980	4 420	6 400
h_1	900	3 900	4 800
λ_1	2,2	1,13	1,33
$\pi_{0,1}$ (Indexzahlen)	110	102	100

In diesem Beispiel[15] ist die Arbeitsproduktivität in beiden Sektoren gestiegen, in der gesamten Industrie aber gleichgeblieben, weil der relative Anteil des Konsumgütersektors, der die niedrigere Arbeitsproduktivität aufweist, an der Gesamtbeschäftigung stark zugenommen hat. Die aus den Zahlen für die gesamte Industrie berechnete Produktivitätssteigerung (im Beispiel = 0) läßt keine Aussage über die Fortschritte der Produktionstechnik zu, die, wie die Zahlen für die einzelnen Sektoren zeigen, in der betrachteten Periode erzielt worden sind.

Das Ergebnis kommt zustande, weil der Index für die gesamte Industrie nach der Formel

$$I'_{\pi\,0,1} = \left(\frac{\sum w_{i_1}}{\sum h_{i_1}} : \frac{\sum w}{\sum h_{i_0}} \right) 100 \qquad (4)$$

berechnet worden ist, die analog zu der Formel für die Produktivitätsmeßzahl eines Prozesses — vgl. Gleichung (2), S. 124 — gebildet ist. Das ergibt in dem dargestellten Beispiel:

$$I'_{\pi\,0,1} = \left(\frac{6400}{4800} : \frac{4800}{3600} \right) 100 = 100.$$

Ein in dieser Weise gebildeter Index reflektiert also auch die strukturellen Verschiebungen und kann deshalb nicht als Maßzahl für die technischen Verbesserungen in den Unternehmungen interpretiert werden. Ein nach Gleichung (3) berechneter Index würde demgegenüber für die gesamte Industrie

---

[15] Ähnliche Beispiele bei J. W. *Kendrick*, National Productivity and Its Long-Term Projection, a. a. O.; und Österreichisches Institut für Wirtschaftsforschung (Hsg.), Zur Berechnung von Indizes der Produktivität, 11. Sonderheft, Wien 1957.

$$I_{\pi 0,1} = \left(\frac{110 \cdot 900 + 102 \cdot 2700}{3600} \right) = 104{,}0$$

ergeben, d. h. eine Produktivitätssteigerung im Durchschnitt der beiden Industrien von 4,0 % anzeigen. Diese Produktivitätszunahme ist das Ergebnis der technischen Verbesserungen in den beiden Sektoren und gibt den in der gesamten Industrie erzielten Fortschritt als Resultante aus den Fortschritten in den einzelnen Sektoren und deren relative Bedeutung für die gesamte Industrie an.

Bei praktischen Indexberechnungen für größere Wirtschaftseinheiten wird aber häufig nach der Formel (4) verfahren, die sich in einer für die Berechnung günstigen Weise zu

$$I'_{\pi 0,1} = \left(\frac{\sum w_{i_1}}{\sum w_{i_0}} : \frac{\sum h_{i_1}}{\sum h_{i_0}} \right) 100 \qquad (4a)$$

umformen läßt. In dieser Form ist der Produktivitätsindex als Quotient aus der Produktionsmeßzahl

$$I_{(P)} = \frac{\sum w_{i_1}}{\sum w_{i_0}} \, 100$$

und der Beschäftigungsmeßzahl

$$I_{(A)} = \frac{\sum h_{i_1}}{\sum h_{i_0}} \, 100$$

gebildet, was die Berechnung von Produktivitätsindices außerordentlich vereinfacht bzw. in vielen Fällen erst ermöglicht, da im allgemeinen für die einzelnen Unternehmungen keine Produktivitätsmeßzahlen vorliegen und — aus dem Material der amtlichen Statistik — auch nicht berechnet werden können. Dabei wird der Produktionsindex allerdings nicht in der in (4 a) angegebenen Form einer Meßzahl, sondern als eine mit den Nettoproduktionswerten der Basisperiode gewichtete Indexzahl gebildet[16].

Liegt ein nach (4 a) berechneter Index vor und lassen sich Produktivitätsmeßzahlen für die einzelnen Sektoren nicht ermitteln, dann kann, um den Einfluß der Strukturveränderungen nachträglich zu eliminieren, eine Korrektur vorgenommen werden, die allerdings nicht zu dem absolut gleichen Ergebnis wie die Berechnung nach (3) führt[17]. Zu diesem Zweck wird anstelle der Meßzahl der Arbeitsstunden in (4 a) eine Indexzahl des Arbeitsaufwandes verwendet, in der die Zunahme des Arbeitsaufwandes in den einzelnen Sektoren mit den relativen An-

---

[16] Ausführliche Darstellung dazu bei W. *Rüdiger,* Neuberechnung des Index der industriellen Nettoproduktion, a. a. O., S. 136 f.
[17] Die Methode ist von J. *Steindl* dargestellt worden. Vgl. Österreichisches Institut für Wirtschaftsforschung, Zur Berechnung von Indizes der Produktivität, a. a. O., S. 9 f.

teilen der Sektoren am Nettoproduktionswert (w) der Basisperiode gewichtet ist:

$$I''_{\pi 0,1} = \frac{\sum w_{i_1}}{\sum w_{i_0}} : \frac{\sum \frac{h_{i_1}}{h_{i_0}} w_{i_0}}{\sum w_{i_0}} \qquad (5)$$

Im Beispiel ergibt sich für den gewichteten Beschäftigungsindex

$$I'_{(A)\,0,1} = 100 \cdot 0{,}375 + 144 \cdot 0{,}625 = 127{,}5$$

und folglich für die nach (5) berechnete Produktivitätssteigerung

$$I''_{\pi 0,1} = 133 : 127{,}5 = 104{,}3$$

Auch in diesem Falle zeigt der Produktivitätsindex für die gesamte Industrie eine Zunahme, die einen Durchschnitt aus der Produktivitätssteigerung in den einzelnen Sektoren darstellt. Das Ergebnis dieser Berechnung läßt sich leichter interpretieren, wenn (5) zu

$$I''_{\pi 0,1} = \frac{\sum w_{i_1}}{\sum \frac{h_{i_1}}{h_{i_0}} w_{i_0}} \qquad (5a)$$

umgeformt wird. Berücksichtigt man, daß

$$w_i = h_i \lambda_i$$

ist, dann geht (5 a) über in

$$I''_{\pi 0,1} = \frac{\sum h_{i_1} \lambda_{i_1}}{\sum h_{i_1} \lambda_{i_0}} \qquad (5b)$$

In dieser Form wird das Produktionsergebnis der Periode t = 1 mit einem fiktiven Produktionsergebnis verglichen, das sich ergeben hätte, wenn der Arbeitsaufwand in der Periode t = 1 mit der Produktivität der Periode t = 0 geleistet worden wäre. Die prozentual gemessene Differenz zwischen beiden mißt die inzwischen eingetretene Produktivitätssteigerung unabhängig von dem Einfluß der strukturellen Veränderungen.

c) **Die Steigerungskoeffizienten des Produktionsergebnisses je Einheit des Arbeitsaufwandes**

Die mit den Indexzahlen der Arbeitsproduktivität ermittelten numerischen Werte für die Fortschritte der Produktionstechnik haben den Nachteil, daß sie keinen unmittelbaren Vergleich zwischen der Entwicklung in verschiedenen Wirtschaftseinheiten bzw. verschiedenen Zeiträumen zulassen, wenn die Basisjahre oder die Länge der betrachteten Perioden nicht übereinstimmen. Dieser Nachteil wird vermieden, wenn anstelle der Indexzahlen ihre durchschnittlichen Steigerungskoeffizienten ermittelt werden, mit denen eine Aussage über die durchschnittlichen

Steigerungsraten oder Wachstumsraten des Produktionsergebnisses je Einheit des Arbeitsaufwandes in den einzelnen Wirtschaftseinheiten und Zeiträumen möglich wird. Sie lassen sich in folgender Weise bestimmen.

Bezeichnet λ_0 das Verhältnis von Produktionsertrag zu Arbeitsaufwand in Periode t = 0 und λ_n das gleiche Verhältnis in Periode t = n, dann gilt zwischen beiden die Beziehung

$$\lambda_n = (1 + r)^n \lambda_0 \qquad (6)$$

(wobei vorausgesetzt ist, daß $\lambda_n > \lambda_0$, so daß auch $r > 0$ ist). In dieser Beziehung gibt

$$1 + r = \sqrt[n]{\frac{\lambda_n}{\lambda_0}} \qquad (7)$$

den durchschnittlichen Steigerungskoeffizienten für λ an, so daß

$$\alpha = 100\ r \qquad (8)$$

die durchschnittliche jährliche Wachstumsrate für λ bezeichnet, die in Prozenten des jeweiligen Vorjahreswertes ausgedrückt ist.

Mit α ist eine Maßzahl definiert, die angibt, um wieviel Prozent das Produktionsergebnis je Arbeitseinheit während einer bestimmten Periode durchschnittlich in der Zeiteinheit gewachsen ist. Für die Industrie der Bundesrepublik, in der der Index für das Produktionsergebnis je Arbeiterstunde von 1950 = 100 auf 1957 = 150 gestiegen ist[18], beträgt der Wert für $\alpha = 6{,}0\ \%$. Das Produktionsergebnis je Arbeiterstunde hat in dieser Zeit jährlich um durchschnittlich 6 % des Vorjahreswertes zugenommen. Der Vorzug dieser Maßzahl liegt einmal darin, daß die kurzfristigen Veränderungen von λ, wie sie in den jährlichen Zuwachsraten zum Ausdruck kommen, weitgehend eliminiert sind, zum anderen darin, daß die Werte für α unabhängig von dem jeweiligen Basisjahr und der Länge der Zeitperiode untereinander vergleichbar sind. Mit den Steigerungskoeffizienten sind folglich numerische Größen ermittelt, die eine unmittelbare Aussage über die Größe der Fortschrittsrate der Produktionstechnik in einem bestimmten Zeitraum liefern und einen Vergleich mit dem Fortschritt in anderen Wirtschaftseinheiten oder während anderer Zeiträume ermöglicht. Während mit den Indexzahlen vornehmlich der Niveauunterschied im Stande der Produktionstechnik charakterisiert wird, ist α ein Wert für die Fortschrittsrate, die mit den technischen Verbesserungen in den Unternehmungen erreicht worden ist. Im nächsten Paragraphen werden die Aussagen, die die beiden Maßzahlen ermöglichen, am Beispiel der Produktivitätsentwicklung in der deutschen Industrie bzw. der Industrie der Bundesrepublik demonstriert.

---

[18] Nach den Berechnungen des Statistischen Bundesamts.

§ 2. Zur Produktivitätsentwicklung in der deutschen Industrie

Die folgenden Angaben zur Produktivitätsentwicklung in der deutschen Industrie geben nicht nur das Ausmaß der Produktivitätssteigerung an, die durch die Fortschritte der Produktionstechnik erreicht worden ist, sondern reflektieren auch die Produktivitätssteigerung, die aus den strukturellen Veränderungen resultiert. Aus den vorliegenden statistischen Daten, die keine durchweg exakten Berechnungen ermöglichen, kann der Einfluß der strukturellen Veränderungen nicht eliminiert werden. Die wiedergegebenen Zahlen sind deshalb nur als Annäherungswerte zu interpretieren, mit denen der Einfluß der technischen Entwicklung auf die industrielle Produktion geschätzt werden soll. An dieser Stelle ist grundsätzlich anzumerken, daß die empirische Forschung in den wenigsten Fällen Gelegenheit hat, bei ihren Schätzungen so vorzugehen, wie es den optimalen Bedingungen der Theorie entsprechen würde. Die anzuwendende Methode wird ihr in der Regel von den vorhandenen Daten vorgeschrieben, während diejenige Methode, deren Anwendung aus theoretischen Erwägungen heraus gefordert werden müßte, im allgemeinen nur approximativ erreicht werden kann. So sind alle für eine Gesamtwirtschaft definierten globalen Meßziffern im Grunde Strukturkoeffizienten, unter denen es keine ausschließlich technisch bestimmte Größe gibt. Das gilt auch für die in den Beispielen der vorliegenden Arbeit angeführten Produktivitätszahlen, die sich auf die gesamte Volkswirtschaft eines Landes beziehen. Ihre Verwendung zur Charakterisierung des technischen Entwicklungsprozesses wird allenfalls durch die Annahme gerechtfertigt, daß sich auf lange Sicht die technische Komponente unter den strukturbestimmten Größen durchsetzt.

Wegen der Lückenhaftigkeit und der mangelnden Kontinuität der älteren deutschen Produktionsstatistik kann die Entwicklung des Produktionsergebnisses je Arbeiterstunde in der deutschen Industrie auch nicht an Hand von längeren Zeitreihen dargestellt werden[19]. Die fol-

---

[19] Produktionsstatistische Erhebungen sind in Deutschland zwar schon vor 1914 durchgeführt worden, von denen die Erhebung von 1907 auch bereits zu allgemein brauchbaren Ergebnissen führte, aber die früheren Erhebungen waren in der Hauptsache auf die Zweige der Urproduktion beschränkt. Das hat sich auch in den Jahren nach dem ersten Weltkrieg nicht grundlegend geändert, erst gegen Ende der 20er Jahre wurden weitere industrielle Bereiche in die Erhebungen einbezogen. Der erste produktionsstatistische Zensus, dessen Ergebnisse — ohne Angaben über die produzierten Mengen — veröffentlicht worden sind, ist jedoch erst für 1936 durchgeführt worden. (Vgl. Schriftenreihe des Reichsamts für wehrwirtschaftliche Planung, Heft 1: *Die deutsche Industrie,* Gesamtergebnisse der amtlichen Produktionsstatistik, Berlin 1939. Die Ergebnisse der früheren Teilerhebungen sind — außer im Stat. Jahrbuch für das Deutsche Reich — im Ergänzungsheft 13 zu den „Vierteljahrsheften zur Statistik des Deutschen Reiches", 1913 III, und in den Sonderheften 4, 6, 8, 10 und 13 zu „Wirtschaft und Statistik" veröffentlicht worden.)

Industrielle Nettoproduktion, Arbeiterstunden und Produktionsergebnis je Arbeiterstunde in der deutschen Industrie von 1925 bis 1938
1925 = 100

Jahr	Industrielle Nettoproduktion	Arbeiterstunden	Produktionsergebnis je Arbeiterstunde[a]
1925	100	100	100
1926	92	81	114
1927	116	107	109
1928	120	110	110
1929	121	103	117
1930	105	86	122
1931	85	69	123
1932	70	56	126
1933	79	64	125
1934	104	83	125
1935	119	91	130
1936	134	103	130
1937	148	114	130
1938	163	124	131

Aus Indexzahlen mit einer Kommastelle errechnet.
Quelle: Produktionsindex geschätzt nach den Angaben des Instituts für Konjunkturforschung (Konjunkturstatistisches Handbuch 1936, S. 49/50; Wochenberichte des Inst. f. Konjunkturforschung, 9. bis 12. Jg.) unter Benutzung des Produktionsindex des ehemaligen Reichsamts für wehrwirtschaftliche Planung (Die deutsche Industrie, Gesamtergebnisse der amtlichen Produktionsstatistik, Berlin 1939, S. 39—41.)
Arbeiterstunden geschätzt nach den Angaben in Stat. Handbuch v. Deutschland 1928—1944, München 1949, S.480 (Ergebnisse der Industrieberichterstattung), und nach den Angaben von W. Bauer in Vierteljahreshefte zur Konjunkturforschung, 11. Jg. A., 1936, S. 133.

gende Betrachtung muß deshalb im wesentlichen auf die Periode von 1925 bis 1938 und auf die Entwicklung in der Bundesrepublik von 1950 bis 1957 beschränkt bleiben[20]. In der vorstehenden Tabelle ist zunächst

---

[20] Zur Produktivitätsentwicklung in der deutschen Industrie vor 1925 vgl. die folgenden von Wagenführ berechneten Indexzahlen:

Produktion je Arbeiter
(1875 und 1907 = 100)

1875	100
1895	154
1907	201
1907	100
1925	111[a]

[a] Verkürzung der Arbeitszeit berücksichtigt.
Vgl. R. *Wagenführ,* Die Industriewirtschaft, Entwicklungstendenzen der deutschen und internationalen Industrieproduktion 1860 bis 1932, Vierteljahreshefte zur Konjunkturforschung, Sonderheft 31, Berlin 1933, S. 8 u. 29.

die Entwicklung des Produktionsergebnisses je Arbeiterstunde zwischen 1925 und 1938 durch Indexzahlen dargestellt, die unter Benutzung der vom früheren Institut für Konjunkturforschung berechneten „Jahresindexziffer der deutschen Industrieproduktion"[21] geschätzt worden sind.

Wie die Tabelle zeigt, ist das Produktionsergebnis je Arbeiterstunde während der Expansionsperiode von 1925 bis 1929 beträchtlich gestiegen, in den Depressionsjahren 1930 bis 1933 (ebenso wie bei dem Konjunkturrückgang im Jahre 1926) weiter gewachsen und in der Aufschwungs- und Expansionsperiode von 1935 bis 1938 auf einem Niveau konstant geblieben, das im Durchschnitt um 11 % über dem 1929 er-

Industrielle Nettoproduktion, Arbeitsstunden und Produktionsergebnis je Arbeiterstunde in der Industrie der Bundesrepublik Deutschland von 1951 bis 1957
1950 = 100

Jahr	Industrielle Nettoproduktion a), b)	Arbeiterstunden a)	Produktionsergebnis je Arbeiterstunde b)
1950	100	100	100
1951	119	111	108
1952	126	114	112
1953	139	118	119
1954	155	125	126
1955	179	135	134
1956	193	140	139
1957	204	137	150

a) Gesamte Industrie ohne Bauhauptgewerbe und Energieversorgungsbetriebe. — b) Im Statistischen Bundesamt berechnet.
Quelle: Stat. Jahrbuch für die Bundesrepublik Deutschland 1957.

reichten Stande lag. Für die Beurteilung der damit charakterisierten technischen Entwicklung müssen die Krisenjahre von 1930 bis einschließlich 1934 ausgeklammert werden. Aber auch die Entwicklung der darauf folgenden Jahre wird von den angeführten Indexzahlen nur verzerrt wiedergegeben, weil der starke Anstieg der Rüstungsproduktion in den Jahren 1936 bis 1938 in dem benutzten Produktionsindex nicht zum Ausdruck kommt[22]. In den Jahren nach 1934 werden außerdem die struk-

---

[21] E. *Wagemann* (Hsg.), Konjunkturstatistisches Handbuch 1936, Berlin 1935, S. 49/50. Wie oben bereits angemerkt wurde, sind die Indexberechnungen des Instituts für Konjunkturforschung im Prinzip nach den gleichen Methoden durchgeführt worden, die heute vom Statistischen Bundesamt angewendet werden, der Index des Instituts für Konjunkturforschung gibt ebenfalls die Entwicklung des fortgeschriebenen Nettoproduktionswertes wieder.

[22] Zur Entwicklung der Rüstungsproduktion vgl. Deutsches Institut für Wirtschaftsforschung (Hsg.), Die deutsche Industrie im Kriege 1939—1945, Berlin 1954, S. 16 ff.

turellen Veränderungen, wie z. B. die relative Ausdehnung der Bauwirtschaft, wenigstens teilweise auf eine Verringerung der Produktivitätszunahme hin gewirkt haben. Demgegenüber kann die von 1925 bis 1929 bei nur wenig gestiegenem Arbeitsaufwand erzielte Produktivitätssteigerung primär als ein Ergebnis der technischen Entwicklung interpretiert werden. Im Ergebnis haben die technische Entwicklung und die strukturellen Wandlungen dazu geführt, daß die Arbeitsproduktivität der deutschen Industrie in der zweiten Hälfte der 30er Jahre um fast ein Drittel höher war als zu Beginn der hier betrachteten Wachstumsperiode.

Die Tabelle auf S. 132 enthält die entsprechenden Zahlen für die Industrie der Bundesrepublik. Wie die Angaben in der dritten Spalte zeigen, ist das Produktionsergebnis je Arbeitsstunde in der Zeit zwischen 1950 und 1957 um 50 Prozent des Wertes von 1950 gestiegen.

Um diesen Anstieg mit der Produktivitätssteigerung in der deutschen Industrie zwischen 1925 und 1938 vergleichen zu können, muß, wie oben dargelegt wurde, auf die durchschnittlichen jährlichen Wachstumsraten zurückgegriffen werden. Sie betragen für die beiden Perioden:

1925—1938 2,1 %
1950—1957 6,0 %.

An den jährlichen Wachstumsraten gemessen, war folglich die Produktivitätssteigerung im Gebiet der Bundesrepublik nach 1950 mehr als doppelt so groß wie vor dem Kriege im damaligen Reichsgebiet. Dabei umfaßt allerdings der Zeitraum von 1925 bis 1938 Perioden mit sehr unterschiedlichen Wachstumsraten. Das wird deutlich, wenn der gesamte Zeitraum in die beiden Expansionsperioden vor und nach der Weltwirtschaftskrise aufgespalten wird und die Krisenjahre 1930—1933, in denen das Produktionsergebnis absolut gefallen und nicht gewachsen ist, ausgeklammert werden. Die entsprechenden durchschnittlichen Wachstumsraten des Produktionsergebnisses je Arbeiterstunde betragen:

1925—1929 4,0 %
1934—1938 1,3 %.

Das heißt, während der sogenannten ersten Rationalisierungsperiode hatte die Wachstumsrate der Arbeitsproduktivität mit jährlich 4 % eine Höhe, die zwar ebenfalls niedriger war als die in der Expansionsperiode nach 1950 erreichte Wachstumsrate von jährlich 6,0 %, aber doch, besonders wenn man die möglichen statistischen Fehler berücksichtigt, von vergleichbarer Größenordnung ist. Bei der relativ geringen Wachstumsrate in den 30er Jahren muß beachtet werden, daß die zugrunde liegenden Produktionsindices eine systematische Abweichung nach unten haben. Die tatsächliche Fortschrittsrate der Produktionstechnik wird auch in dieser Zeit höher gewesen sein.

Abschließend werden zum Vergleich noch Indexzahlen und durchschnittliche Wachstumsraten angeführt, die sich für die verarbeitenden Industrien („manufacturing") einiger europäischer Länder und der USA für die Zeit von 1948 bis 1955 berechnen lassen.

Indexzahlen und Wachstumsraten für das Produktionsergebnis je Arbeiterstunde in der verarbeitenden Industrie verschiedener Länder

Land	Indexzahlen für 1955 1948 = 100	jährliche Wachstumsraten 1948—1955
Bundesrepublik a)	—	5,7 %
Dänemark	118	2,4 %
Finnland	164	7,3 %
Frankreich	143	5,2 %
Großbritannien	122	2,8 %
Italien	188	9,4 %
Niederlande	149	5,8 %
Norwegen	140	4,9 %
Vereinigte Staaten	131	3,9 %

a) 1950—1956.

Quelle: Schätzungen nach den Angaben zu Produktion, Beschäftigung und wöchentlicher Arbeitszeit in der verarbeitenden Industrie ("manufacturing") in: United Nations (Ed.), Statistical Yearbook, New York 1956, S. 71 ff., 122 ff.

Die Tabelle zeigt, daß die zwischen 1948 und 1955 erreichte Produktivitätssteigerung in den Ländern am größten gewesen ist, die, wie z. B. Italien und Finnland, in dieser Zeit den Aufbau ihrer industriellen Produktionskapazitäten stark forciert haben, oder in denen, wie in Frankreich, bei der Rationalisierung des Produktionsapparates große Fortschritte erzielt worden sind. Demgegenüber weisen die seit langem hochindustrialisierten Länder, wie Großbritannien und die Vereinigten Staaten von Amerika, nur noch geringere Produktivitätszunahmen auf, was dadurch bedingt ist, daß das Produktivitätsniveau hier bereits 1948 wesentlich höher war als in den anderen Ländern. Für die Industrie der Bundesrepublik gilt im Prinzip das gleiche, doch war ihr Wiederaufbau nach dem Krieg im Jahre 1950 noch nicht abgeschlossen, außerdem wurde die Produktivitätsentwicklung in den folgenden Jahren durch die vergleichsweise stärkere Expansion begünstigt. Es ist nicht beabsichtigt, an dieser Stelle näher auf die Gründe für die Unterschiede in den Produktivitätsniveaus der einzelnen Länder einzugehen; derartige internationale Produktivitätsvergleiche erfordern umfangreiche Spezialuntersuchungen[23]. Zweifellos sind aber die Unterschiede, die die Werte der Tabelle zeigen, eine Folge davon, daß die Industrien der verschiedenen Länder erhebliche strukturelle Unterschiede aufweisen und folglich auch die Entwicklung der Indexzahlen in unterschiedlichem Ausmaß von strukturellen Veränderungen beeinflußt wurde und daß, wie bereits erwähnt, die Ausgangswerte in den Basisjahren unterschiedliche Produktivitätsniveaus repräsentieren, über deren Höhe hier keine Aussagen gemacht werden können. Zusammenfassend läßt sich jedoch sagen, daß die durchweg erheblichen Produktivitätssteigerungen auch auf eine relativ hohe Fortschrittsrate der Produktionstechnik in den betrachteten Industrien schließen lassen.

§ 3. Der Produktivitätszuwachs und die Produktivitätsquote des Produktionsertrages

Die bisher besprochenen Maßzahlen für die Steigerung der Arbeitsproduktivität und die durch sie gemessenen Fortschritte der Produktionstechnik knüpfen an das Verhältnis von Produktionsergebnis und Arbeitsaufwand an. Die in Prozenten gemessene Zunahme dieses Verhältnisses ist oben als Ausdruck der technischen Entwicklung in den Unternehmungen — strukturelle Veränderungen vernachlässigt — interpretiert worden, wobei mit den Indexzahlen Aussagen über die Niveauunterschiede und mit den Steigerungskoeffizienten Aussagen über die Fortschrittsrate der Produktionstechnik ermöglicht werden. Im folgenden wird noch eine weitere Maßzahl definiert, mit der es möglich ist, unmittelbar die Wachstumsrate des Produktionsergebnisses zu bestimmen, die aus den Fortschritten der Produktionstechnik resultiert.

Das Wachstum der Produktion wird allgemein in Prozenten des im Basisjahr erzielten Produktionsergebnisses gemessen. Zum Beispiel hat die Indexzahlen für die industrielle Produktion in der Bundesrepublik für 1956 = 193 betragen (1950 = 100), was bedeutet, daß das Produktionsergebnis des Jahres 1956 gemessen an dem Produktionsergebnis des Basisjahres 1950 um 93 % höher war. Der gesamte Zuwachs von 93 % läßt sich nun aufspalten, und zwar in einen Teil, der durch die Zunahme des Arbeitsaufwandes bedingt ist, und einen Teil, der auf die Steigerung der Arbeitsproduktivität bzw. die Fortschritte der Produktionstechnik zurückgeführt werden kann. Dieser Teil wird in der folgenden Darstellung als „Produktivitätszuwachs des Produktionsergebnisses" oder, kurz, als „Produktivitätszuwachs" ($\Delta P\lambda$) bezeichnet. Zur Ableitung von $\Delta P\lambda$ dient der elementare Sachverhalt, daß in jeder beliebigen Periode das Produktionsergebnis gleich dem mathematischen Produkt aus der

---

[23] Vgl. z. B. die Untersuchung von L. *Rostas*, Industrial Production, Productivity and Distribution in Britain, Germany and the United States, 1935 to 1937, The Economic Journal, vol. 53 (1943); sowie *derselbe*, Comparative Productivity in British and American Industry, a. a. O.

Zahl der aufgewendeten Arbeitseinheiten und dem Produktionsergebnis je Einheit des Arbeitsaufwandes der gleichen Periode ist. Damit wird eine sehr einfache Form einer Produktionsfunktion benutzt, die aber in der empirischen Forschung überwiegend verwendet wird[24]. In ihr reflektiert die Arbeitsproduktivität den Einfluß der technischen Entwicklung auf den Produktionsertrag, und zwar sowohl den Einfluß über die Produktivitätssteigerung, die bei gegebenem Produktionsfaktoraufwand erzielt wird (Rationalisierungseffekt) als auch die, die durch eine Erhöhung der Kapitalintensität zustande kommt (Mechanisierungseffekt). Insofern ist eine derartige einfache Funktion besser geeignet, die Abhängigkeit des Produktionsertrages von den Fortschritten der Produktionstechnik aufzuzeigen als eine Funktion vom Typ der oben dargestellten Cobb-Douglas-Funktion, in der außer dem Arbeitsaufwand auch die Kapitalnutzung als unabhängige Variable enthalten ist und der Einfluß der technischen Entwicklung, und zwar nur der Rationalisierungseffekt, von den Veränderungen der Totalproduktivität reflektiert wird.

Zu kurzfristigen Vorausschätzungen des Produktionsertrages wird in empirischen Untersuchungen zumeist eine Produktionsfunktion der Form

$$P = \bar{\lambda} A_t \qquad (9)$$

unterstellt, nach der das Produktionsergebnis (P) der Periode t als eine lineare Funktion des Arbeitsangebotes (A) bei konstantem Arbeitsproduktivitätskoeffizienten ($\bar{\lambda}$) dargestellt wird. Die Funktion besagt, daß bei der Aufwendung einer zusätzlichen Arbeitseinheit der Produktionszuwachs

$$\Delta P = \bar{\lambda} \Delta A \qquad (10)$$

beträgt. Der Wert für $\bar{\lambda}$ kann als einfacher Durchschnitt aus den beobachteten Werten für P_t/A_t oder als Regressionskoeffizient einer linearen Regressionsgleichung für P_t und A_t bestimmt werden. Mit der Annahme einer solchen Produktionsfunktion wird jedoch eine konstante Produktionstechnik unterstellt, denn Fortschritte der Produktionstechnik liegen definitionsgemäß nur bei einer Zunahme von λ vor. Folglich kann auch die hier interessierende Frage nach dem Zusammenhang von Fortschrittsrate der Produktionstechnik und Zuwachsrate des Produktionsertrages bei der Verwendung einer Produktionsfunktion nach (9) nicht gestellt werden. Für die empirische Bestimmung des Zusammenhangs zwischen Produktionsergebnis und technischem Fortschritt muß folglich von einer Veränderung des Parameters $\bar{\lambda}$ oder von einer Funktion

---

[24] Vgl. z. B. G. *Colm*, The American Economy in 1960, a. a. O., S. 22/23; E. E. *Hagen* u. N. *Kirkpatrick*, The National Output at Full Employment in 1950, a. a. O.; sowie J. W. *Kendrick*, National Productivity and its Long-Term Projection, a. a. O., S. 85 ff.

Produktivitätszuwachs u. Produktivitätsquote d. Produktionsertrages 137

$$P_t = \lambda_t A_t \tag{11}$$

ausgegangen werden, in der die Arbeitsproduktivität als zeitabhängige Variable auftritt. Die Frage, wie groß der Teil des Produktions z u - w a c h s e s ist, der auf die Fortschritte der Produktionstechnik zurückgeführt werden kann, läßt sich unter Benutzung dieser Funktion in der folgenden Weise beantworten[25].

Werden die Veränderungen der Variablen aus Differenzen ausgedrückt, dann ergibt sich aus (11) für die Zunahme des Produktionsertrages

$$\Delta P = \lambda_0 \Delta A + \Delta \lambda A_t. \tag{12}$$

Das heißt, die in absoluten Werten gemessene Zunahme von P ist gleich der Summe aus erstens dem Betrag, den die zusätzlich aufgewendeten Arbeitseinheiten bei gleichbleibender Arbeitsproduktivität produziert hätten ($\lambda_0 \Delta A$), und zweitens dem Betrag, der sich aus der Steigerung des Produktionsertrages je aufgewendete Arbeitseinheit ergibt[26]. Um den Beitrag der technischen Entwicklung zur W a c h s t u m s r a t e des Produktionsergebnisses, die gleich $\Delta P/P_0 \cdot 100$ ist, unmittelbar darstellen zu können, muß die Gleichung (12) umgeformt werden zu:

$$\frac{\Delta P}{P_0} 100 = \frac{(\lambda_0 \Delta A + \Delta \lambda A_t)}{P_0} 100. \tag{13}$$

Der letzte Summand in dieser Gleichung

$$\frac{\Delta \lambda A_t}{P_0} 100 = \Delta P \lambda \tag{14}$$

mißt den P r o d u k t i v i t ä t s z u w a c h s des Produktionsvolumens, d. h. den Beitrag der technischen Entwicklung zum Wachstum von P, und zwar in Prozenten von P_0, er läßt sich also unmittelbar mit der Zuwachsrate des Produktes vergleichen[27]. Wird z. B. der Gesamtzuwachs

---

[25] In den angeführten Gleichungen ist die in absoluten Werten gemessene Zunahme einer Größe mit Δ, ein Wert der Basisperiode mit dem Periodenindex (o) und der Wert der Vergleichsperiode mit (t) bezeichnet. Zur Vereinfachung werden die Δ-Werte jedoch ohne Zeitindex geschrieben. Sie geben grundsätzlich eine Veränderung von Periode (o) bis Periode (t) an.

[26] (12) ist identisch mit $\Delta P = \lambda_0 \Delta A + \Delta \lambda A_0 + \Delta \lambda \Delta A$, da $\Delta \lambda A_0 + \Delta \lambda \Delta A = \Delta \lambda (A_0 + \Delta A)$ und $A_0 + \Delta A = A_t$ ist.

[27] Empirische Werte für $\Delta P \lambda$ lassen sich leicht ermitteln, da zwischen $\Delta P \lambda$ und dem zur Basis P_0 berechneten Produktionsindex $I(P)_t$ sowie dem zur gleichen Basisperiode berechneten Arbeitsaufwandsindex die folgende einfache Beziehung besteht: $\Delta P \lambda_{t,o} = I(P)_t - I(A)_t$,

d. h. der in Prozenten des Basiswertes des Produktionsertrages gemessene Anteil der technischen Entwicklung an der Wachstumsrate des Produktionsertrages ist gleich der Differenz zwischen den über der gleichen Basis errechneten Indexzahlen für das Produktionsergebnis und den Arbeitsaufwand. Um das zu zeigen, braucht in (14) für $\Delta \lambda$ nur der damit identische Ausdruck $P_t/A_t - P_0/A_0$ eingesetzt zu werden. Es ergibt sich

$\Delta P \lambda = 100 \, (P_t/A_t - P_0/A_0) \cdot A_t/P_0$

oder $\Delta P \lambda = P_t/P_0 \cdot 100 - A_t/A_0 \cdot 100$,

folglich $\Delta P \lambda = I(P)_t - I(A)_t$.

des Produktionsergebnisses der Industrie von 1950 bis 1956, der, wie oben erwähnt, 93 % betrug, in der beschriebenen Weise aufgespalten, dann zeigt sich, daß der Produktivitätszuwachs allein 52 % betragen hat, während die restlichen 41 % auf den erhöhten Arbeitsaufwand infolge des Anstiegs der Beschäftigtenzahlen zurückgehen.

Wird der Produktivitätszuwachs des Produktionsvolumens ($\Delta P\lambda$) auf den gesamten Produktionszuwachs (ΔP) bezogen, dann ergibt

$$\gamma = \frac{\Delta P\lambda}{\Delta P} \ 100 \qquad (15)$$

die **Produktivitätsquote** des Produktionszuwachses, die den Teil des Produktionszuwachses, der durch die Produktivitätssteigerung bewirkt ist, in Prozenten des gesamten Produktionszuwachses mißt.

Mit den Werten für $\Delta P\lambda$ und γ läßt sich nun der Beitrag aufzeigen, den die technische Entwicklung in den Unternehmungen zu der Zuwachsrate des Produktionsertrages während einer bestimmten **Wachstums- periode** geleistet hat. Zum Beispiel ergeben sich für die industrielle Produktion in Deutschland bzw. der Bundesrepublik die in der folgenden Übersicht genannten Werte:

	1925—28	1934—38	1950—56
(a) Gesamtzuwachs des Produktionsertrages a).........	20,6	56,8	92,6
davon:			
(b) Produktivitätszuwachs	10,7	7,6	52,4
(c) Produktivitätsquote (a):(b)	0,52	0,13	0,57
a) in vH des Produktionsvolumens am jeweiligen Periodenbeginn.			

Die Produktivitätsquoten zeigen, daß in den beiden Perioden von 1925—1928 und 1950—1956 mehr als die Hälfte des jeweiligen Produktionszuwachses von rund 21 % bzw. rund 93 % durch die Produktivitätssteigerung — infolge von Verbesserungen der Produktionstechnik und von Strukturveränderungen — erreicht worden ist. Demgegenüber ist die Expansionsperiode von 1934—1938, in der das Produktionsvolumen um rund 57 % des Wertes von 1934 zugenommen hat, im wesentlichen von der starken Zunahme des Arbeitsaufwandes getragen worden. Der Index der geleisteten Arbeiterstunden ist von 1934 bis 1938 von 100 auf 149 gestiegen; d. h. das Produktionsergebnis und der Arbeitsaufwand sind im beinahe gleichen Verhältnis gewachsen. Dementsprechend betrug der Anteil des Produktivitätszuwachses am gesamten Produktionszuwachs auch nur 13 %. Allerdings ist hierbei wieder zu berücksichtigen, daß das Produktionsergebnis während der letzten Jahre dieser

Zeitspanne tendenziell zu niedrig ausgewiesen ist, weil die damalige Umstellung einzelner Industrien auf die Produktion von Rüstungsgütern in dem verwendeten Produktionsindex nicht zum Ausdruck kommt.

§ 4. Zur Interpretation der Maßzahlen

Die im letzten Abschnitt behandelten Maßzahlen für den Produktionszuwachs, der aus den Fortschritten der Produktionstechnik in einer bestimmten Periode resultiert, lassen noch einmal die Grenzen, die der Einbeziehung des technischen Fortschritts in die empirische Analyse des Wachstumsprozesses gesetzt sind, deutlich werden. Wie alle Maßzahlen für den technischen Fortschritt, die aus ex post ermittelten Produktivitätsrelationen abgeleitet sind, besagen sie nichts über den technischen Fortschritt im Sinne einer unabhängigen Bestimmungsgröße für den wirtschaftlichen Wachstumsprozeß. Sie zeigen — unter der Voraussetzung, daß der Einfluß struktureller Veränderungen ausreichend eliminiert ist oder aber vernachlässigt werden kann — allein das Ausmaß des Fortschritts, der durch die Verbesserungen der in den Unternehmungen angewandten Produktionstechnik erreicht worden ist. Die Verbesserungen der Produktionstechnik, der realisierte Fortschritt, sind aber bereits ein Ergebnis des Wachstumsprozesses, das nicht nur von den Fortschritten im Stande des technischen Wissens, sondern von einer Vielzahl ökonomischer und außerökonomischer Parameter abhängig ist. Insofern führt die hier angestellte Untersuchung zu einem grundsätzlich negativen Ergebnis: Die dem ökonomischen Prozeß vorgegebene autonome technische Entwicklung ist weder meßbar, noch kann ihr Einfluß auf das Wachstum der ökonomischen Variablen isoliert von dem Einfluß anderer Größen statistisch ermittelt werden. Die statistische Analyse kann erst bei dem in den Unternehmungen realisierten Fortschritt ansetzen, der sich durch die Veränderungen der statistischen Produktivitätsrelationen zumindest mittelbar bestimmen läßt.

Das im Hinblick auf die empirische Ermittlung des autonomen technischen Fortschritts negative Ergebnis der Untersuchung entspricht aber offenbar der auch nur mittelbaren Bedeutung, die die autonome technische Entwicklung für den ökonomischen Wachstumsprozeß hat. Denn für den Einfluß der technischen Entwicklung auf den Wachstumsprozeß ist nicht der Fortschritt des technischen Wissens, sondern das Ausmaß, in dem die neuen Kenntnisse zu Verbesserungen der Produktionstechnik in den Unternehmungen führen, entscheidend. Bei der Analyse des wirtschaftlichen Wachstums kann vorausgesetzt werden, daß die technische Entwicklung seit dem Beginn der Industrialisierungsepoche unablässig fortschreitet — nicht zuletzt unter dem Einfluß der Impulse, die sie aus dem wirtschaftlichen Geschehen empfängt. Das ökonomische Problem ist deshalb allein zu klären, in welcher Weise und in welchem Umfang die technische Entwicklung auch zu einem wirtschaftlichen Fortschritt wird. Dementsprechend ist auch für die ökonomische Analyse des Wachstumsprozesses in erster Linie der in den Unternehmungen realisierte Fortschritt der Produktionstechnik, der von den Dispositionen der Unternehmer und damit von den ökonomischen Parametern des Wachstumsprozesses abhängig ist, die interessierende Größe. Für sie ist aber, das ist das positive Ergebnis der Untersuchung, die erreichte Produktivitätssteigerung der adäquate quantitative Ausdruck. Das Produktivitätsniveau kann zwar kurzfristigen Schwankungen unterliegen, sein langfristig zu beobachtender Anstieg ist aber letztlich das Ergebnis des technischen Fortschritts, soweit er bei den jeweils gegebenen ökonomischen Daten überhaupt wirksam werden konnte. Insofern reflektieren die Maßzahlen für die Produktivitätssteigerung — an erster Stelle die für den Anstieg der Arbeitsproduktivität — den Einfluß des technischen Fortschritts auf den wirtschaftlichen Wachstumsprozeß genau in dem Maße, in dem der technische Fortschritt tatsächlich zu einer bestimmenden Größe für das wirtschaftliche Wachstum wird.

Literaturverzeichnis*

Abramovitz, M.: Economics of Growth, in: B. F. Haley (Ed.), A Survey of Contemporary Economics, vol II. Homewood (Ill.) 1952.

Albrecht, K.: Steigerung der Produktivität. Rationalisierung, 3. Jg. (1952).

Barna, T.: The Productivity of Labor. Its Concepts and Measurement.
The Bulletin of the Oxford University Institute of Statistics, vol. 8 (1946).

Barrère, A.: L'analyse des relations entre le capital et la production.
Revue d'économie politique, Bd. 65 (1955).

Bartels, H.: Indices der industriellen Produktivität. Wirtschaft und Statistik, 1. Jg. N.F. (1950).

Bauer, W.: Technischer Fortschritt und Produktivität. Vierteljahreshefte zur Konjunkturforschung, 11. Jg. N.F. Teil A (1936/37).

Beckmann, M.: Grundbegriffe der Produktionstheorie vom Standpunkt der Aktivitätsanalyse.
Weltwirtschaftliches Archiv, Bd. 75 (1955 II).

Belfer, N.: Capital-Saving Inventions and Technical Progress.
Social Research, vol. 16 (1949).

Bell, S.: Productivity, Wages, and National Income.
Washington 1940.

Below, F.: Zur statistischen Messung des technischen Fortschritts in der industriellen Produktion.
Schmollers Jahrbuch f. Gesetzgebung, Verwaltung und Volkswirtschaft, 70. Jg. (1950/I).

Bombach, G.: Zur Theorie des wirtschaftlichen Wachstums.
Weltwirtschaftliches Archiv, Bd. 70 (1953 I).

Borch, K.: Input-Output Analysis as a Basis for Productivity Measurement.
Productivity Measurement Review, vol. 1 (1955).

Boulding, K. E.: Welfare Economics, in: B. F. Haley (Ed.), A Survey of Contemporary Economics, vol. II.
Homewood (Ill.), 1952.

Bouniatian, M.: Technical Progress and Unemployment.
International Labor Review, vol. 27 (1933).

Bredt, O.: Produktivität. Inhalt und Sinn des Begriffes, Beurteilungsmaßstab und wirtschaftliche Bedeutung.
Rationalisierung, 3. Jg. (1952).

---

* Die theoretischen und statistischen Probleme der Produktivitätsmessung sind in den letzten Jahren in einer so großen Zahl von Veröffentlichungen behandelt worden, daß es nicht möglich ist, an dieser Stelle eine vollständige Literaturübersicht zu geben. Über die nach 1945 erschienenen Veröffentlichungen unterrichtet die von der „European Productivity Agency", Paris, herausgegebene „Bibliography on Productivity", Paris 1956.

Brozen, Y.: Determinants of the Direction of Technological Change.
The American Economic Review, vol. Nr. 2 (1953).
— The Role of Technological Change in Regularizing Private Investment, in: Regularization of Business Investment. A Report of the National Bureau of Economic Research. Princeton 1954.

Bruton, H. J.: Innovations and Equilibrium Growth.
The Economic Journal, vol. 66 (1956).

Burgardt, G.: Probleme der Produktivitätsmessung.
Schriftenreihe der Arbeitsgemeinschaft für Rationalisierung des Landes Nordrhein-Westfalen, Heft 7. Dortmund 1954.
— Produktivität und Produktivitätsmessung im nationalen und internationalen Vergleich.
Schriftenreihe der Arbeitsgemeinschaft für Rationalisierung des Landes Nordrhein-Westfalen, Heft 11. Dortmund 1954.

Burkhead, J.: Living Standards and Productivity.
The Review of Economics and Statistics, vol. 33 (1951).

Cairncross, A. K.: Der Platz des Kapitals im wirtschaftlichen Fortschritt.
Zeitschrift f. Nationalökonomie, Bd. 15 (1955).

Champernowne, D. G.: The Production Function and the Theory of Capital: A Comment.
The Review of Economic Studies, vol. 21 (1953/54).

Charnes, A., *Cooper,* W. W. u. *Henderson,* A.: An Introduction to Linear Programming.
New York und London 1953.

Chenery, H. B.: Engineering Production Functions.
The Quarterly Journal of Economics, vol. 63 (1949).

Clark, C.: The Conditions of Economic Progress. 3. Aufl., London 1957.

Colm, G.: The American Economy in 1960, Economic Progress in a World of Tension. Planning Pamphlets No. 81. Washington 1952.

Dayre, J.: Productivité, Mesure du Progrès.
Paris 1952.

Debreu, G.: Numerical Representations of Technological Change.
Metroeconomica, vol. 6 (1954).

Denison, E. F.: Theoretical Aspects of Quality Change, Capital Consumption, and Net Capital Formation, in: Problems of Capital Formation, Concepts, Measurement, and Controlling Factors. (Studies in Income and Wealth, vol. 19).
Princeton 1957.

Deutsches Institut für Wirtschaftsforschung (Hsg.):
Die deutsche Industrie im Kriege 1939—1945. Berlin 1954.

Domar, E. D.: Capital Expansion, Rate of Growth and Employment.
Econometrica, vol. 14 (1946).
— Expansion and Employment.
The American Economic Review, vol. 37 (1947).
— The Problem of Capital Accumulation.
The American Economic Review, vol. 38 (1948).
— Economic Growth: An Econometric Approach.
The American Economic Review, vol. 42 (1952).
— Die gegenseitigen Beziehungen zwischen Kapital und Ausstoß in der amerikanischen Wirtschaft.
Zeitschrift f. Nationalökonomie, Bd. 15 (1955).

Dorfman, R.: Application of Linear Programming to the Theory of the Firm.
Berkeley und Los Angeles 1951.
— Mathematical, or "Linear" Programming: A Nonmathematical Exposition.
The American Economic Review, vol. 43 (1953).

Douglas, P. H.: The Theory of Wages.
New York 1934.

Dunlop, J. T.: Productivity and the Wage Structure, in: Employment and Public Policy. Essays in Honor of Alvin H. Hansen.
New York 1948.

Dupriez, H.: Grundsätze einer Theorie der säkularen wirtschaftlichen Bewegung.
Zeitschrift f. Nationalökonomie, Bd. 15 (1955).

Eichmann, G.: Produktivität. Wesen, Inhalt, Bedeutung.
(Versuch einer Grundlegung).
Diss. Frankfurt a. M. 1955.

Eisner, R.: Technological Change, Obsolence and Aggregate Demand.
The American Economic Review, vol. 46 (1956).

European Productivity Agency (Ed.):
Productivity Measurement.
Vol. I: Concepts, Paris 1955;
Vol. II: Plant Level Measurements. Methods and Results. Paris 1956.

European Productivity Agency (Ed.):
Bibliography on Productivity.
Paris 1956.

Evans, W. D.: Indexes of Labor Productivity as a Partial Measure of Technological Change, in: Input-Output Relations. Proceedings of a Conference on Inter-Industrial Relations Held at Driebergen, Holland.
Leiden 1953.
— Recent Productivity Trends and Their Implications.
Journal of the American Statistical Association, vol. 42 (1947).
— und *Siegel,* J. H.: The Meaning of Productivity Indexes.
Journal of the American Statistical Association, vol. 37 (1942).

Fabricant, F.: Employment in Manufacturing, 1899—1939: An Analysis of its Relation to the Volume of Production.
Washington 1942.
— Labor Savings in American Industry, 1899—1939. National Bureau of Economic Research Occasional Paper 23.
New York 1945.
— Of Productivity Statistics: An Admonition.
The Review of Economics and Statistics, vol. 31 (1949).

Fellner, W.: The Technological Argument of the Stagnation Thesis.
The Quarterly Journal of Economics, vol. 55 (1941).
— The Capital-Output Ratio in Dynamic Economics, in: Money, Trade and Economic Growth.
New York 1951.
— Long-Term Tendency in Private Capital Formation:
The Rate of Growth and Capital Coefficients, in:
Long-Range Economic Projection. Studies in Income and Wealth, vol. 16.
Princeton 1954.

Flaskämper, P.: Theorie der Indexzahlen. Beitrag zur Logik des statistischen Vergleichs. Sozialwissenschaftliche Forschungen, Abt. I, Heft 7.
Berlin und Leipzig 1928.

Fourastié, J.: Die große Hoffnung des Zwanzigsten Jahrhunderts (Le Grand Espoir du XXe Siècle), übersetzt nach der 3. Aufl. Paris 1952 v. B. Lutz.
Köln 1954.

Frisch, R.: Annual Survey of General Economic Theorie:
The Problem of Index Numbers, Econometrica, vol. 4 (1936).

Fürst, G.: Die amtliche Statistik im Dienste der Produktivitätsmessung.
Wirtschaft und Statistik, 5 Jg. N.F. (1953).

— und *Gabriel,* S. L.: Produktivität und Lohn. Veröffentlichungen der Deutschen Volkswirtschaftlichen Gesellschaft e. V., Bd. 15.
Darmstadt 1956.

Gale, D. und *Danø,* S.: Linear Programming: An Introduction to the Problems and Methods.
Nordisk Tidsskrift for teknisk økonomi 1954.

Galenson, W.: Labor Productivity in Soviet and American Industry.
New York 1955.

Georgescu-Roegen, N.: The Aggregate Linear Production Function and its Application to von Neumann's Economic Model, in:
T. C. Koopmans (Ed.), Activity Analysis of Production and Allocation. Proceedings of a Conference. Cowles Commission Monograph No. 13.
New York und London 1951.

Gestrich, H.: Kredit und Sparen (hsg. von W. Eucken) 3. Aufl., Düsseldorf und München 1957.

Gilfillan, S. C.: The Sociology of Invention.
Chicago 1936.

— The Prediction of Technical Change.
The Review of Economics and Statistics, vol. 34 (1952).

Goldsmith, R.: The Growth of Reproducible Wealth of the United States of America from 1805 to 1950, in: Income and Wealth of the United States. Trends and Structures. Income and Wealth, Series II.
Cambridge (Mass.) 1952.

Gottl-Ottlilienfeld, F. v.: Wirtschaft und Technik. Grundriß der Sozialökonomik, II. Abtl., II. Teil.
Tübingen 1923.

Grosse, A. P.: Textile Production Functions, Equipment Requirements and Technological Change.
Econometrica, vol. 18 (1950).

Grosse, R. N.: The Structure of Capital, in: W. Leontief (Ed.), Studies in the Structure of the American Economy. Theoretical and Empirical Explorations in Input-Output Analysis.
New York 1953.

Gutenberg, E.: Grundlagen der Betriebswirtschaftslehre, 1. Band: Die Produktion.
3. Aufl., Berlin-Göttingen-Heidelberg 1957.

Haberler, G.: Der Sinn der Indexzahlen. Eine Untersuchung über den Begriff des Preisniveaus und die Methoden seiner Messung.
Tübingen 1927.

Hagen, E. E. und *Kirkpatrick,* N. B.: The National Output at Full Employment in 1950.
The American Economic Review, vol. 34 (1944).

Hamberg, D.: The Capita Rate of Economic Growth.
Weltwirtschaftliches Archiv, Bd. 75 (1955), Heft 2.

— Economic Growth and Instability. A Study in the Problem of Capital Accumulation, Employment, and the Business Cycle.
New York 1956.

Hansen, A. H.: Fiscal Policy and Business Cycles.
New York 1941.

Harrod, R. F.: An Essay in Dynamic Theory.
The Economic Journal, vol. 49 (1939).

— Towards a Dynamic Economics. Some Recent Developments of Economic Theory and their Application to Policy.
London 1948.

Hawtrey, R. G.: Capital and Employment.
2. Aufl., London, New York, Toronto 1952.

Hicks, J. R.: The Theory of Wages.
London 1932.

— Value and Capital.
2. Aufl., Oxford 1946.

Higgins, B.: Concepts and Criteria of Secular Stagnation, in: Income, Employment and Public Policy.
Essays in Honor of Alvin H. Hansen.
New York 1948.

Hoeniger, H.: Arbeitslohn und Produktivität. Betrachtungen und Erfahrungen über amerikanische Lohnpolitik, insbesondere im letzten Jahrfünft.
Der Betriebs-Berater. 10. Jg. (1955).

Huppert, W.: Volkswirtschaftliche Produktivität. Begriff und Messung.
IFO-Studien, 1. Jg. (1955).

International Labor Office: Methods of Labor Productivity Statistics.
A Report prepared for the Seventh International Conference of Labor Statisticians (Geneva, Sept. 1949).
Genf 1951.

Joelson, W.: Die Theorie der säkularen Stagnation. Eine Darstellung und kritische Würdigung.
Wien 1952.

Kaldor, N.: A Model of Economic Growth.
The Economic Journal, vol. 67 (1957).

Keirstead, B. S.: The Theory of Economic Change.
Toronto 1948.

Kendrick, J. W.: National Productivity and its Long-Term Projection, in: Long-Range Economic Projection. Studies in Income and Wealth, vol. 16.
Princeton 1954.

— Productivity Trends: Capital and Labor.
The Review of Economics and Statistics, vol. 38 (1956).

Kienzl, H.: Das Problem des zwischenbetrieblichen Vergleichs der „Arbeitsproduktivität" in der industriellen Massenfertigung.
Zeitschrift f. Betriebswirtschaft, 22. Jg. (1952).

Koopmans, T. C. (Ed.): Activity Analysis of Production and Allocation. Proceedings of a Conference. Cowles Commission Monograph No. 13.
New York und London 1951.

Kraus, W.: Wirtschaftswachstum und Gleichgewicht.
Frankfurt a. M. 1955.

Krelle, W.: Theorie wirtschaftlicher Verhaltensweisen.
Meisenheim/Glan 1953.

Krengel, R.: Die Entwicklung des Anlagevermögens der westdeutschen Industrie von 1924 bis 1955, in:
Deutsches Institut für Wirtschaftsforschung (Hsg.), Wirtschaftsforschung und Wirtschaftsführung. Festgabe für Ferdinand Friedensburg.
Berlin 1956.

— und *Koch*, K.: Die Entwicklung des Energieverbrauchs der westdeutschen Industrie von 1950 bis 1955 und seine Rationalisierung.
Vierteljahreshefte zur Wirtschaftsforschung, Jg. 1956.

Kuznets, S.: Measurement of Economic Growth, in: Economic Growth. A Symposium.
The Journal of Economic History, suppl. VII, 1947.

— Long-Term Changes in the National Income of the United States of America since 1870, in: Income and Wealth of the United States. Trends and Structures. Income and Wealth, Series II.
Cambridge (Mass.), 1952.

— Retardation of Industrial Growth, in: S. Kuznets, Economic Change. Selected Essays in Business Cycles, National Income, and Economic Growth.
New York 1953.

Lange, O.: A Note on Innovations.
The Review of Economic Statistics, vol. 25 (1943).

Lederer, E.: Technischer Fortschritt und Arbeitslosigkeit.
Tübingen 1931.

Leffson, U.: Die wirtschaftlichen Wirkungen des technischen Fortschritts.
Zeitschrift für Nationalökonomie, Bd. 9 (1939).

Leibenstein, H.: The Proportionality Controversy and the Theory of Production.
The Quarterly Journal of Economics, vol. 69 (1955).

Leontief, W. (Ed.): Studies in the Structure of the American Economy. Theoretical and Empirical Explorations in Input-Output Analysis.
New York 1953.

Lewis, A. W.: Die Theorie des wirtschaftlichen Wachstums (The Theory of Economic Growth), übersetzt v. H. v. Beckerath.
Tübingen 1956.

Lutz, F. A.: Zinstheorie.
Zürich und Tübingen 1956.

Maclaurin, W. R.: The Process of Technological Innovation: The Launching of a New Scientific Industry.
The American Economic Review, vol. 40 (1950).

— The Sequence from Invention to Innovation and its Relation to Economic Growth.
The Quarterly Journal of Economics, vol. 67 (1953).

— Innovations and Capital Formation in Some American Industries, in: Capital Formation and Economic Growth. A Report of the National Bureau of Economic Research.
Princeton 1955.

Maddison, A.: Output, Employment, and Productivity in British Manufacturing in the last Half Century.
The Bulletin of the Oxford University Institute of Statistics, vol. 17 (1955).

Magdoff, H.: The Purpose and Methods of Measuring Productivity.
Journal of the American Statistical Association, vol. 34 (1939).

Makower, H.: Activity Analysis and the Theory of Economic Equilibrium.
London 1957.

Marchal, A.: Die Theorie des wirtschaftlichen Fortschritts.
Zeitschrift für Nationalökonomie, Bd. 15 (1955).

Maverick, L. A.: Productivity. A Critique of Current Usage.
Carbondale (Ill.), 1955.

May, K.: Technological Change and Aggregation.
Econometrica, vol. 15 (1947).

Melman, S.: Dynamic Factors in Industrial Productivity.
New York 1956.

Mendershausen, H.: On the Significance of Professor Douglas' Production Function.
Econometrica, vol. 6 (1938).

Merkle, F.: Produktivität und Rentabilität.
2. Aufl., Stuttgart 1951.

Mills, F. C.: The Role of Productivity in Economic Growth.
The American Economic Review, vol. 42 (1952).

Morgenstern, O. (Ed.): Economic Activity Analysis.
New York und London 1954.

Mosak, J. L.: General-Equilibrium Theory in International Trade.
Cowles Commission Monograph No. 7.
Bloomington (Ind.) 1944.

National Bureau of Economic Research: Cost Behavior and Price Policy. A Study prepared by the Committee on Price Determination for the Conference on Price Research.
New York 1943.

Neisser, H.: „Permanent" Technological Unemployment.
The American Economic Review, vol. 32 (1942).

Niehans, J.: Das ökonomische Problem des technischen Fortschritts.
Schweizerische Zeitschrift f. Verwaltung u. Statistik, 90. Jg. (1954).

Österreichisches Institut für Wirtschaftsforschung (Hsg.):
Zur Berechnung von Indizes der Produktivität.
11. Sonderheft, Wien 1957.

Phelps Brown, E. H. und *Weber, B.*: Accumulation, Productivity and Distribution in the British Economy, 1870-1938.
The Economic Journal, vol. 63 (1953).

Philippovich, E. v.: Über das Wesen der volkswirtschaftlichen Produktivität und die Möglichkeiten ihrer Messung, in:
Schriften des Vereins für Socialpolitik, 132. Bd., Teil III.
Leipzig 1909.

Pigou, A. C.: The Economics of Welfare.
2. Aufl., London 1924.

Robinson, J.: The Classification of Inventions.
The Review of Economic Studies, vol. 5 (1937/38).

— Notes on the Economics of Technical Progress, in:
The Rate of Interest and Other Essays.
London 1953.

— The Production Function and the Theory of Capital.
The Review of Economic Studies, vol. 21 (1953/54).

— The Accumulation of Capital.
London 1956.

Rostas, L.: Industrial Production, Productivity and Distribution in Britain, Germany and the United States, 1935—1937.
The Economic Journal, vol. 53 (1943), S. 39.

— Comparative Productivity in British and American Industry.
The National Institute of Economic and Research, Occasional Papers No. 13.
Cambridge 1948.

— Alternative Productivity Concepts, in:
E. P. A. (Ed.), Productivity Measurement, vol I: Concepts.
Paris 1955.

Rostow, W. W.: The Process of Economic Growth.
New York 1952.

Rüdiger, W.: Neuberechnung des Index der industriellen Nettoproduktion.
Wirtschaft und Statistik, 8. Jg. N. F. (1956).

Ruist, E.: Productivity, Efficiency, and Wages, in E. P. A. (Ed.), Productivity Measurement, vol. I: Concepts.
Paris 1955.

Ruttan, V. W.: Technological Progress in the Meat Packing Industry, 1919—1947. U.S.Department of Agriculture, Marketing Research Report No. 59 (1954).

— The Contribution of Technological Progress to Farm Output: 1950—1975.
The Review of Economics and Statistics, vol. 38 (1956).

Salin, E.: Die neue Etappe der industriellen Revolution, in: Zur Ökonomik und Technik der Atomzeit, hsg. im Auftrag der List-Gesellschaft e. V. von H. W. Zimmermann.
Tübingen 1957.

Sauermann, H.: Kapitalbildung und Kapitalverwendung im volkswirtschaftlichen Wachstumsprozeß, in: Kapitalbildung und Kapitalverwendung.
Schriften des Vereins für Sozialpolitik, N. F. Bd. 5 (1953).

Sayers, R. A.: The Springs of Technical Progress in Britain, 1919—1939.
The Economic Journal, vol. 60 (1950).

Schmitz, F.: Produktivität. Versuch einer Begriffserklärung. Rationalisierung, 2. Jg. (1951).

Schmookler, J.: The Changing Efficiency of the American Economy, 1869-1938.
The Review of Economics and Statistics, vol. 34 (1952).

Schumpeter, J. A.: Business Cycles. A Theoretical, Historical and Statistical Analysis of the Capitalist Process, vol. I und II.
New York 1939.

— Theoretical Problems of Economic Growth, in: Economic Growth, A Symposium.
The Journal of Economic History, suppl. VII (1947).
— Theorie der wirtschaftlichen Entwicklung.
5. Aufl., Berlin 1952.
— History of Economic Analysis (ed. from manuscript by E. B. Schumpeter).
New York 1954.
Seischab, H.: Produktivität und Wirtschaftlichkeit der Betriebe.
Zeitschrift für Betriebswirtschaft, 23. Jg. (1953).
Siegel, I. H.: Technological Change and Long-Run Forecasting.
The Journal of Business of the University of Chicago, vol. 26 (1953).
— Aspects of Productivity Measurement and Meaning, in: E. P. A. (Ed.), Productivity Measurement, vol. I: Concepts.
Paris 1955.
Simon, H. A.: Some Economic Effects of Technological Change.
Econometrica, vol. 16 (1948).
— Inventions and Cost Reduction in Technological Change.
Econometrica, vol. 17 (1949).
— Effects of Technological Change in a Linear Model, in: T. C. Koopmans (Ed.), Activity Analysis of Production and Allocation. Proceedings of a Conference. Cowles Commission Monograph No. 13.
New York und London 1951.
Smith, V. E.: The Statistical Production Function.
The Quarterly Journal of Economics, vol. 59 (1944/45).
Snyder, C.: Measures of Industrial Growth and Their Significance, in: Beiträge zur Konjunkturlehre. Festschrift zum zehnjährigen Bestehen des Instituts für Konjunkturforschung.
Hamburg 1936.
Sombart, W.: Produktivität.
Weltwirtschaftliches Archiv, Bd. 28 (1928).
Sraffa, P.: The Laws of Returns under Competitive Conditions.
Economic Journal, vol. 36 (1926).
Steiner, P. A.: The Productivity Ratio: Some Analytical Limitations on its Use.
The Review of Economics and Statistics, vol. 32 (1950).
Stern, E. H.: Capital Requirements in Progressive Economics.
Economica, new series, vol. 12 (1945).
Stigler, J.: Trends in Output and Employment.
New York 1947.
Stobbe, A.: Untersuchungen über die Bestimmung der Arbeitsproduktivität im Rahmen volkswirtschaftlicher Gesamtrechnungen.
Diss. Kiel 1957.
Stone, R.: The Role of Measurement in Economics.
Monograph of the University of Cambridge No. 3, Cambridge 1951.
Strigl, R. v.: Kapital und Produktion.
Wien 1934.
Sutton, G. D.: Productivity in Canada.
The Canadian Journal of Economics and Political Science, vol. 19 (1953).

Svennilson, J.: Growth and Stagnation in the European Economy.
(Ed. by United Nations Economic Commission for Europe).
Genf 1954.

Tinbergen, J.: Zur Theorie der langfristigen Wirtschaftsentwicklung.
Weltwirtschaftliches Archiv, Bd. 55 (1942 I).
— The Influence of Productivity on Economic Welfare.
The Economic Journal, vol. 62 (1952).

Tintner, G.: The Pure Theory of Production under Technological Risk and Uncertainty.
Econometrica, vol. 9 (1941).

Ulmer, M. J.: Autonomous and Induced Investment.
The American Economic Review, vol. 42 (1952).

U.S.Department of Labor, Bureau of Labor Statistics:
Concepts and Measurement of Production and Productivity.
Washington 1952.

Usher, A. P.: The History of Mechanical Invention.
New York 1929.
— Technical Change and Capital Formation, in:
Capital Formation and Economic Growth. A Report of the National Bureau of Economic Research.
Princeton 1955.

Varga, St.: Über die Messung der Erfolge des technischen Fortschritts und der Rationalisierung in der Industrie, in: Beiträge zur Konjunkturlehre. Festschrift zum zehnjährigen Bestehen des Instituts für Konjunkturforschung.
Hamburg 1936.

Vakil, C. N. und *Brahmanand*, P. P.: Technische Kenntnis und Managerkapazität als begrenzende Faktoren der industriellen Expansion in unterentwickelten Ländern.
Zeitschrift f. Nationalökonomie, Bd. 15 (1955).

Vincent, L. A.: Le progrès technique en France depuis cent ans.
Paris 1944.

Voigt, A.: Technik und Wirtschaft, in: Handwörterbuch der Staatswissenschaften, 8. Bd.
Jena 1928.

Waffenschmidt, W. S.: Technik und Wirtschaft der Gegenwart.
Berlin-Göttingen-Heidelberg 1952.

Wagenführ, R.: Die Industriewirtschaft. Entwicklungstendenzen der deutschen und internationalen Industrieproduktion, 1860—1932.
Vierteljahreshefte zur Konjunkturforschung, Sonderheft 31, Berlin 1933.

Weintraub, D.: Some Measures of Changing Labor Productivity and their Uses in Economic Analysis.
Journal of the American Statistical Association, vol. 33 (1938).

Wicksell, K.: Vorlesungen über Nationalökonomie auf der Grundlage des Marginalprinzips, Bd. II: Geld und Kredit.
Jena 1928.

Williamson, H. F.: An Appraisal of American Economic Progress.
The American Economic Review, vol. 40, No. 2 (1950).

Winckler, W.: Kritische Bemerkungen zur Messung der technischen Produktivität.
Statistische Vierteljahreshefte, Bd. 5 (1952).

Wolkersdorf, L.: Die mittelbare Bestimmung des Mechanisierungsgrades der industriellen Fertigung mit Hilfe von Meßziffern der Vermögens-, Kapital-, Kosten- und Beschäftigungsstruktur und des Energieverbrauchs.
Mitteilungen des Wirtschaftswissenschaftlichen Instituts der Gewerkschaften, 10. Jg. (1957).

Wubnig, A.: The Measurement of the Technological Factors in Labor Productivity.
Journal of the American Statistical Association, vol. 34 (1939).

Printed by Libri Plureos GmbH
in Hamburg, Germany